U0902949

过去我们中山大学历史系也曾为陈寅恪、梁方仲、刘节等著名学者出文集、办研讨会，但为退休的教授出文集和举办这么隆重的一个会，可以说在史学界据我所知应该是首次，所以说湘潭大学开了一个好头。这是值得大家学习的。希望自此以后，各个高校都能这样做。这对于发扬我们尊师重教的优良传统是一个很好的开端。

——李鸿生

湘潭大学此次出版《郭汉民文集》，不但对于学术界具有重要的贡献，而且也是尊师重教的一段佳话。

郭老师来广州的日子，就是我们的节日！……祝愿在老师身上体现的“师道”，能够得到更好的发扬和传承！

——赵立彬

汉民先生是享誉海内外的著名学者，林增平先生的高足，才俊之士，继承和发扬了恩师的道德风范和治学精神。为人正直、豪爽、淡泊名利；为文厚积薄发，卓尔不群，精彩纷呈。《郭汉民文集》的出版必将有力地弘扬汉民先生的学术贡献，充实丰富全国史学研究成果宝库，可喜可贺。

——苑书义

记得10月1日午后，汉民兄来电，告知有座谈会这一安排，我脱口而出："这是得人心，聚人心之事。"当时说了两颗"心"，我说"还可以找出第三颗"，后来又想到了"振人心"。这的确是湘潭大学为学界所做的最有学术意义的事，也是为学者做出的最得人心的事。

郭汉民氏，一介书生也，如今归隐故园，亦一介平民也。湘潭大学如此兴师动众，……大张旗鼓，为一位退休的老教授鼓与呼，这是胆识，更是底蕴，无愧沧海横流，方显英雄本色！老教授出书，这种想法和做法，是很多人都有的，也是比较平常的，但是将它演绎为"全国性"的学术行为，牵动"大江南北"，这就令人刮目相看了！这种发酵智慧的思想成果（为健在学者开座谈会），必将成为一个近代史学界的里程碑！亦必将在湖南、在全国引起轰动！还必将谱写其开先的历史！但愿"一花引来百花开"，学界幸甚矣。

（郭汉民的）学术承传，则体现于"传家宝"之中——《薪尽火传——林门再传弟子航标集》，将他门下几十位研究生写出的关于读师祖林增平公的心得编成一册，将师祖增平公树为学术航标，这种心的呼唤、学的承传、品的形铸，可谓郭兄对学术承传的创新！这是新时代曾国藩式的家书，也超越了曾氏家书，它由再传弟子写成，涉面广泛，感悟张扬，更富能量！这是郭氏治学的"真知"，是孝学精神的彰显，史学界无出其右！

——王　杰

汉民同志和我相识多年，我对他为人治学向来敬佩。他的优良的学风、文风，是当前迫切需要加以倡导和发扬的。

——张　磊

林门——中国近代史在湖南的学术门派，不仅过去在湖南师大，现在在湘潭大学，还有凡师承过林先生、汉民和许多汉民同代朋友的学子们，他们身上闪现的光华，将永不熄灭。

——冯祖贻

林门是国内中国近现代史学界的一支劲旅。郭老师是林门第二代的一面旗帜，希望在郭老师的带领下，让林门学术薪火相传，让林门学风发扬光大。

——梁景和

解放以前，甚至“文化大革命”以前，一个地方、一个街坊有一个中学老师都不得了，如果出了一位教授，那更是满街都荣耀的事情。可是，到了这21世纪初，一个大学教授并不稀奇了。这是什么原因呢？因为近十几年来，腐败的风气已经传到教育领域，由于种种原因，教授的含金量已经没有那么高了。但是郭老师始终保持着谦谦君子的风范，一位大学教授的品位。

——梁小进

要办好大学，就要有一大批郭汉民式教育家。

——郑和钧

年终大家都忙着开会，但这个会绝对是最温情的一个。大家说起来不少都是郭老师的门下或者林先生的门下。但今天的座谈会并非是简单的自然意义的师门聚会，而是一种价值共同体、精神共同体。

从林老师到郭老师，从郭老师到我们，也是这样。这不但是一种言传，更多的是一种身教。不但是学问的、知识的一种传递，更是人格魅力的感染，是生命之道、为人处世各方面的传承。这样一种言传身教的教学风格，在我们今天盛行的体制化的普遍式的教育方式的反衬之下更显得弥足珍贵。

——蒋海松

印象中汉民话语不多，但做事扎实可靠，讲信义，重然诺，遇到学术问题，追根溯源，不弄明白决不罢休，有一股子韧劲和狠劲。……（1992 年底）在辽宁人民出版社的鼎力支持下，十卷本《清代人物传稿》下编终于得以全部面世。最后三卷中，身处湖南的汉民兄组织和修改的稿子最多。戴逸老师和罗明老师以后不止一次提及此事，对汉民兄不计条件，不讲价钱，全力担当的精神赞不绝口。

——潘振平

湖南省重点学科

湘潭大学中国史学科

资助出版

刘建平 主编

群贤评说 口似碑

郭汉民《文集》出版暨从教45周年座谈会言论辑

湘潭大学出版社

图书在版编目(CIP)数据

群贤评说口似碑 ：郭汉民《文集》出版暨从教 45 周年座谈会言论辑 / 刘建平主编. —湘潭：湘潭大学出版社，2016.12

ISBN 978-7-5687-0081-8

Ⅰ.①群… Ⅱ.①刘… Ⅲ.①中国历史—近代史—文集 Ⅳ.①K250.7-53

中国版本图书馆 CIP 数据核字(2017)第 044353 号

群贤评说口似碑

——郭汉民《文集》出版暨从教 45 周年座谈会言论辑

QUNXIAN PINGSHUO KOU SI BEI
GUOHANMIN WENJI CHUBAN JI CONGJIAO 45ZHOUNIAN ZUOTANHUI YANLUN JI

刘建平 主编

责任编辑：暴宏博
装帧设计：何 健
出版发行：湘潭大学出版社
社 址：湖南省湘潭市 湘潭大学出版大楼
电话：0731-58298960 传真：0731-58298966
邮编：411105 网址：http://press.xtu.edu.cn/
印 刷：长沙超峰印刷有限公司
经 销：湖南省新华书店
开 本：880×1230 1/32
印 张：14.5
字 数：362 千字
版 次：2016 年 12 月第 1 版
印 次：2016 年 12 月第 1 次印刷
书 号：ISBN 978-7-5687-0081-8
定 价：42.80 元

编者的话

《五灯会元》上说："劝君莫要镌顽石，路上行人口似碑。"意在劝人不要刻意为自己立石碑，只需真心实意立德行善，连路上的行人都会说你好，那是一座座口碑。人们常说，金杯银杯不如百姓的口碑。

2015 年 11 月 14 日，湘潭大学历史系为退休多年的郭汉民教授举行"郭汉民《文集》出版暨从教 45 周年座谈会"，前后收到贺电贺信 20 多封，有来自全国著名高校和科研院所的专家学者 120 多人参加会议，其中有中国近现代史和高等教育学领域的教授与博士生导师六七十人，既有白发苍苍的老专家，也有年富力强的青年学者，真可谓"群贤毕至，少长咸集"。会议开了一整天，大会之外，还设了两个分会场。与会人员发言热烈，争先恐后，大家热议湘潭大学的尊师重教；热议师承、学脉及学风、文风之传承；热议师生交往、师友交往之真情实意；热议郭汉民教授为人、为学、为师之道及其潜心学问和教书育人、力行“研讨式教学改革”所体现出来的大学精神之回归。座谈会热烈而温馨，充溢着满满的正能量，所形成的气场，令人难忘，感人至深。与会学者说，这是一次“得人心、聚人心、振人心”的会，“在学界开创了一个了不起的先例”，足以“嘉惠学林、嘉惠后人”。与会者“心灵受到洗涤与震撼”。

有感于这次座谈会的成功召开与热烈反响，会后不久，我们即着手整理与会学者的发言，并发给他们本人审查、确认，修改、补充。在各位同仁的支持下，我们得以顺利编辑成册，取《群贤评说口似碑》为书名，奉献给广大读者。希望它的出版能对当前培育和践行社会主义核心价值观，加强社会精神文明建设有所裨益。

目　录

贺电、贺信辑录

尊师重教

薪火相传

学术人生

教学改革

友朋交谊

中大学缘

师生情深

会议综述

新闻报道

附　录

湘潭大学刘建平*副校长在座谈会开幕式上的致辞

尊敬的林师母，各位领导、各位学者、各位来宾，
尊敬的郭汉民教授，老师们、同学们：

大家上午好！

今天对湘潭大学尤其是历史系来讲是一个有特殊意义的日子。我们在这里齐聚一堂，共同庆祝《郭汉民文集》出版暨郭汉民教授从教45周年。

首先，我谨代表学校党委和行政，向莅临大会的各位学者、领导、来宾表示热烈的欢迎，向郭汉民教授从教45周年表示热烈的祝贺和诚挚的敬意，向长期以来关心和支持湘潭大学的各界学者、领导、来宾表示衷心的感谢！

---

* 刘建平，1963年生，湖南南岳人，博士，教授，博士生导师，现任湘潭大学党委委员、副校长。湖南省“121”人才工程人选人员，湖南省重大决策理论专家咨询委员会委员、湖南省旅游研究基地首席专家、湘潭长株潭一体化咨询专家委员会委员、湖南省旅游局旅游规划咨询专家、湖南省高级导游。长期从事旅游管理和中共党史的教学与研究工作。先后主持、承担、参与国家级、省部级研究课题50余项，横向课题近30项；出版《湖南旅游资源开发研究》《导游学研究》等著作17部，发表论文近90篇，获省级优秀论文奖、省级教学成果奖等奖励多项。2006—2008年被湖南省委组织部和湖南省人事厅记一等功。2008—2010年被评为湖南省“优秀组织工作者”，并荣记三等功。2011年被评为“全国红色旅游工作先进个人”，为全国高校获此荣誉的唯一代表。

郭汉民教授是全国优秀教师，鸿儒硕学，德高望重，为国家的高等教育事业做出了十分重要的贡献。曾担任教育部高等学校历史学科教学指导委员会委员、湖南省第三届哲学社会科学成果评审委员会委员、湖南省历史学会副会长、湖南省谭嗣同研究会副会长、湖南省和平文化研究会副会长、湖南省湖湘文化研究会副会长、中国社会科学院中国近代思想研究中心理事、湘潭大学学术委员会委员。2002 年郭汉民教授作为学科带头人被引入湘潭大学，曾任历史文化学院院长。他在艰苦的办公条件下不辞辛苦，为历史文化学院的学科建设、梯队建设、对外交流以及人才培养做出了极大的贡献。在他和历史系同事们的持续努力下，中共党史专业获得了博士点，并被评为国家二类特色专业；中国史被评为省重点学科；取得了中国史与世界史一级学科硕士点；从北京大学、南京大学、南开大学、复旦大学等高校引进了大批优秀师资，充实了历史系的专业教师队伍。

郭汉民教授长期从事中国近现代史的教学研究，在全国有重要的影响。曾参与国家社科重点课题“清代人物传稿”和“中国近代社会思潮研究”，出版著作多部。其中参与主编《中国近代社会思潮（1840—1949）》《中国近代史实正误》《辛亥革命史研究备要》《魏源与中国近代改革开放》《蔡锷新论》和《清代人物传稿》（下编）的第六、第八卷。专著有《晚清社会思潮研究》《中国近代史事探索》《中国近代思想与思潮》以及《清代人物研究》（合著），先后在《历史研究》《近代史研究》《光明日报》等重要刊物发表论文100余篇，不少被《新华文摘》、“人大复印资料”全文转载，曾获湖南省哲学社会科学优秀成果奖三等奖。

在潜心科研和取得优秀成果的同时，郭汉民教授热心教书育人，坚持教学改革，首创“研讨式五步教学法”，深受学生欢迎，被学术界10余家刊物所推荐，在高等教育界产生了较大影响，被视为“大学教学的创举”和“一个可资借鉴的成功教学模式”。2001年获得湖南省高等教育教学成果二等奖。他主持的“‘研讨式五步教学法’的推广与应用研究”，2003年被列为全国教育科学“十五”规划重点项目。退休后，郭汉民教授还每年拿出20000元在湘潭大学设立“研讨式教学奖”和历史系“系主任（院长）奖”，以此来激励在职教师和广大历史系学生进一步研究和实践，推进高校教学改革与人才培养。

各位学者、各位来宾，老师们、同学们，历史的辉煌最终是由人来成就的，衷心希望历史系全体教职工，以《郭汉民文集》出版暨庆祝郭汉民教授从教45周年为契机，发扬郭汉民教授教书育人的精神，打造历史系鲜明特色，办出更高水平，在人才培养、教学科研、社会服务、文化传承与创新等方面取得更加丰硕的成果。借此机会，我也恳请广大学者和来宾一如既往地关心、支持湘潭大学和历史系的发展，让我们携手同行，共谱历史新篇章！最后预祝《郭汉民文集》出版暨郭汉民教授从教45周年座谈会取得圆满成功，祝愿各位身体健康、万事如意！谢谢大家！

湘潭大学历史系宋银桂*主任在座谈会开幕式上的致辞

尊敬的林师母，尊敬的各位领导、专家、学者，女士们、先生们：

今天我们在这里隆重举行“郭汉民《文集》出版暨从教45周年座谈会”，以此张扬和倡导郭汉民教授勤勉求实的治学风格和诲人不倦的育人精神。出席本次座谈会的有来自北京、上海、南京、广州、贵阳、济南、武汉、南宁、长沙等城市的二十多所高校和科研机构的学者，有湖南省内的十几所高校和社科机构的领导和专家，有来自全国各地的机关、学校、企事业单位的“郭家军”，湘潭大学副校长刘建平教授亲临会议致辞。湘潭大学原副校长、湖南省重点学科中国史学科负责人、湖南省重点研究基地湘学研究基地首席专家王继平教授主持今天的开幕式及大会发言。湘潭大学党政办，党委宣传部、纪委，教务处、研究生院、社科处、发展规划与学科建设处、资产处、出版社、图书馆的领导以及马克思主义学院、哲学系、旅游管理学院、

---

* 宋银桂，男，1963年生，湖南湘潭人，博士，教授。主要从事中国近现代史研究。著有《新生活运动与儒家思想》，发表论文数十篇。现任湘潭大学历史系主任，兼任中国现代史学会理事、湖南省历史学会常务理事。

公共管理学院、法学院的负责人和教师代表到会祝贺，正式代表120余人。此外，历史系和郭汉民教授还收到了20多封贺信和贺电。这次座谈会是继去年12月份我们主办历史系建系35周年庆祝活动之后的又一次盛会。在此，我代表历史系全体教职员工向莅临本次会议的各位嘉宾表示热烈的欢迎和衷心的感谢！向为《郭汉民文集》出版提供大力支持并付出辛勤劳动的湘潭大学出版社及其相关人员表示诚挚的敬意！向郭汉民教授和夫人余幼钦女士表示热烈的祝贺！

郭汉民教授师从当代著名史学家林增平先生，研读中国近代史。他治学勤勉严谨，立论公允平实，立德树人，堪称典范！他将科学研究和教学改革寓于人才培养之中，以教学和人才培养为旨归，首创“研讨式五步教学法”并坚持不懈，获得过“全国优秀教师”的殊荣。

2002年，郭老师作为学科带头人由湖南师范大学调入湘潭大学，曾担任历史文化学院院长，2012年退休。他在湘潭大学历史系整整工作了10年。在这10年中，郭老师除了给本科生授课和指导硕士、博士生以外，还出版了《晚清社会思潮研究》《中国近代史事探索》《中国近代思想与思潮》等多部著作，发表了20多篇高水平学术论文，深入探索和大力推广“研讨式五步教学法”，并获得国家教育科学规划项目、国家社科基金项目的立项，其成果获湖南省高等教育教学成果二等奖。在他担任历史文化学院院长期间的2005年，由他个人出资首次颁发了面向学生的“院长奖”。郭老师在湘潭大学历史系工作的10年里，为历史系的人才培养和学科专业建设呕心沥血，做出了杰出的贡献。

郭老师退休以后，还一如既往地关注着历史系的建设和发展。他将5000余册私人藏书捐赠给历史系，建立起了“郭汉民教授藏书捐赠阅览室”。他个人捐资重新设立了历史系“系主任（院长）奖”，每年奖励金额8000元。两天之后，我们将乘郭老师在学校的机会隆重举行历史系“系主任（院长）奖”重新设立后的首次颁奖仪式。另外，郭老师还在我们学校设立了“研讨式教学奖”，个人捐资12000元。这一善举充分表明了一位从教45周年的老教育工作者对人才培养的执著与厚望，同时也衬托出一名爱岗敬业的知识分子对祖国民族未来的担当精神。让我们以热烈的掌声向郭汉民教授的这种拳拳之心、眷眷之情表示崇高的敬意！

良师益友，人文荟萃；丹心劲笔，道德流芳。祝各位领导和来宾身体健康，工作顺利，万事如意！祝郭汉民教授、余幼钦女士身体健康，阖家欢乐！祝本次座谈会圆满成功！

谢谢大家！

答谢词

郭汉民

尊敬的各位领导、专家学者，同志们、朋友们：

大家早上好！

感谢刘建平副校长和宋银桂主任的热情致辞。

躬逢今日盛会，对我来说，真乃三生有幸。大家牺牲休息时间，满腔热情而来，不少师友更是不远千里，也还有不少师友发来热情洋溢的信息，着实令人感动。郭某何德何能，受此厚爱，得此殊荣？白居易说：“妍媸优劣宁相远，大都只在人抬举。”今天的会，就是大家抬举我。我向大家鞠躬，表示诚挚的感谢！

我来自农村，出生于1943年的河南大饥荒之中，1950年开始读书，与共和国一起成长。大学时代遇上“文革”，历经大风大浪与时局变迁，经受各种各样的磨炼与考验，日渐成熟起来。1970年开始当中学教师，接着从事中小学教学研究和干部理论教育，读完研究生后在大学任教，至今45年了。

担任大学教师，得天下英才而教之，可以说是太阳底下最神圣的事业。它与莘莘学子的命运紧密相连，所以又是一份沉甸甸的责任。二三十年来，社会在巨变，人们的思想观念也在巨变。受商品大潮冲击，处物欲横流之中，深感必须有一种精神，方可卓尔不群，独立于世。诚、信、勤、俭、恕、慎、谦、和、公、廉，这十个字即是我笃信而躬行的中国文化精神。律己要严些，对人要好些，名利看淡些，责任看重些。本着这种信念，在自己的一亩三分地上，埋头耕耘，潜心学问，用心教书，诚心育人，虽然成绩不大，贡献不多，却也是竭尽了心力，辛苦并快乐着。在这个过程中，我得到了来自各个方面的关心、爱护和帮助。我与世无争，与人无求，对别人给予的温暖，却是点点滴滴铭记在心头。借此机会，我要表达由衷的感谢。

首先，我要感谢我的老师们。师从林增平先生是我此生最大的幸运。林先生一生经历坎坷，贡献卓越，穷不怨尤，达无慢薄，人品学品，浑然天成，在他身上集中体现了中国知识分子的优秀品德。他的道德文章，堪称一代师表。他的为人处世、言行举止，我耳闻目染，成为我的人生坐标。先生对我的厚爱和信任没齿难忘。他如陈旭麓、李文海、龚书铎、吴雁南、隗瀛涛、陈胜粦、刘望龄等先生，虽然都已作古，但是在我心中他们依然活着。健在的老师像戴逸、苑书义、章开沅、耿云志、张磊以及在座的冯祖贻、刘泱泱、郑和钧等先生，都对我诸多帮助，关爱有加。

其次，我要感谢我的朋友们。在近代史学界，我有许多好朋友，大家互相爱护、互相关心、互相帮助。到了广州，“有困难找王杰”，成了我们的共识。可喜的是，我到不少地方，都有那里的“王杰”。像今天到会的许多同龄人包括比我小一些的学界同仁，都是我的好朋友、老朋友。我们相交淡如水，友情重如山。在一个唯金钱是求的社会里，我们的友谊和真情是最可宝贵的。

再次，我要感谢我的妻子余幼钦女士。在十分艰难的条件下她支持我读研究生；她放弃了争取去广州工作的打算，支持我留在林先生身边。她一直承担大部分家务，使我可以把主要精力用于工作；同时她对我的老师、亲友和学生都很友善，师友和学生到家里来，都热情接待。她对金钱看得很开，支持我做有意义的事情。

最后，我还要感谢我的学生们。从新世纪开始，我的子女都不在身边，只有一批学生守护着我们。我们病了，学生轮流照顾，无微不至，不是子女，胜似子女。学生是教师生命的延续和价值的体现，学生们事业有成，老师脸上有光，心里高兴。学生们的积极参与和热情拥护是我坚持研讨式教学改革的不竭动力。学生们实际上成为我们精神愉悦、生活幸福充实的重要源泉。有人说，退休了还有人理你，你就是幸福的人。我们退休回到河南老家平顶山，不时有学生远道来探望，使我们倍感幸福。我和老伴走到有学生的地方，都会被幸福和快乐包围着。我们教好学生、关爱学生，是教师职责与师德的内在要求，并不求回报，但凡是爱我们的学生，我都会铭记于心，心存感激的。

湘潭大学历史系是我最后的安身立命之所，我对它怀有深厚的感情，诚恳地希望在座的专家学者多多予以支持。

顺祝大家身体健康，万事如意！

贺电、贺信辑录

湖南大学岳麓书院贺信

湘潭大学历史系并郭汉民教授：

欣闻“郭汉民《文集》出版暨从教45周年座谈会”即将在贵校逸夫楼报告厅隆重举行，这是贵校一件值得庆贺的大事，也是中国近代史学界的一件盛事。值此，谨代表湖南大学岳麓书院各教职员工向座谈会的顺利召开表示热烈的祝贺，向郭汉民教授表示崇高的敬意和诚挚的问候。

郭汉民教授德高望重，是中国近代史学界的著名学者，在晚清社会思潮、中国近代思想史、近代湖湘人物等研究领域卓有建树。所著《晚清社会思潮研究》等著作及与吴雁南、冯祖贻、苏中立教授合作主编之《中国近代社会思潮（1840—1949)》（四卷本）不仅颇得学界好评，而且被列为一些高校博士生入学考试必读书目。

郭汉民教授关爱学生，热心教学，数十年如一日地辛勤耕耘在教学第一线。所开创的“研讨式五步教学法”使学生大为受益，是“本科教学改革的创新之举”“高校教学改革园地中一朵奇葩”，在中国高等学校教学改革中具有里程碑式的意义。其在教学之中的所作所为，无愧于“全国优秀教师”的光荣称号。

郭汉民教授早年协助林增平教授获得了湖南省第一个

文科博士点；后来又同省内其他专家、教授密切合作，积极奔走，利用近代湖南人才辈出的资源优势，争取各地方政府的支持，先后在邵阳、浏阳、岳阳等地举办了“纪念魏源200周年诞辰国际学术研讨会”“纪念蔡锷逝世80周年国际学术研讨会”“谭嗣同与湖南维新100周年国际学术研讨会”“郭嵩焘思想学术讨论会”，为湖南近代史学界搭建了良好的学术交流平台。

最后，祝座谈会取得圆满成功，祝郭汉民教授健康长寿、万事如意。

湖南大学岳麓书院

2015年11月13日

张磊*先生贺信

汉民同志并宏博同志：

大札奉悉，衷心感谢你们的盛意。

对于贵系组织的活动，我表示十分赞同。汉民同志和我相识多年，我对他为人治学向来敬佩。他的优良的学风、文风，是当前迫切需要加以倡导和发扬的。

祝贺《文集》的出版，祝贺汉民同志从教45周年。

当然，这不是一个句号，而是一个起点。对汉民同志说来，其实正当盛年，而在学术上更为成熟，应当继续多做、长做贡献。

我已年逾八十，又动过两次手术，但仍在照常工作、写作，参与社会工作和公益活动。愿与汉民同志共勉。在我心目中，汉民同志仍是朝气蓬勃的青年！

敬祝

健康和成果丰硕！

---

* 张磊，男，1933年生于天津，广东省社科院研究员。长期从事中国近代史特别是孙中山与辛亥革命研究工作。著有《孙中山思想研究》《孙中山论》《孙中山：愈挫愈奋的伟大先行者》《民主革命先行者——孙中山》等；参与主编或编辑《孙中山辞典》《广东百科全书》《广东省志·社会科学志》等。曾任广东省社科院院长、广东省社科联主席。兼任中国史学会副会长、辛亥革命史研究会副会长、广东省孙中山研究会会长等职。

不能赴会当面祝贺，向您学习，谨此告罪。

并欢迎来穗指教！

张磊

2015 年 10 月 28 日

苑书义*先生贺信

汉民先生转呈湘大历史系领导：

承蒙不弃，约邀参加盛会，十分感动，但因年老体弱，无法赴会，亲临教闻，深表遗憾。

汉民先生是享誉海内外的著名学者，林增平先生的高足，才俊之士，继承和发扬了恩师的道德风范和治学精神。为人正直、豪爽、淡泊名利；为文厚积薄发，卓尔不群，精彩纷呈。《郭汉民文集》的出版必将有力地弘扬汉民先生的学术贡献，充实丰富全国史学研究成果宝库，可喜可贺。

敬祝汉民先生永葆学术青春，健康长寿。

预祝会议圆满成功!

河北师范大学　苑书义

2015 年 11 月 5 日

* 苑书义，男，1929 年生，河北师范大学历史文化学院教授、博士生导师。长期从事中国近现代史的研究。著有《中国近代史论稿》《李鸿章传》等著作，主编或主撰《中国近代史新编》《张之洞全集》《艰难的转轨历程——近代华北经济与社会发展研究》等十余部，是河北省劳动模范、全国教育系统劳动模范，享受国务院政府特殊津贴。

附：

拜见苑先生

张　钦*

87 岁高龄的苑先生深居简出，不便贸然打扰。于是事先电话问候先生，得知先生眼睛有疾，治疗后也只有 0.25 的视力，当我说明来意后，仍欣然允我前往。11 月 4 日下午，我带着郭师的邀请信拜访了苑先生。先生看上去依然精神健朗，思维敏捷。寒暄未几，先生便打开信函，带上老花镜，手持放大镜，趴在书桌上逐句逐行仔细分辨，脸上还不时露出会意的微笑。先生很关心郭师退休后的状况，详细询问是否还在继续学术研究，河南老家生活是否方便，年老之后异地医疗能否联网等。苑先生回忆起当年与林增平先生的学术交谊，盛赞林先生道德文章堪称典范，自己一直深为敬佩。又讲到郭师热情豪爽，自己 90 年代初偕夫人到湖南曾受到郭师款待。先生感慨时光飞逝，印象中还是壮年的郭师也告老还乡了。先生说谢谢郭师挂念，虽年事已高，无法亲自赴会，但一定要表示祝贺。我请先生方便时把祝贺的大致意思在电话中告知我即可，还有 10 天时间呢，不用着急。

---

* 张钦，女，河北辛集人，湖南师范大学中国近现代史硕士、伦理学博士，河北师范大学马克思主义学院副教授。出版有《休谟伦理思想研究》等论著。

第二天上午9点，苑先生便打电话给我，强调自己与林增平先生是很好的朋友，郭师的盛会，自己要写一份正式的贺词，不算长，要我记下来。就这样，先生念一句，我记一句，冒号、顿号、分号、句号、感叹号，另起一段，字是用哪个字，不敢有任何纰误。口述完之后，先生又让我从头到尾再念一遍给他听。我诚惶诚恐，念时每个标点符号都未敢错过。先生满意，我也再次感谢先生。

可以说，这次拜见苑先生令我十分感动。苑先生对朋友重情重义，对晚辈爱护备至，平易亲切，大家风范令亲近者如沐春风。一位87岁的老人，第二天便回电话给我，可想而知，整个晚上先生脑海萦绕的肯定是林增平先生与湖南史学界，不知是否影响了休息。先生贺词字斟句酌，让我实实在在地领略了一个史学家的严谨风格。衷心祝愿苑先生健康长寿。

耿云志*先生贺信

汉民先生：

多年未见，今天看到来信，十分喜慰。

我是11月17日到研究所去，从信箱中取出20多天来积累起来的书信、报纸和杂志，始从中发现你给我的信。展读之下，感慨良多。

湘潭大学能为你出版个人文集，又特别为此书的出版举办学术座谈会，足以表示你的学术地位，你对中国近代史学，以及对大学培育人才所做的突出贡献。我衷心表示祝贺！

我们早在80年代初相识，30多年来，虽不常相见，却彼此心相记挂，每闻有新成绩出来，辄为之兴奋不已。此次如能及时得到信息，虽不能亲往，但一定会即时修书道贺。现在写此信，一则，补未能即时致贺之过；二则，略

---

* 耿云志，男，1938年生，辽宁海城人，中国社会科学院文史哲学部委员，近代史研究所研究员。长期从事中国近代政治史、思想史和文化史的研究。著有《胡适研究论稿》《胡适新论》《蓼草集》《近代中国文化转型研究导论》等；合著有《中华民国史》《梁启超》等；编有《中华文化辞典》《胡适遗稿及秘藏书信》《近代中国文化转型研究》等大型学术图书。目前正在主持多卷本的《中国近代思想通史》撰写。兼任中国现代文化学会会长、胡适研究会会长、中国近代思想研究中心理事长、孙中山基金会理事等职。

述近年之境况，以告故人。

我所主持的《中国近代思想通史》项目，自立项以来，深知此项课题之重大、复杂而艰难，故不敢马虎。阅读材料，反复思索，提出贯穿全书的中心线索，和不同以往的关注重点以及有自己特点的写作方法，以使各位作者有所遵循。除了我自行承担一卷的写作，和全书的前言之撰写，时时督催各卷作者，鼓励他们把自己的最好水平发挥出来。现在，我自己的一卷，初稿刚刚写出，前言亦有大部初稿。熊月之先生承担的一卷也早已交稿，他对我的支持，实在令我感谢不已。唯其他六卷尚未竣事，近又因院长王伟光领衔，搞《中华思想通史》，承担《中国近代思想通史》中五卷的作者，尽被招至其中。所以，其余六卷何时交稿，无法估计。

我已于今年 6 月退休，这是中央统一的规定。但我的生活和工作，几乎没有什么大的变化。身体和精神都还可以，请勿念！

谢谢你邀请我到你现在安居的农家小屋做客的盛意。我想会有机会的。

祝

你和你的家人都安康、快乐！

耿云志

2015 年 12 月 1 日

萧致治[*]先生贺信

湘潭大学历史系负责同志：

“郭汉民《文集》出版暨从教45周年座谈会”邀请函收悉。郭汉民教授是一位朝气蓬勃，热心中国近代史研究和教学的好老师。他协助林增平教授，为推进中国近代史和湖南的学术研究做了大量工作，有目共睹。林增平先生去世后，他为安置林先生的家属花了不少心血，使林师母及其子女得以安居乐业。他调到湘潭大学后，以全力投入湘潭大学的教学与研究，为提高湘潭大学的教学与研究水平做出了可贵的贡献，本人也因此得以荣获“全国优秀教师”的崇高称号。值此郭汉民《文集》出版暨从教45周年之际，你们邀请国内学者举行座谈会，谨致以热情的祝贺，祝会议圆满成功！

我因家事拖累，无法分身，未能与会，谨致歉意！

萧致治

2015年11月1日于武汉大学寓所

---

* 萧致治，男，1929年生，武汉大学历史系教授。主要从事中国近代史和中西关系史的教学与研究。著有《鸦片战争前中西关系纪事》《鸦片战争史》《鸦片战争研究》《鸦片战争与林则徐研究备览》等专著，参编或合撰《辛亥革命史》《黄兴新论》《中华民族魂》等。

刘明翰、陈月清*教授贺信

湘潭大学历史系：

对贵系尊师重教活动很是赞佩，邀我们前来之盛情，万分感激。汉民教授不仅是全国人文社会科学界的知名学者，而且一贯忠诚于党和祖国的文教事业，是卓越的师资中的巨人之一，他的精神和事迹很值得推广和发扬。我们临时因故不能前来，祈谅宥为感！

刘明翰、陈月清于京

* 刘明翰，男，1932生，黑龙江省牡丹江市人。历任山东大学、湖南师范大学、中国青年政治学院教授。长期从事世界史研究，主要著作有《罗马教皇列传》《日本女皇·孝谦传》《世界史简编》《美洲印第安人史略》等多部；主编的《世界史·中世纪史》是国家教委统编高校教材。曾任中国世界中世纪史研究会理事长，中国世界民族学会及中国日本史学会常务理事等职务。陈月清，女，1932生，上海市人，中国青年政治学院教授。长期从事中国近代史研究，著有《北京基督教发展述略》等；主编或合编《近代中国》《义和团运动史》等。

林家有*先生贺信

湘潭大学历史系：

收到贵系“郭汉民《文集》出版暨从教 45 周年座谈会”通知，对于贵系尊师重教的行动表示钦佩。汉民是我的师弟和好朋友，也是我敬佩的增平先生的高足，本应奉命与会对汉民师弟表示我的诚挚祝贺，但中国孙中山研究会定 11 月 14 日在中山市举行理事会，商议明年纪念孙中山 150 周年诞辰事宜，不好请假参加汉民文集出版座谈会，特此告知，并祝会议成功。

顺致

敬礼！

中山大学林家有

2015 年 11 月 2 日

* 林家有，男，1937 年生，广东廉江人，中山大学历史系教授、博士生导师。长期从事孙中山及清末至民国时期的中国政治和思想史、民族史研究，著有《辛亥革命与少数民族》《辛亥革命与民族问题》《孙中山与中国近代化道路研究》《孙中山与近代中国的觉醒》等；主编或合编《辛亥革命运动史》《孙中山年谱长编》《孙中山全集》等。曾任广东孙中山研究会副会长、中国辛亥革命研究会常务理事、广东历史学会理事、广东康有为梁启超研究会理事等。

骆宝善*先生贺信

汉民教授师弟大雅鉴：

湘潭大学历史系尊师重道，为表彰我弟学术建树，为我弟出版《文集》举行从教45周年学术会议，我弟设立奖学金嘉惠后学，未克躬与其盛，乃成憾事也！

我弟在圣人桑梓，开山立宗，独树一帜，鲁班门前献艺，桃李芬芳，著述等身，大喜之日，大有之年，未能专程致贺，此遗憾之二也。

遥忆上世纪60年代初，康乐园初识，我弟年属弱冠，翩翩少年，我则刚过而立，在南国天涯有醇郁乡音之遇，历历如昨。如今半个多世纪过去，我弟已至从心所欲不逾矩之年，我则是一垂老耄夫矣，相见一次多一次，但却未得乘时把握一晤畅叙别后，此则遗憾之三也。

一直以来，我腰脚顽健，思维正常，还可做点文字游戏，外出活动均可自己料理。湘潭之行绝对可以顺利往还，然却失之交臂，此乂遗憾中之一憾也。

---

* 骆宝善，男，1933年生，河南鄢陵人，广州市社会科学院研究员。一直从事中国近代史研究，专注于袁世凯研究，精于太平天国研究。著有《骆宝善评点袁世凯函牍》《简明中国通史（近代部分）》等；合著《太平天国历史与地理》；主编《袁世凯全集》；校点整理《海国四说》等古籍。任太平天国研究会理事，享受政府特殊津贴。

我退休有年，近年又临时搬出院宿舍，移居市内，一切寄到邮件均由管理退休部门收下，不定期择机转来，贵系寄到的信，近日才辗转到我手上，已逾会期多日，天公不作美，只有传呼奈何了！

来日方长，候请异日吧！请嘱贵系办事先生便中寄下我弟文集一部，一读为快也！耑此布覆，叩候冬祺。

骆宝善

11 月 26 日

冯天瑜[*]先生贺言

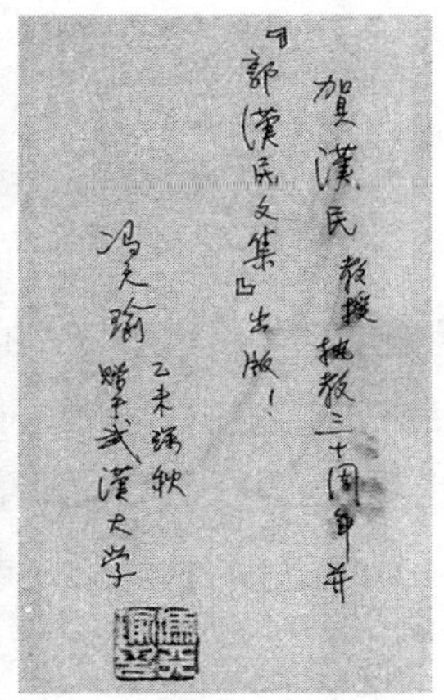

賀漢民教授執教三十周年并
『郭漢民文集』出版！
冯天瑜
乙未孟秋
贈于武漢大学

---

* 冯天瑜，1942 年生，武汉大学历史学院教授、中国传统文化研究中心主任，兼任国家文化创新研究中心学术委员会主任、教育部社会科学委员会委员、湖北省中国史学会会长、湖北省地方志副总纂，1986 年被授予“国家有突出贡献中青年专家”称号。长期从事思想文化史研究，探讨中国文化史框架构筑和明清文化史。出版《明清文化史散论》《中国文化史断想》《张之洞评传》《中华元典精神》《“千岁丸”上海行——日本人 1862 年的中国观察》《新语探源》《“封建”考论》等多部，合著《中华文化史》《辛亥武昌首义史》《解构专制——明末清初“新民本”思想研究》《晚清经世实学》等。论著获中国图书奖、教育部人文社会科学优秀成果奖、湖北省哲学社会科学优秀成果奖。多种论著被译为英文、日文、西班牙文、韩文。

熊月之*教授贺信

湘潭大学历史系：

欣悉贵系郭汉民教授大作《郭汉民文集》出版，十分高兴，谨此表示热烈的祝贺！

汉民教授是我交往多年、相知很深的老朋友，也是我十分尊敬的学者、能人。在我心目中，汉民教授是位多面手的杰才，能治出色的学问，能做很好的领导，待朋友诚，待学生厚，心胸旷达，乐善好施，还善于修身养性。他那一副坚如牛犊的身板骨，是普通学人极少有的，可谓羡煞洒家也！

汉民教授的老师林增平先生，与先师陈旭麓先生，是莫逆之交，且先师为湘人，与湖南学界有多重关系。由此，我与林门弟子多有很好的交谊，内以汉民教授为最。我们相处三十多年，每见面，必知无不言，言无不尽。

---

* 熊月之，男，1949年生，上海社会科学院原副院长，现任该院历史研究所研究员；兼任中国史学会副会长，上海市政协委员、市历史学会会长、市史志学会副会长，复旦大学、华东师范大学历史系博士生导师。主要从事中国近现代思想史和上海地方史研究，著有《中国近代民主思想史》《上海史》《西学东渐与晚清社会》《异质文化交织下的上海都市生活》《城市嬗变及展望》等；主编或合编有《上海通史》《东南沿海城市与中国近代化》《上海——一座现代化都市的编年史》《圣约翰大学史》《上海文化发展与变迁：实践与经验》等多部。

贵系在汉民教授退休三年之后，为他出版文集，颁行系主任奖，这是崇尚学术、尊重前辈、嘉惠学林的盛举，着实令人钦佩！

值此“郭汉民《文集》出版暨从教45周年座谈会”举行，以及湘潭大学历史系“系主任奖”（由郭汉民教授夫妇出资设立）颁行之际，作为多年至交，我本应前来助兴，表示我的敬意，分享你们的喜悦。十分不巧的是，11月14日那天，我正好在广东中山市有学术活动，且全国孙中山研究会换届，鄙人忝为副会长，无法请假，因此，只好通过此信，向你们，并通过你们向郭汉民教授，表达我最热烈、最诚挚的祝贺！祝贺《郭汉民文集》正式出版！祝湘潭大学历史系繁荣昌盛！祝郭汉民教授身体健康，万事如意！

熊月之

汉民吾兄：

捧读华函，其乐何似！

吾兄成就丰伟，治学、教书、育人、行政、修身、齐家，样样卓然自雄，令人钦佩！喜悉文集出版，更为吾兄祝，亦为湘潭大学历史系祝！作为相交多年的老朋友，我衷心地向吾兄表示最诚挚的祝贺！

14日是吾兄大喜之日，弟理当前来助兴，分享吾兄的快乐，极为不巧的是，那大我恰在广东中山做一讲演。同时，那天孙中山研究会换届，弟忝为副会长，无法请假。因此，只好向吾兄遥致我发自内心的祝贺，并且表示歉意！同时，诚恳地邀请吾兄，得便时来上海一聚，以叙衷肠！

弟 月之 谨上

郑师渠[*]教授贺信

尊敬的湘潭大学历史系领导：

欣闻贵系举办“郭汉民《文集》出版暨从教45周年座谈会”，作为汉民兄的同行与朋友，我感到十分高兴与振奋。首先我想对汉民兄表示热烈祝贺！

汉民兄是一位卓有成就的学界知名学者，学术功力深厚，德才兼备。他不仅在近代史研究领域取得了丰硕的成果，而且在教学改革与人才培养方面，也投入了大量的精力，并做出了突出贡献。当年贵校将他主持教学改革及其成果的材料推荐予我的情景，至今历历在目。他坚持教学与科研并重的精神，让我深受感动，当时即给予了高度的评价。在学风浮躁，普遍只重科研而轻忽教学的当时与当下，他的此种精神无疑都显得十分珍贵。汉民兄性格豪放，他爽朗的笑声和大嗓门，常响在耳旁。他为人谦和，注重交谊，也为同行所敬重。在汉民兄退休数年之后，贵校还不忘为之出版文集，感念和表彰他对学校做出的贡献，也

---

* 郑师渠，男，1946年生，福建福州人，历史学博士，北京师范大学教授、博士生导师。长期从事中国近代史、中国近代思想文化史的教学与科研工作。著有《晚清国粹派文化思想研究》《中国传统文化漫谈》《在欧化与国粹之间》等；主编有10卷本《中国文化通史》《中国近代史》等。曾任北京师范大学副校长，兼任中国史学会副会长、北京市史学会副会长等。

令我感慨系之。尊师重教在许多地方仅是虚话，贵校此举是在表彰学者，但同时在吾人眼中，实在也彰显了贵校领导的视野、心胸和对学校建设的高度责任感。我愿为贵校此种真心实意的尊师重教，有情有义的校风点赞。

近年疏于问候，知道吾兄退隐山林，享天伦之乐，身体健朗，家庭和睦，其乐融融，可喜可贺。因冗事在身，不克到会。衷心祝座谈会圆满成功。“仁者寿”。祝汉民兄晚年幸福，健康长寿！也祝贵校在办学中取得更大成就！

北京师范大学历史学院　郑师渠

2015 年 11 月 17 日

谢俊美* 教授贺联

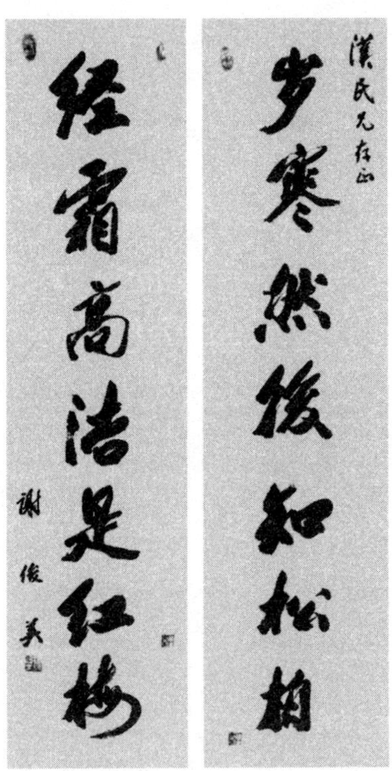

* 谢俊美，男，1942 年生，江苏盐城人，华东师范大学教授、博士生导师。长期从事晚清史和中国近现代史的教学与研究，著有《翁同龢传》《政治制度与近代中国》等。

雷鸣强*教授贺信

尊敬的郭老师：

您好！

前日接到刘亮红传来的邀请，今天又收到的您的亲笔来信，感到格外的高兴和十分的亲切，当年在师大文史楼参加您教改课的生动场面就像在昨天。您对教改之痴迷、专注、成效令人敬佩、感动、学习，我很高兴参加您的研讨会，目睹您的风采、分享您的智慧！

祝好！

您的粉丝雷鸣强

* 雷鸣强，男，1966年生，湖南安乡人。高等教育学博士。湖南师范大学教授、博士生导师。主要从事文化产业宏观管理和产业政策改革的研究。著有《教育功效论——教育功能和价值结合探究》《教育功效观——一个教育原理的新视角》等。曾任湖南师范大学教务处副处长、评估办主任，湖南省文化厅副厅长，现任湖南省社会主义学院院长（挂职上海市闵行区副区长）。

罗木生*先生贺联

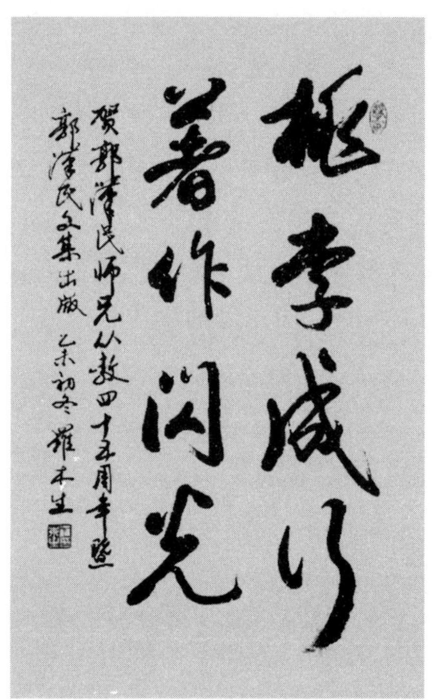

* 罗木生，男，1946 年生。广东省民族宗教事务委员会原巡视员。主要从事民族宗教事务和广东改革开放研究。著有《中国经济特区发展史稿》《广东开放改革与发展的若干思考》等。

郑永福、吕美颐*教授贺信

湘潭大学历史系主任、各位领导：

荣幸地接到贵系“郭汉民《文集》出版暨从教45周年座谈会”邀请函，欢喜曷似，深表谢意！

湘潭大学，在我们心目中，是一所很好的、颇具影响力的大学，贵系也是很有实力的历史学科。此次贵系出版《郭汉民文集》并举办郭汉民教授从教45周年座谈会，足以证明贵系重视学术、尊师重教的传统和系风。这不仅是郭汉民教授的荣耀，也令汉民兄新老朋友及学界同仁感动和欣羡。

自郭汉民教授从名师林增平先生读研始，我们便有了交往，迄今已经34年有余。汉民兄为人真诚热情，为学严谨扎实，其大作多有创新，对我们帮助不少。每次见面交流，我们也会从他那里得到许多启发或学界信息，对此，心存感激。汉民兄主编或参与主编的《中国近代史实正误》及《中国近代社会思潮（1840—1949）》等书，历来列入

* 郑永福、吕美颐，1944年生，郑州大学历史学院教授、博士生导师。主要从事中国近代思想文化史、中国近代妇女史研究，著或编有《鸦片战争》《中国妇女运动（1840—1921）》《近代中国妇女生活》《中国妇女通史（民国卷）》《中国近代社会与文化》等。

我们所教的硕士生、博士生的必读参考书，这些著述对我系中国近现代史专业研究生的培养起了重要作用。如今，贵系公开出版《郭汉民文集》，集中展现汉民兄的治学道路和学术心得，是一件非常令人高兴的事，期待早日拜读大作，从中进一步领略汉民兄学术风采，并从中汲取营养。

接到贵系盛情邀请，本应前往湘潭参与盛会，无奈近日公私情事缠身，无法赴会，我们自己深感遗憾，也向贵系各位领导及汉民兄深表歉意。在此遥祝贵系事业兴旺发达，为学界做出更大的贡献。向汉民兄及其弟子们表示热烈祝贺，并送上衷心的祝福！

恭祝会议圆满成功！

郑州大学历史学院　郑永福　吕美颐

2015 年 11 月 5 日

严昌洪[*]教授贺信

湘潭大学历史系并转郭汉民教授：

欣悉“郭汉民《文集》出版暨从教45周年座谈会”在湘潭大学召开，因事冗不能前往共襄盛举，甚是遗憾，谨表歉意！

郭汉民教授是中国近代史研究领域知名学者，在中国近代社会思潮、辛亥革命、近代人物研究等方面成果甚丰，对推动中国近现代史研究的发展贡献良多！

郭汉民教授又是全国优秀教师，在湖南师范大学和湘潭大学任教期间，为人师表，言传身教，培养了众多优秀人才，实为我辈楷模！

郭汉民教授又是本人多年好友，对本人的关照和帮助，将永志不忘。在“郭汉民《文集》出版暨从教45周年座谈会”召开之际，特致函祝贺！

祝愿郭汉民教授身体健康，永葆青春！

---

* 严昌洪，男，1943年生，湖北武汉人。华中师范大学中国近代史研究所教授、博士生导师。主要从事近代社会风俗史、辛亥革命史研究。著有《中国近代社会风俗史》《辛亥革命与中国政治发展》《西俗东渐记——中国近代社会风俗的演变》等，合著《癸卯年万岁——1903年的革命思潮与革命运动》等。兼任辛亥革命史研究会副理事长兼秘书长、武昌辛亥革命研究中心副秘书长、中国社会史学会理事等。

祝湘潭大学历史系事业兴旺发达，取得更大成就！

严昌洪　敬贺

2015 年 11 月 6 日

董丛林[*]教授贺信

尊敬的湘潭大学历史系领导：

“郭汉民《文集》出版暨从教45周年座谈会”邀请函敬悉，多谢惠邀！只因届时有预定安排，不能与会学习和现场道贺，实在抱歉和遗憾！

诚如邀请函中所言，“郭汉民教授是中国近代史研究领域的知名学者，也是全国优秀教师”。对鄙人来说，郭老师是我十分尊敬的学术先进，从他的相关研究成果中深得教益。他为学严谨深刻，为人爽直诚正，让人钦佩。值此贵系为之操办专会之际，请转达我对郭老师的深切敬意和热诚祝贺！也为贵系有此盛举由衷称赏、点赞！

谨祝盛会圆满成功！

河北师范大学历史文化学院　董丛林敬上

2015年11月5日

---

* 董丛林，男，1952年生，河北盐山人。河北师范大学历史文化学院教授、博士生导师。长期从事中国近代史，尤其是晚清政治史、文化史研究，著有《龙与上帝——基督教与中国传统文化》《清季北洋势力崛起与直隶社会变动》《李鸿章的外交生涯》《晚清社会传闻研究》《百年家族：曾国藩》等；合著有《近代中国小农经济的变迁》《艰难的转轨历程——近代华北经济与社会发展研究》等。兼任中国义和团研究会副会长、中国太平天国史研究会常务理事。

何一民*教授贺信

湘潭大学历史系：

今日收到贵系发来的“郭汉民《文集》出版暨从教45周年座谈会”的邀请函，十分荣幸和高兴。汉民教授，系改革开放以后培养出来的第一批史学家，系当代中国著名历史学家林增平先生的弟子。45年来，郭汉民教授在历史学教学和研究领域内，成绩卓著。

一是汉民教授个人著作等身，先后参与主编《中国近代社会思潮（1840—1949）》《中国近代史实正误》《辛亥革命史研究备要》《辛亥革命》《魏源与中国近代改革开放》《蔡锷新论》及《清代人物传稿（下编）》第六卷和第八卷。撰写专著《晚清社会思潮研究》《中国近代史事探索》《中国近代思想与思潮》以及《晚清人物研究》（与章育良合著）等。先后在《历史研究》《光明日报》等重要

---

* 何一民，1953年生，四川大学城市研究所所长、二级教授、博士生导师，四川省学术与技术带头人、省历史学会副会长、省政协委员，获国务院特殊津贴。主持国家清史编纂工程“清史·城市志”、国家哲学社会科学重点课题等多项，出版《西藏城市发展与社会变迁研究（17世纪中叶至20世纪中叶）》《20世纪新疆区域与城市发展研究》《中国城市通史》《中国城市史》《近代中国城市发展与社会变迁》等著作十余部。获国家社科规划办、教育部、四川省优秀成果奖等多项。

报刊发表论文100余篇，不少为《新华文摘》和《人大复印资料》全文转载。获湖南省哲学社会科学成果优秀奖和三等奖各一项。在多个新的研究领域内进行了深入探索，对学术界产生了重要的影响。

二是培养人才，桃李遍天下。汉民教授创造出了“研讨式五步教学法”，深受学生欢迎，被学术界十余家刊物所推介和评论，被视为“大学教学的创举”，“一个可资借鉴的成功教学模式”，荣获湖南省普通高等学校优秀教学成果二等奖。

三是在汉民教授任贵校历史文化学院院长期间，高度重视学科建设和青年人才培养，对于贵系的发展起到了重要的推动作用。目前贵系有历史学、中国共产党历史、国际事务与国际关系、文化产业管理等4个本科专业，在校本科生600余人。有中国史、世界史、政治学等3个一级学科硕士学位授权点和中共党史博士学位点，在读硕士生和博士生200余人，人才教养和科学研究方面都成绩显著，而这些都与汉民教授有着直接或间接的关系。

汉民教授数十年来热心教学、研究，勤奋努力，孜孜不倦，系我辈学习的榜样。今获邀请参加“郭汉民《文集》出版暨从教45周年座谈会”，本应奉召前往，无奈教学和各种俗务缠身，与贵系所安排的时间正好有冲突，故而不能前往，非常抱歉。只能遥祝座谈会召开成功，愿汉民教授晚年安康、快乐、幸福。

四川大学何一民

2015年11月5日

麻天祥[*]教授贺信

汉民兄吉祥！

喜闻湘大为兄出版文集，并召开庆贺从教45周年大会，余亦为之振奋。本欲躬临，无奈同日将远在黄冈，而不能与兄及湘大再结学缘。谨撰联为贺：

不计科名读史

何妨扪虱谈玄

弟 麻天祥 谨拜

* 麻天祥，男，1948年生，河南人，西北大学中国思想史专业博士。武汉大学哲学学院教授、博士生导师。长期从事中国学术史、中国佛学以及宗教医学研究。著有《晚清佛学与近代社会思潮》《中国禅宗思想发展史》《中国近代学术史》《汤用彤评传》等；参编《民国学案》《佛学百年》《20世纪佛学经典文库》等。

邱捷[*]教授贺信

汉民兄：

来示及湘大历史系的邀请函奉收。先致祝贺。吾兄几十年来在学术研究和人才培养方面卓有建树，令人钦佩。趁此机会一聚，本亦人生乐事。但我 11 月 9 日到 19 日要赴京参加一项命题事务，此事早已定好，难以更改。故无法出席盛会，深以为憾。希望日后有其他机会请益。

顺祝时安！

邱捷 顿首

* 邱捷，男，1945 年生，广东广州人。中山大学历史系教授、博士生导师。主要从事孙中山研究、近代广东社会经济研究，著有《孙中山领导的革命运动与清末民初的广东》《孙中山与中国近代军阀》（合著）等，参加《孙中山年谱长编》《孙中山全集》等书的编纂。广东省政协第八、九、十届委员、常委，广州市文史研究馆馆员。

周兴樑*教授贺信

郭兄并老余：

你们好。本拟携内子前去湘大晤谈，但计划赶不上变化，现抱歉地告知你们无法成行，因为上午10时接到市文史馆办公室通知，近日要随张馆长外出调研一星期，并被封为副领队。这时间正好与湘大的座谈会日期重合。在此谨表歉意，尚祈见谅也。下面将老兄看过的两首诗（打油诗也）略作改动，附上以示贺忱：

贺“郭汉民《文集》出版暨从教45周年座谈会”之召开，有感而作。

大学五载乱蹉跎，阶级斗争为主课。
三年攻硕奠基础，留校工作建树多。

---

* 周兴樑，男，1944年生，江西赣县人。中山大学孙中山研究所教授，博士生导师。长期从事孙中山与辛亥革命、近代政党与社团、民国人物、国共两党关系等研究，著有《孙中山的伟大思想与革命实践》《孙中山与近代中国民主革命》《廖仲恺和何香凝》等；合著有《孙中山与国共第一次合作》《孙中山年谱长编》下册、《辛亥革命运动史》等；参编《孙中山全集》第五、六卷及《孙中山辞典》等书。曾任中山大学社会科学处处长、广东发展研究院常务副院长等行政职务，兼任中国近现代史史料学会常务理事和副会长、广东孙中山研究学会理事等。

卅年育人桃李伙，华章结集尤可贺。

湘大尊师又重教，策励师生奋力搏。

此消息也同时报告了湘大历史系，并请他们到时给我惠寄你的大作。最好请你在书上题名。

周兴樑

欧阳哲生*教授贺信

湘潭大学历史系：

收到“郭汉民《文集》出版暨从教45周年座谈会”邀请函，谢谢！我因同时应邀赴台北参加孙中山国际学术研讨会，不能与会，十分遗憾！特向贵处请假。

汉民兄执教45年，教学、科研成果丰硕，桃李满天下。我们曾有幸同在林增平先生门下学习，汉民兄作为师兄为林先生分担了许多科研和服务性工作，付出了辛勤的劳作，对此诸位同门师兄弟铭记在心。现在汉民兄大作出版，我谨表衷心地祝贺，并祝愿他在未来在保重身体的同时，继续研究，为湘潭大学历史系的学科建设做出更大的贡献！

预祝座谈会圆满成功！

欧阳哲生 敬贺

---

* 欧阳哲生，男，1962年生，湖南长沙人。北京大学历史系教授、博士生导师。长期从事中国近现代史，尤其是胡适、五四新文化运动历史研究，著有《五四运动的历史诠释》《严复评传》《新文化的传统——五四人物与思想研究》《自由主义之累——胡适思想的现代阐释》等；主编《大家国学丛书·傅斯年卷》《胡适全集》《丁文江文集》等。

周秋光*教授贺信

汉民兄、继平兄暨湘潭大学历史系，
以及各位到会的师友学长同好：

大家好！

接奉10月14日湘潭大学历史系的邀请函和汉民兄亲笔签字的信札，邀我于11月14日参加在湘潭大学召开的“郭汉民《文集》出版暨从教45周年座谈会”，并且汉民兄还特地给我打了电话。原本我是一定要来参加会议的。不意突然接到省政府参事室通知，奉派与香港的林德亮先生（我们俩都是湖南省政府参事），参加11月7至16日在上海新天鹭会议中心举办的为期10天的国务院第六期参事研修班培训。这期研修班培训学习紧张，要求严格，不能请假。所以原定来湘大参加汉民兄座谈会的承诺就不能兑现了。同时也失去了与各位学长师友相聚谋面把酒言欢的

* 周秋光，男，1954年生，湖南耒阳人。湖南省政府参事、湖南省政协常委、民进湖南省委副主委。湖南师范大学历史文化学院二级教授、博士生导师，中国近现代史国家重点学科学术带头人；湖南师范大学慈善公益研究中心主任。国家社科基金重大项目“中国慈善通史”首席专家。先后主持承担各类科研基金课题60余项，出书（含主编）近30种，发表学术论文300余篇。2014年9月获中华慈善总会颁发“第二届中华慈善突出贡献（个人）奖”。

极好机会！在这里我既深深表示歉意，却又不无遗憾！对于汉民兄，我只好以一份书面发言来表达我的心意！但我真诚地为湘潭大学历史系和继平兄等为汉民兄举办这样一次高规格礼遇的盛会表示钦佩和赞赏！也对汉民兄获此殊荣表示祝贺与景仰！

我与汉民兄自 1980 年相识订交至今已有 35 载。在汉民兄于 2002 年离开湖南师大调入湘潭大学之前，我们之间曾经有着 20 年朝夕相处，情同手足，交谊笃甚的经历：我们曾经一起陪伴恩师、聆听教诲、须臾不离左右；我们曾经一起书山跋涉、学海泛舟、相与切磋问难；我们曾经一起交流学术、以文会友、结识学界精英；我们曾经一起合作共事、襄助业师、孜孜以求、勠力同心、共谋学科的建设与发展。我们曾经一起的事情太多太多，至今恍然如昨、历历在目，令人难以忘怀……

在我的心目中，汉民兄是一位以诚待人、磊落坦荡、肝胆相照的好同事，好兄长！无论做人做事，都堪为表率！他无疑是林师身后本师门本学科最为合适的执掌人选。他是最早为本学科的建设发展呕心沥血、功不可没的几位人员之一。他为本师门本学科的建设发展所付出的方方面面我最知情！无奈他最终不能留在曾经为之付出心血和努力奋斗了 20 年的本学科而去了湘大，我认为个中有他难以割舍、挥之不去的心头之痛！其实又何尝不是林门之痛！学科之痛！

然而令汉民兄足堪慰藉的是他离开湖南师大之后，有幸以湘潭大学历史系作为他的第二个为之奋斗的教学科研平台和基地！他在这里用好了他人生职场生涯的最后10年。他不仅兢兢业业、孜孜以求，使个人成就辉煌达到极致，成为中国近代史研究领域的知名学者；而且他的名字已经刻在了湘潭大学历史系教学科研与学科发展的里程碑上！湘潭大学历史系已经永远记住了他对于中国近现代史研究的学术贡献，对于推动湖南学术交流活动的贡献；记住了他坚持教育教学改革的思想和实践，尊师重教、教书育人的活动与启示！所以湘潭大学举办召开“郭汉民《文集》出版暨从教45周年座谈会”绝非偶然，而是对于汉民兄在湘大辛勤耕耘、默默奉献的一次意义非凡、必将载之于史的表彰和纪念！我祝此次盛会取得圆满成功！

周秋光

2015年11月13日于上海

李育民*教授贺信

郭兄：

你好！接湘大历史系通知，欣悉兄大作《文集》出版并举行讨论会，特致祝贺！因恰在同时召开孙中山研究会理事会，一再要求参加，在此之前早已应允，不能爽约去湘潭见兄参会，甚为遗憾！

特此致意，祝会议圆满成功！祝兄嫂身体健康，如意吉祥！

弟育民 拜叩

---

* 李育民，男，1953年生，湖南耒阳人。湖南师范大学历史文化学院教授、博士生导师。主要从事中国近现代政治史、中外关系史研究，著有《中国废约史》《近代中国的条约制度》《中外不平等条约史话》《近代中外关系刍论》等，主编《中外条约与近代中国研究丛书》，参编《中国近代史通鉴·辛亥革命卷》《辛亥革命》等。曾任湖南师范大学历史文化学院院长，现为中国史学会理事、中国辛亥革命研究会常务理事、湖南省历史学会副会长、湖南省黄兴研究会副会长。

王宏斌[*]教授贺信

恭贺郭汉民老师的文集出版！先生治学勤奋扎实，广为朋辈赞许。先生为人真诚热情，更为晚辈所爱戴。宏斌私淑门下，受到先生多方提携，感激不尽。

衷心祝福郭老师、余老师身体健康！万事如意！

河北师范大学 王宏斌

---

* 王宏斌，男，1954年生，河南洛阳人。现为河北师范大学历史文化学院二级教授、博士生导师。河北省优秀专家、国务院特殊津贴专家。主要从事中国近代海防史、禁毒史、货币史研究，著有《清代前期海防：思想与制度研究》《晚清海防：思想与制度研究》《禁毒史鉴》《近代中国价值尺度与鸦片问题》等；参编《广东海防汇览》《诗说中国五千年（晚清卷）》等。

张伟然[*]教授贺信

湘潭大学历史系，尊敬的郭汉民先生：

收到贵系“郭汉民《文集》出版暨从教45周年座谈会”邀请，非常荣幸！汉民先生作为林增平先生高足，20多年来省内近代史领域顶尖学者，不仅以辛勤耕耘、精卓学识为湖南历史学界赢得光荣，更兼以高尚师德有力推进了湖南的近代史团队建设。作育英才，桃李满天下。可谓名山事业，经师人师。伟然自硕士期间幸得识荆，时蒙指点；负笈东下后，每次回湘均获接见，亲承教泽，获益良多。本当束装返乡，恭与盛会；怎奈早与长江大学有约，须于12—17日往荆州集中授课一周。课表业经排定，改期诸多不便。只得遗憾缺席。谨此敬祝大会圆满成功！并祝汉民先生及师母、家人诸事顺遂，阖府安康！

后学伟然 再拜顿首

2015年10月29日

---

* 张伟然，男，1965年生，湖南安仁人，复旦大学中国历史地理研究所教授、博士生导师，师从谭其骧教授。主要研究历史文化地理及其相关领域，尤其是佛教地理、区域历史文化地理。著有《湖南历史文化地理研究》《湖北历史文化地理研究》《湘江》等；合著有《中国历史文化区域研究》《中国佛寺探秘》《琳琅梵宫》等。现为中国地理学会历史地理专业委员会委员。

陶季邑[*]教授贺信

得知湘潭大学召开“郭汉民《文集》出版暨从教45周年座谈会”，十分高兴。为此写点文字，以示祝贺！

1991年9月，我进入湖南师大历史系，攻读中国近现代史专业博士。此前，即1988年9月至1991年8月，在贵州师大校长吴雁南先生名下读硕士，当时多次听说郭汉民老师的名字。那时，周末常与吴雁南先生散步，吴先生曾说：“这个郭汉民做事很细心。有一次，我从长沙开会回来，刚出贵阳火车站，外面就有贵州师大小车司机走上来接我。一问，才知，是郭汉民在长沙那里给我们贵州师大校长办公室发了电报，告知我将抵达贵阳。可见，郭汉民办事很细心。”吴雁南先生有一次还说：“我对林增平先生讲，这个郭汉民是可以重用的。”

1991年9月进入湖南师大后，在林增平先生1992年12月逝世前，由于林先生的身体和年龄等方面原因，郭汉民协助了林先生的一些工作。所以，郭汉民当时不仅是我

---

* 陶季邑，男，1964年生，湖北黄冈人，历史学博士，暨南大学社会科学部教授、博士生导师。主要从事中国近现代史、中外社会主义思想史等研究，侧重于以孙中山为主要代表的早期国民党人的政治思想研究。著有《中国近代民主革命派与社会主义思潮》《胡汉民传》等。

的师兄，而且在业务上也算是我的老师。在长沙三年，常去大学招待所附近的他家（小平房）坐一坐。我总的感觉是，郭汉民老师为人较随和，待人诚恳，体谅别人，通情达理，工作勤奋，克己奉公，研究扎实，成果颇丰，等等。

1994 年 6 月博士毕业，我南下广州，于今已有 20 余年，但一直未能与郭老师见面。不过常拜读他的论著。前几年，与他及其夫人余老师通过电话，知道他在湘潭发展。最近又得知，他已光荣退休。

这次湘潭大学为他召开座谈会，颇有意义。因周五在较远分校有本科教学任务，不能参加。特地撰写上述文字。衷心祝贺座谈会圆满成功，祝愿郭汉民老师和余老师身体健康！代问候王继平师兄和陈宇翔同学及其他各位同志。

陶季邑

贺电名录

“郭汉民《文集》出版暨从教45周年座谈会”前后，郭汉民教授和负责会务联络工作的暴宏博还接到西北大学校长方光华教授，湖南师范大学原校长张楚廷教授，中山大学哲学系冯达文教授，湖南师范大学伦理学研究所唐凯麟教授，西南交通大学人文社会科学学院鲜于浩教授，中国社会科学院近代史研究所虞和平研究员，中山大学历史系桑兵教授、关晓红教授，华中师范大学中国近代史研究所朱英教授，天津师范大学历史文化学院刘景华教授，吉林大学行政学院宝成关教授等学者的贺电。

尊师重教

湘大尊师重教与汉民教授的贡献

——在“郭汉民《文集》出版暨从教45周年座谈会”上的发言

刘泱泱*

今天来参加会议的各位朋友中间，论年龄我可能是老大。我今年80岁，比郭老师虚长了10岁。平时郭老师对我很尊敬，总是称我为老师，实际上，我们是一对忘年交，好朋友。我们还是同学，我是湖南师范学院（今湖南师范大学前身）本科毕业的，没有汉民那么高的学历，他是湖南师范大学研究生毕业的，但我们都是湖南师范大学的学生。我们还是同门，都是林增平老师的学生。所以我们是先后同学，交往比较多，是很好的朋友，相互也比较了解，具体情况就不多讲了。

今天参加这个会议，走进会场，我感到出乎意料的惊喜。我原以为这是省内一个小规模的座谈会，到这里一看，全国近代史学界著名的院长、书记、教授一大片，有很多是从远方来的，而且今天上午大家的发言又是那么感动人，

---

* 刘泱泱，男，1935年生，湖南洞口人，湖南省社会科学院历史所研究员，湖南省文史研究馆馆员。主要从事中国近代史和湖南地方史研究。著有《近代湖南社会变迁》《魏源与近代中国改革开放》《辛亥风云人物钩奇》《湖南通史》《辛亥革命新论》等；参编《湖南近百年大事纪述》《辞源》等。任湖南省历史学会顾问、中国义和团研究会理事、辛亥革命史研究会常务理事。

这是我会前没有想到的。那么这说明了什么呢？为什么一个已退休三年的教授，学校今天还出版他的文集？另外在郭老师从教 45 周年之际，学校能够召开这样的会议，也是很有意义的。首先是郭汉民教授的道德、学问有口皆碑，是国内有影响的近代史专家。他的人缘好，来源于他本身人品的高尚。因而全国各地学术界同仁纷纷远道而来，群贤毕至，济济一堂。另一方面，湘潭大学和湘大历史系尊师重教、教学与科研并举的重要方针，我觉得是做得比较好的。湘潭大学原副校长王继平教授，为促成这一学术盛会做了不少工作。所以这次会议的召开，说明我们校、系领导尊师重教的一贯传统和教学、科研并重的方针。这个会议的成功，必将对湘潭大学的建设和湘大历史系以后的发展起到良好的促进作用。我预祝湘潭大学和湘大历史系办得越来越好！

郭汉民教授是 1980 年由海南考到湖南的，来了以后我们很快就有了交往。他是林老师的研究生，而我和林老师的关系很密切。上世纪 80 年代初到 90 年代初，可以说是湖南史学界最为活跃和繁荣的年代。那时候湖南史学界有两大巨头：一个就是湖南师范大学林增平教授，他当时任湖南省历史学会会长，有很高的威望，振臂一呼，众士响应；另一个是我们省社科院的副院长杨慎之，他兼任湖南历史学会副会长。当时湖南史学会的活动都由他们两个牵头，二人互相尊重，配合默契，珠联璧合。杨慎之原在湖南省政府办公厅工作过很长时间，当过程潜省长的秘书多年，活动能力特别强。他当了社科院的副院长兼史学会副会长后，与林老师紧密配合，凡是活动需要经费的都由他跑，保证不落空。具体活动组织跑腿的是哪些人呢？社科院是我，林老师那边就是郭汉民，还有周秋光。大家不辞劳怨，召之即来，积极工作。所以那个时候湖南史学会连续举办过魏源的全国学术会议，举办过蔡锷的全国学术会议，举办过首届全国黄兴研究学术讨论会，举办过宋教仁研讨会，等等，都在全国产生了影响。特别是，我想在座的有许多人还记忆深刻：那时湖南省史学界有一个创举，就是在1981年辛亥革命70周年纪念之际召开全国青年研究工作者学术讨论会，这是第一届，1991年又搞了第二届，以后每10年一次，这种模式就一直延续下来，并且就落户在长沙。参加第一届、第二届青年学术讨论会的研究生今天在座的有不少。可以说，这一系列学术活动，促进了一大批史学人才脱颖而出。我跟全国学术界联系比较密切，主要就是通过这么几次学术会议开始的。我当时参与会议的筹备与组织工作，学术组的事主要是我来做。后来郭汉民出来以后，帮了我很大的忙。从蔡锷会议起，因为我一直体弱多病，逐步地退了下来，而他则走上前台。他工作能力强，将每次学术会议组织得有条有理、有声有色。

谈郭汉民教授的贡献，自然包括三个方面：教学、科研和学会活动。我上面主要谈了他对湖南省历史学会活动的开展，贡献颇多，是应该予以充分肯定的。至于在教学方面，他是全国高校优秀老师；在科研方面，大家已看到这次会议发的《郭汉民文集》，这个集子只是他科研成果的一部分，但也从一个侧面反映了他的研究领域、成果和学术价值。在这里我就不多讲了。

郭汉民教授今年已到70高龄，仍身体强健。不像我一样，体弱多病，到了80就想“金盆洗手”。今天看到他发言时，还是铁板一般的身材。他身体一直很好，精力充沛。我记忆中，好像联合国卫生组织今年年初发布了一个新的人的年龄划分标准，人从出生到17岁是未成年人，17岁到65岁是青年人，65到79岁. 是中年人，80以后是老年人，100岁以上是长寿老人。按照这个标准，郭汉民教授还属中年人，年富力强，现在的身体状况又好，在科研等方面还可以大有作为。我衷心地希望他在适当注意自己身体、保持健康的前提下，再继续努力，再攀新的高峰，再做新的贡献！

尊师重教的一缕阳光

——在“郭汉民《文集》出版暨从教45周年座谈会”上的发言

郑佳明*

今天非常高兴，第一件高兴的事是又见到了林师母，前些日子在长沙见到过她一回，刚刚又聊了几句，看到她身体很健康，感到非常高兴。我和汉民兄同是林增平老师的学生，但我不是林先生的硕士和博士生。林先生曾经给我们讲过一门课“中国近代史研究”，那个时候我和在座的几位同学听林老师讲了一个冬天的课，林老师用手写的厚厚的一本稿子慢慢地给我们讲，当时师大的条件比较差，房子很黑很冷，我们年轻人坐在教室里两脚都冻得冰冷，林老师那么大岁数了还一丝不苟地讲课，只在中间稍微休息一下，让人非常敬佩。其实林先生只教过我那一段时间的课，后来就没什么交往了，但是他的很多思想观点烙在我的心里，三十年来在我心中始终是一股强大的力量，不

---

* 郑佳明，男，1949年生，湖南长沙人，湖南师范大学历史文化学院教授。主要从事中国近代史，尤其是中国近现代城市文化史的研究，主持编辑《长沙经贸史记》《长沙风物大观》《长沙历史风云》等；著有《清政府封闭状态和心态研究》等。现任湖南商学院文学与新闻传播学院院长，曾担任中共湖南省委宣传部副部长、湖南省社科联主席、红网名誉主席、《故事湖南》主持人等。

单单是学术的力量，更重要的是人格的力量。我们听到、看到了许多林先生为人、为师的方法，刚才汉民讲到能做林先生的弟子是三生有幸，我能理解他这个心情，也正是因为他对林先生的这种感情打动了我。我从师大毕业后，做了长沙西区的区长，有一点小权力，那个时候汉民找到我，说林先生在师大做校长都没安排自己儿子的工作，你能不能安排一下，我觉得这个是我应该做的事情，就把这个事办了。后来，林先生去世的时候，我看汉民在前后不停张罗，很是感动，他是一个负责任的大师兄。

我跟汉民交往并不多，更没有一点利益的瓜葛，他没给我送过钱，我没给他送过礼，我做官的时候他从来没求过，我也从来没关照过他。但是，两个月前他从老家平顶山给我打电话，告诉我湘潭大学要为他从教 45 年和《郭汉民文集》出版开个会，邀请我出席。我听到他的声音就非常高兴，听了这件事后更高兴，就把这件事记在了本子上，一定要来。我对湘潭大学和湘潭大学历史系这样的做法非常钦佩、非常感谢，这是湘潭大学做得非常好的一件事情。为什么呢？因为郭汉民已经退休了，没什么用了。这个人退不退休是完全两码事，我退休前也是一个正厅级干部，对做官的一些感觉是知道的，在位时车水马龙，人家求你，退了以后冷冷清清，万事求人。有人说退休后三天接不到一个电话，好不容易接一个电话还是广告，当然这是开玩笑，没有那么严重。但是，作为一个退休的人，学校、系里这么关心他，这一方面是汉民本身的成功，另一方面也是湘潭大学真正把尊师重教落到实处。我们中国现在最大的一个问题就是知行分离，说了不做，湘潭大学知行合一。这件事情是好处无穷，对汉民来说是一个安慰，对在校老师来说是一个鼓励，对学生是一个引导，是教育界的一缕阳光。我刚才跟大华（郑大华教授）坐在一起，我问他现在大学是不是都这样搞，他说现在大学这么做的很少。今天来的专家学者不少，我建议大家回去多宣传。今天我带了我的一个助理过来，我退休后受聘去湖南商学院文新学院当院长，他们看我年龄这么大了，就给我配了专职助理。在来的路上我就跟助理讲，回去要从我们文新学院做起，关心老师，尊重老师，学校要以教育教学为中心，不要以权力为中心，不要以金钱为中心。以教学为中心是什么呢？就是学生要读书做人，老师要教书育人，我们要把学生和老师放在最前面。所以，湘潭大学做的这件事是一件具有导向性和价值意义的事情，这是我非常高兴的第二点。

我跟汉民兄认识快 30 年了。我是 1987 年考进师大辞官读硕士研究生的，所以我一直想在名片上的“硕士”后面加一个“（真的）”，后来还是没加，太得罪人了。辞官读书看起来很傻，但是很值得的是，交下了一大批读书人，包括今天在座的许多专家学者，其中就有汉民兄。汉民在史学上的成就，大家有目共睹，我就不多说了。除此之外，从事教学 45 年，桃李满天下，收获了很多。他在教学方面有件事情让我很感动。大概是十几年前吧，他写了《五步教学法》[①] 这样厚的一本书，找到我请我写个序言。那时

① 编者注：即《走向创新教育——“研讨式五步教学法”的推广与应用研究》，湖南师范大学出版社 2008 年版。

我是湖南省社科联主席，当时让我大吃一惊，很多人都在做一些世俗的事，或为钱忙，或为权忙，或为职称忙，而他却在研究“五步教学法”，在研究怎么把教学搞好，这样的人，真的不多了。第二是他的这个书花了很多的时间、很多的功夫，很有意义很有水准。让我感到他对“老师”这个称呼的理解，让我感到他对“老师”这个称呼的付出！作为一个老师，能不能把学生教好、把学生带好是最根本的一件事，评职称是为了教书，拿经费是为了教书，搞科研是为了教书，如果不以教书育人为本，这个老师就当的不对了，汉民是个真正的老师，湘大是真正的尊师重教。

从林先生到汉民兄，从老一辈老师到今天的老师，老师不仅仅是一份职业，更是人生的榜样，知识的化身，生活的阳光，生命的雨水，民族的命脉，人民的希望。

传承尊师重教之风

刘建平

各位专家：

下午好！

我刚才上课去了，所以迟到了。我把我的学生也带过来了，坐在后排，让他们也见识一下。我是将部分课堂移到这里来，让他们感受一下什么是大师，什么叫风范，什么叫层次，什么叫作教育。

郭老师是我非常尊敬的一位学者，他还未从师大调到湘大时我就认识他。1997 年，我在刘泱泱老师的老家洞口县挂职锻炼，做副县长。我曾做过这样一件事情。洞口县是蔡锷曾经生活的地方，我当时写了一篇文章，《蔡锷出生在洞口考》。我感觉把握不好，郭老师正好到湘大来，在招待所我就向他请教。我说："郭教授，蔡锷是在邵阳长大，但是他的出生地在什么地方呢?"他说这个问题很有意义，你可以研究，从文献、实地各方面考察。根据我的研究，根据考古的资料，他的祖籍在邵阳现在的大祥区，但是他的出生地在洞口县山门镇（现在的水东乡）大坝上，附近山坡上有松树林。他的父亲蔡正陵曾在那里立过一块写有

“蔡正陵男艮寅”的分路碑，可以说铁证如山。我就这个问题向郭老师请教的过程中，郭老师给了我非常好的指导，要实事求是。蔡锷到底出生在什么地方？在很多学术讨论会上我都依据郭老师的指导提出，蔡锷就出生在现在的洞口县（当时的武冈州）。虽然这个考证是一件小事，但我从郭老师身上学到了很多东西。我向他请教，他对后学的指导、提携、关爱和关照是很让人感动的。

郭老师到湘大来十多年了。在湘潭大学的历史上，他作为院长，是突破了一条规则的。我们专门下了一个文，他是超龄服务的。在湘大这么长时间，我认为郭老师师德高、为人好、学识好，教书育人、服务育人，在他身上我能看到人格的力量。他的老师是林增平先生，我的老师是王继平老师，王老师是我的博士生导师。王老师当时让我们做这件事的时候，我没有想到专家们会对我们这个小小的举动给予高度的赞赏，我内心感到欣慰。我觉得我们有很多工作没有做好，向大家表示歉意。

我认为尊师重教的工作在湘潭大学要很好地传承和发扬。尤其是现在提倡社会主义核心价值观。社会主义核心价值观不是空洞的东西，而是实实在在的东西。所谓大学，不是“有大楼之谓也”，而是“有大师之谓也”。郭老师是全国优秀教师，为他做这样的事情是我们大学应尽之职。他人格的风范能够得到很好的传承，给我们很好的教育。他收入也并不很高，还捐钱设立奖学金，更重要的是把所有的资料、文献捐赠给历史系。我现在在学校做行政工作，根据新的分工，联系历史系。

我也是学历史的，考到湘大是 1980 年，当时是以全县文科第一名的成绩考到这里。我就读的中学是何炳麟先生创办的，最初在长沙，1938 年抗战时辗转从长沙迁到了南岳。为什么选择南岳呢？因为那里是朱熹、张栻游学的地方，何先生专门在那里建了一栋楼，叫雪霁堂，以纪念朱熹和张栻。那个地方有文定书院、白沙书院、甘泉书院，传承着中华文化。在座的来自广东的比较多，广东有湛甘泉湛若水，他很尊敬老师陈白沙，他为了纪念老师在我们家乡建了白沙书院。胡安国、胡宏父子开创湖湘学派（后人建了文定书院）；到了明代，湛甘泉尊师建了白沙书院；后人为了纪念他又建了甘泉书院。这一系列事情说明了我们中华文化的一种传承。

我们讲社会主义核心价值观，爱国、敬业、诚信、友善，从郭老师身上就可以得到印证。郭老师就是一个爱国、敬业、诚信、友善的大师，所以他延续了林先生的一些风范。我今天听到不少专家学者讲，从某种意义上讲，他延续的是一种文化，但更多的是一种人格的力量。

我们应该怎么办大学？我认为大学的主体是教师和学生，我们在行政岗位工作，从某种意义上讲，就是为优秀人才服务的服务员。只有这样去定位，才能把学校办好。在座的各位都是我的老师，我要向大家学习。

我们湘大建校的时候都是各个大学支持的。湘大 1958 年建校，毛泽东主席亲自题写校名，并且嘱托一定要办好湘潭大学。借这个机会向大家宣传一下。湘潭大学建校时，毛主席听说家乡办大学特别高兴。当时的学校办在哪呢？

就在杨嘉桥。杨嘉桥以前有个湘江煤矿，煤采完后，一些设施可以利用，当时工农业生产特别需要人才，就决定在那里办大学。请谁题词呢？他们都想到，请毛主席。于是就请毛主席的老师毛宇居先生。毛宇居先生非常重视这件事，到北京找了毛主席。见面以后主席问："什么风把你吹过来了？"毛宇居先生说："主席，家乡要办大学。""办在什么地方？""办在杨嘉桥。""杨嘉桥啊，那是个小山村，哪里会有这么多学生呢？"毛宇居讲："有一个煤矿采完了，这些设施可以用来办大学。""那你们缺什么呢？""我们最缺的就是老师，能不能请全国支持，派些教授来呀？"主席说："世界上办第一所大学的时候，连学生都没有，哪有什么大学教授呀！还不是能者为师嘛！你们要破除迷信，解放思想。我相信你们一定能把湘潭大学办好。"毛宇居先生接着讲："主席，办大学，得有个校牌呀！主席，你的翰墨很好，能不能给湘大写个校牌？"主席说："我的字写得并不好，但是好多人找我写。我都没写。我曾经读书的东山学校要我写，我还没写，如果给你们写了，他们会有想法的。""这个好办嘛！你给湘潭大学写一幅，也给东山学校写一幅，我都送过去。""好办法。"所以 1958 年 9 月 10 日，毛泽东主席就为湘潭大学题写了校名。他一共写了三种字体，并给毛宇居老人写了一封信："禹居兄：遵嘱写了湘潭大学校名二纸，请转致选用为盼！另致东山学校一缄，亦烦请转致。毛泽东，九月十日。"1959 年毛主席回湘潭，自费请亲友们聚餐。他向毛宇居老人敬酒。毛禹居激动地说："主席敬酒，岂敢岂敢！"毛主席答道："敬老尊贤，应该应该！”主席以为毛宇居老人还在湘大教书。其实毛宇居老人当时住在湘潭大学。他曾为湘潭大学写了一副对联，上联是“乘火箭，驾卫星，干劲冲天”，下联是“学北大，赶清华，后来居上”。我们湘大有位八十多岁的老人肖廉臣，洞口人，是子弟学校的前校长，这个故事他能讲得很清楚。

湘大 1958 年建校，1959 年停办，1974 年复校，毛泽东主席亲自倡导，后来李先念、邓小平等领导人很重视，全国支援湘潭大学。其中北京大学送了一套非常珍贵的资料，武英殿版的《钦定古今图书集成》，这套书全本在高校中只有湘大有。清华、复旦、南开、南大等许多全国著名的大学送了很多图书资料，其中复旦送了三万册。我在这里给大家鞠个躬，感谢这些大学对湘潭大学的支持。谢谢各位！我们今天为郭先生文集出版暨从教 45 周年表示祝贺，弘扬尊师重教的传统，得到大家的支持，我向大家表示衷心的感谢！祝郭先生和师母身体健康，生活幸福！感谢各位的光临，希望大家继续支持湘潭大学！谢谢大家！

薪火相传

林门薪火永传

——“郭汉民《文集》出版暨从教45周年座谈会”感言

冯祖贻*

我很兴奋来湘潭参加“郭汉民《文集》出版暨从教45周年座谈会”。汉民在中国近代史领域辛勤耕耘，无论在科研上和育人上都取得了丰硕成果，这是史学界公认的。湘潭大学历史系为此特为他出版了文集，并邀请国内近代史名家、好友共襄盛举，一起讨论汉民的学术思想和成就，作为与湖南中国近代史学界素有渊源并与汉民合作多年的老朋友，怎不感到欣喜？此外对湘潭大学一贯的尊师重教的校风也深感敬佩。

我与湖南中国近代史研究领域的渊源，还要从我与林增平先生的关系说起。“文革”后期在毛泽东主席“要学点中国近代史”的号召下，人民出版社计划就中国近代三次革命高潮（当时只能如此提）组织三本大书，其中《辛亥革命史》首先约请的就是章开沅先生和林增平先生，林

---

* 冯祖贻，男，1942年生，江苏南京人，贵州省社会科学院研究员。主要从事中国近现代史、地方史研究。著有《护国运动史》《邹容、陈天华评传》等，合著《辛亥革命史》《清末社会思潮》等；参编《中国近代社会思潮（1840—1949）》《改革开放20年的理论与实践·贵州卷》《西部开发与贵州》等。曾任贵州省社会科学院副院长。

先生当时还在农村劳动。以章、林二位为中心又请了隗瀛涛、吴雁南、王天奖、萧致治、刘望龄等先生。我的参加，还富有一点戏剧性，章先生在《辛亥革命史》2011 年版“序”中已讲过了，此不赘述。我参加编写组后开始了与林先生的接触。起先编写成员中的职衔大多是讲师，只有林先生一位是副教授，所以林先生多了一个外号“教授”。这位“教授”可不是浪得虚名啊！编写后期统稿时常驻在北京的只有我与林先生两位，统稿常发现原稿有脱漏和不合时宜的地方，所以名曰“统”实质是改写或重写，这就显示了林先生的功力了。学术底子深厚是我最佩服他的地方，每当我读稿遇到某些问题，他都能一一作答，即使有一点遗忘，也会告诉我，可以去查某书、某卷。我深知这是很难做到的。另一点林先生待人极谦虚，辛亥革命史编写组各位专家之间能团结一致，相互礼让，取长补短，与章、林二位的学风是大有关系的，这也是《辛亥革命史》能在辛亥革命 70 周年时如期出版的重要原因。我与林先生在北京定稿数次，有一次长达两个月，先后在人民出版社、北京师大（北校）、北京师院（今首都师大）住过，条件极简陋，吃食堂，能住学生宿舍就够好，卫生条件也不好，常受蚊蝇骚扰。对我这样一位近代史的后学，林先生也会与我讨论。我记得关于中国近代资产阶级产生的问题，他就不止一次与我交谈。我就大胆提出让他将某些观点写入《辛亥革命史》中，这就是后来他一系列有关中国资产阶级论述的初起吧。还有一点我是记忆犹新的，就是他文笔极雅驯。他增补的稿子、修改过的稿子，我是第一读者，读后总有一种如沐春风的感觉。上世纪70年代末，“文革”余风尚在，报刊上常见那种僵硬式的句式，可在林先生那里一点没有。1979年《辛亥革命史》上册出版，试印了几十本，赠给北京专家咨询意见。我记得一位老专家竟找到我们住处，兴奋地谈了一通“读后感”，其中一条就是“文笔之雅，实属不易”。

我之所以回忆与林增平先生的片段交往，一是因为一踏上湖南的土地与近代史界朋友接触，便不由自主地会联想到林先生；另一点则是林先生无论是学术上的精益求精，还是为人处世的宽厚仁慈，都可在汉民身上找到影子。见了汉民等一批林先生师门弟子，我常感慨：林门有幸，如此多才！

我与汉民的结识很早，从他当林先生研究生开始；但与他的学术合作，却是我较深认识他的起点。上世纪80年代，吴雁南先生的兴趣转到思想史研究，我曾与他多次交换意见，第一本便是《清末社会思潮》，原因是《辛亥革命史》中册有一大章是讲辛亥革命时期思想战线斗争的，其中的“国粹主义”和“无政府主义”，是过去辛亥革命史研究所忽视的，这两大节颇花了吴先生不少心血，成书后也为《辛亥革命史》增色不少，所以写《清末社会思潮》是有基础的。在组织编写人员时，吴先生有一个想法，想尽力推出一些青年才俊，汉民便是他心目中首先瞩意的人选。

为编《清末社会思潮》，汉民曾数次来贵阳，我们有了更深切的交往。汉民的谦虚厚道一如林先生，在这本书的合作者中，吴雁南、苏中立两先生自不必说，应是前辈；我则居于两位先生及汉民中间，汉民却一直执弟子之礼，我连说不必，因为我仅年长他几岁。在研究领域上，汉民也体现了他见解的独到，他在该书中撰写“变法维新思想”及“君主立宪思想”两章，这原是他用力最勤的部分。我读过他的《论康梁异同》，他不止将他文章的精华吸收于思潮研究，而且又有所发展，如以往研究维新思想，只到戊戌变法失败，他则一直延至癸卯（1903年）；君主立宪思想中，他更仔细地研究了梁启超一派“借革命逼立宪”的主张，使这两种思潮的研究突破了前人藩篱而有了新意，这都是让人们钦佩的。此外汉民在全书定稿过程中对其他篇章修改提出多项建议。《清末社会思潮》出版后获得“图书大奖”，应当说汉民出力不少。

由于编写《清末社会思潮》中汉民表现出的能力、才干，所以当吴先生编一本更大型的《中国近代社会思潮（1840—1949）》时，提出应让汉民参与该书主编，苏先生及我都极赞同。关于《中国近代社会思潮（1840—1949）》，据我的记忆，他更多的是体现在整部书的把握上，即提纲拟定时曾提出不少积极建议，另一方面则是经他推荐，有更多的年轻朋友参与。该书的编写，因包含的时限更长，内容更丰富，特别涉及现代史和中共党史范畴，汉民推荐的撰写人尤多。该书是由湖南教育出版社出版的，书的编写后期，汉民及他周围的研究生们几乎承担了全部烦琐的校对工作，这是要提及的。

我最大的感受是，作为林增平先生的早期研究生，汉民几乎承继了林先生全部优秀品质，无论是学术上和人品上。令人兴奋的是他将林先生的薪火一代代传递下去，是作为一项事业在做。这是任何读过《薪尽火传——林门再传弟子航标集》的人都会产生共同感叹的。林门——中国近代史在湖南的学术门派，不仅过去在湖南师大，现在在湘潭大学，还有凡师承过林先生、汉民和许多汉民同代朋友的学子们，他们身上闪现的光华，将永不熄灭。

惟楚有集　于斯感奋

——在“郭汉民《文集》出版暨从教45周年座谈会”上的发言

王　杰*

今天是个激动的日子，在于：惟楚有材、惟楚有集。这个集，有两重意思：“郭汉民《文集》出版暨从教45周年座谈会”在湘潭大学召开；一个座谈会，“惊动”了全国各地的“百路诸侯”，集在一起“华山论剑”，好震撼！我把本次座谈会比作湘潭大学在教育界、学术界放了一个小小的“原子弹”！

郭汉民氏，一介书生也，如今归隐故园，亦一介平民也。湘潭大学如此兴师动众，又是给郭汉民先生出文集，又是召开座谈会，昨天晚上还惊动小酒杯，历史走到这个“熙熙攘攘”的年头，湘潭大学大张旗鼓，为一位退休的老教授鼓与呼，这是胆识，更是底蕴，无愧沧海横流，方显

---

* 王杰，男，1951年生，广东吴川人，历史学博士，二级研究员。长期从事中国近代史、孙中山与中华民国史、广东地方史等的研究，主持编辑《孙中山全集》第九、十、十一卷，著有《平民孙中山》《孙中山民生思想研究》《孙中山政治文化心理研究》等，合著《国共合作史》《比较中的审视——早期中国近代化研究》《辛亥革命与近代中国社会变迁》等多部，主编或合编各类著作、论文集、史料等10余部。曾任广东省社会科学院孙中山研究所、历史与孙中山研究所所长等，现任中国现代文化学会副会长、中国孙中山研究会理事等。

英雄本色！老教授出书，这种想法和做法，是很多人都有的，也是比较平常的，但是将它演绎为“全国性”的学术行为，牵动“大江南北”，这就令人刮目相看了！这种发酵智慧的思想成果（为健在学者开座谈会），必将成为一个近代史学界的里程碑！亦必将在湖南、在全国引起轰动！还必将谱写其开先的历史！但愿“一花引来百花开”，学界幸甚矣。刚才，郑佳明教授做仿效性的表态，已经产生了直接的效应，阿门！

“惟楚有材，于斯为盛”，那是我30多年前初出茅庐，到长沙参加纪念辛亥革命70周年青年史学工作者讨论会，参观岳麓书院读过的名联，当时是不求甚解，不甚了了。35年以后，也是在三湘大地，我引用了此名联，可以大言不惭地说，是一种感动、感悟与感奋！

记得10月1日午后，汉民兄来电，告知有座谈会这一安排，我脱口而出：“这是得人心，聚人心之事。”当时说了两颗“心”，我说“还可以找出第三颗”，后来又想到了“振人心”。这的确是湘潭大学为学界所做的最有学术意义的事，也是为学者做出的最得人心的事。

屈指数来，我今年大学毕业整整40年，那时候的大学，有句口头禅，叫“大学，大学，就是大家都来学”。今天来到湘潭大学，进一步深刻地领悟大学的要义，就是要顺着当年的话再添一句，而且是必须强调的一句，叫作“大学，大学，就是大家都来学大家”：大学必须有大家，大的学问家，才是大学的底蕴。今天，湘潭大学为大家做出不凡的大动作，它的内涵与底蕴有多深，借用曾经的流行语来说，就是“你懂的”!

今天，我是来朝圣的。“惟楚有材”之三湘近代历史学界，泰山北斗级的人物数不胜数：蒋廷黻、周谷城、李剑农、翦伯赞、刘大年、黎澍、陈旭麓、黄仁宇、吕振羽、向达、吴相湘、张舜徽、田余庆、杨荣国、黄彰健，还有岳麓山下的林增平公，等等，林公虽然籍贯江西，他是在湖南建功立业的。三湘大地，无愧是起风雷的热土、挟风雷的圣地。

我是来攀亲的，我与汉民兄既同校、同系，也同门。在中山大学历史系，郭兄入读于“文革”前，我后学于“文革”后。研究生时期，他是先知先觉者，“立雪”于增平公的门下较早；我到武汉攻读学位，增平公与开沅师联名招生，我的学位论文答辩是在岳麓山下由林公主持（章师时在美国访学）完成，郭兄是答辩委员。在这个意义上说，郭兄是学长，能与相识相知，堪称三生有幸!

我是来学习的，而且是第一次踏足湘潭大学。学什么？学大家，学精神。诗人臧克家有《老黄牛》诗，想必大家都熟悉，曰：

块块荒田水和泥，深耕细作走东西。
老牛亦解韶光贵，不等扬鞭自奋蹄。

这诗用在郭兄的身上，我看是最恰当不过了。郭兄的闪光之处太多太多，我讲三点：

一、他很可爱。草根的平顶山儿女，矢志不渝“爱自己”：这个爱自己，我理解为做人的尊严！他把尊严立起来了，也把自己立起来了，这是做人的要义。当然，他“立人”也有点“自私”，他高大了，把我们矮化了，从这一点说，他爱得很“自私”。没办法，这是辩证法、矛盾的对立统一呀！他当年从五指山下的保亭考出来，我很惊愕，问他：你怎么考得上啊（我不怀疑他的水平，但专业毕竟“荒废”多年矣）？他答：只要想离开那个地方，谁都考得上！当年那样的环境，要付出多少力气？说句调皮话，只有天知地知，连郭兄自己都不知，因为他自己有多少气力，用去了多少库存，他确实不知！但郭兄遂愿了。这种精神，便是他可爱得高深莫测的地方。

于是，老牛“自”解韶光贵，不等扬鞭自奋蹄。他很自觉地下了冷板凳功夫，在“立言”上苦心志，动筋骨。如果说，1981 年的长沙青年会，我们两人“辛亥同科”：同一个组，同是召集人，论文同获奖；那么，两年以后（1983 年）的南海康梁会，康梁异同（郭兄提交的论文题目为《论康梁异同》），两人便拉开了距离，郭兄拼命得几近疯狂，从此逐步著作等身……

二、他很可敬。这里讲他的奉献。一是：郭兄在用功于学术的同时，尤用力于学术研讨及学术活动的组织。他多次参与组织学术研讨会，不厌其烦，大家有目共睹（可参考其学术编年），无须赘言。与本人有关的，增平公主编的《清代人物传稿》（下编），郭兄代增平公给本人写的信函（林公仅做签名）就有三件，如是推算，光是《传稿》信函沟通的工作量便令人吃惊！二是：兄台关注历史学科事业和湘潭大学的发展，退休之后，将全部藏书捐献给湘潭大学，还设立了奖学金，奖掖后学，无疑，这是一种“善”的奉献，一种“风”的承传，一种“雅”的高扬……

三、他很可信。这是郭兄的第三个可爱之处，学术生命在于创新，更注重承传。学术创新体现于学问的“深思”与“发现”，学术传承则蕴含着学德的“守望”与“弘扬”。立德方可立信。郭兄的信，既有学术上的创新，更有学术上的承传。他的学术创新，体现于《文集》之中；而他的学术承传，则体现于“传家宝”之中——《薪尽火传——林门再传弟子航标集》，将他门下几十位研究生写出的关于读师祖林增平公的心得编成一册，将师祖增平公树为学术航标，这种心的呼唤、学的承传、品的形铸，可谓郭兄对学术承传的创新！这是新时代曾国藩式的家书，也超越了曾氏家书，它由再传弟子写成，涉面广泛，感悟张扬，更富能量！这是郭氏治学的“真知”，是孝学精神的彰显，史学界无出其右！他为史学界树立了新的典范，可以誉为他安身立命之所在。可以预言，这一本“航标”，必将载入现代中国教育的史册。

本次会议送了好几本书，令我最感动的是上述两本，一本《文集》，一本“航标”；一本公开出版，一本内部发行。我把两本书看作一本学术，一本精神，前者拿钱可以买到，后者花多少银两也难求。今天会议伊始，郑佳明教授的讲话已经产生效应，尊师重教，承传精华，我们期望湘潭大学郭式教育家如雨后春笋，有如今天这样的座谈会山高水长。

华章不弃秀才贫，伟力般般贯骨筋。
挥汗卅年磨一剑，湖湘学海啸风云。

感谢三湘养育了郭汉民，感谢郭汉民反哺了三湘。且把学术当财富，无愧为三湘人！到底是郭汉民！

薪火相传　箕裘相继

——试谈郭汉民教授对林增平先师道德文章的传承与发扬

杨慧婷*

近日重读《林增平先生纪念集》（以下简称《纪念集》）① 与《薪尽火传——林门再传弟子航标集》（以下简称《航标集》）②，感触颇深。众所周知，郭门弟子研究生入学的第一课，即是阅读《纪念集》，并写出读后感。历届弟子撰写的读后感，后收录于《航标集》当中，作为2006年“近代湖南与中国暨纪念林增平先生学术研讨会”之献礼而结集编印。遗憾的是，愚生2006年9月甫投于郭师门下，惜与《航标集》和林师研讨会的良机失之交臂。时隔数年，值此“郭汉民《文集》出版暨从教45周年座谈会”召开之际，特补上这迟到的第一课，并略谈一些自身的粗浅体悟与思考。综观郭师数十年来的道德文章，不难发现

* 杨慧婷，女，湖南耒阳人，史学硕士。研究生期间师从郭汉民教授，协助导师参与《湖湘文库·宋教仁集》校对工作，发表《宋教仁对清末边境问题的考察》等论文，硕士学位论文为《宋教仁边疆史地研究论析》。现为湖南省博物馆编辑、馆员。主要承担《湖南省博物馆馆刊》《馆藏研究大系》等书刊编校工作，参与国家社科基金项目“马王堆汉墓漆器整理与研究”“长沙汉墓”等课题研究工作，发表馆藏漆木器和滑石器等研究论文多篇。

① 《林增平先生纪念集》，1995年。

② 《薪尽火传——林门再传弟子航标集》，2006年。

其对林师的矢志尊崇、传承与发扬。

一、学术传人：一脉相承，开拓进取

林先生是国内外知名的历史学家，在数十年的学术生涯中，他一直致力于中国近代史的研究和探索。20 世纪 50 年代，他完成并出版了《中国近代史》，该书是国内首部相关研究领域的系统专著，从初版到 1984 年第四次重印，发行 11 万册，成为本学科领域最有影响力的著作之一。进入 60 年代后，林先生将自己的探索领域集中到近代资产阶级与辛亥革命，出版了历史小丛书《黄兴》《辛亥革命》等论著。尽管学术研究在十年“文革”期间曾惨遭中断，但 80 年代以后，林先生又迅速回到了他热爱的辛亥革命史研究领域，进一步著书立说，并率先开展了对湖湘文化的探讨，堪称这一领域研究的拓荒者与推动者。学术著作方面，他先后参与和组织编撰的书籍有《中国近代史话》《清代人物传稿》《辛亥革命在湖南》《知识分子与中国历史的发展》等，为中国近代史学科的创建和发展，做出了突出贡献。其中三卷本《辛亥革命史》更是被海内外同行誉为“三十年来辛亥革命史研究的集大成者”①。

郭老师自 1980 年起师从林先生攻读中国近现代史硕士学位，从林师那里找到了从事历史研究的方向和方法，并确定了毕生从事于中国近代史研究的志向，“学术生涯由此

---

① 张楚廷：《“林增平与中国近代史学术讨论会”开幕词》，载《林增平先生纪念集》，第 2 页。

开始”[1]。在林先生的指导和启发下，郭老师一边努力阅读，一边做些探索性工作，逐步培养自己的史学兴趣和研究能力。研究生二年级开始，郭老师即积极参与了“纪念辛亥革命70周年全国青年学术讨论会”等学术会议，发表了《辛亥革命时期湖南会党的性质与作用》《辛亥“三二九”之役陈竞波非侦探辨》等研究论文，并开始着手准备学位论文《论康梁异同》。后又撰写《试论中国资产阶级革命派的形成》等论文，毕业留校后，更是协助林师编辑了《清代人物传稿》等书籍，主攻方向与林师高度契合，可谓一脉相承。

在治学态度与研究方法上，郭师亦深得林师真传，尊重史料、重视考辨，严格遵循“有一份证据说一分话”的治学方针。林师曾指出，以论带史是史学研究中的一种偏向，必须纠正。林先生强调历史研究要下苦功夫，他的学术论著，历来考据充分，论证严谨，读之令人信服。郭师也认为，历史研究尤其是史实考证方面，要注重第一手文献的运用，近代史研究尤其如此。近代史研究有时资料来源复杂，如不加分析便会谬以千里。郭老师在历史考辨研究方面成果丰富，对“左公柳”纪实诗、《唐才常集》、同盟会的成立及性质等问题皆进行过论证分析，体现了他深厚的功底和严谨的治学态度。其学风与门道之正统，皆源于林师的教诲，诚如郭老师所说，“是先生把我们领向学海，指引了梯航涉猎的途径；是先生把我们带到科学研究

---

① 郭汉民：《学术活动与著作编年》，载《郭汉民文集》，湘潭大学出版社2015年版，第664页。

的前沿，教给了做学问的门道”①。

在学术思想上，郭师对林师既有承继，更有延伸和拓展。在研究领域上，郭老师不断实现自我突破，成果丰富。如在对近代史整体性研究方面，郭老师有自己独到的见解。近代中国处在“三千年未有之变局”，错综复杂，郭老师通过数十年研究，总结了近代中国发展的规律，以“苦难·奋斗·求索”概括出了中国近代史的基本特征。这一总结，与美籍华裔历史学家徐中约先生的观点有类似之处，徐先生的著作《中国近代史》一书中就用了“近代中国的奋斗”来作为英文书名。同时，对贯穿近代中国发展历程始终的两个关键问题——“改革”与“革命”，郭老师亦有深入分析研究。这些研究，无不建立在对近代史整体性的把握之上。郭老师行文流水，洋洋洒洒万言，体现的是数十年的苦功。

研究生阶段，郭老师敢于挑战自己，选择了将康有为、梁启超的异同作为选题。康、梁无疑是近代史上的重要人物，他们之间复杂的关系，各自多样的人生轨迹和思想发展历程，都需要学者有足够的史学功底才能驾驭这一选题。郭老师以康、梁为中心，发表了多篇论文，并以《论康梁异同》为毕业论文题目，受到史学前辈的高度重视和推介。此外，郭老师还对近代史其他重要人物，如曾国藩、孙中山、黄兴、宋教仁、蔡锷等进行了研究，成果丰硕。特别是近年来重新校点了《宋教仁集》和《中国近代思想家文

① 郭汉民：《师恩 师德 师情》，载《林增平先生纪念集》，第 142 页。

库·宋教仁卷》，发表了多篇论文，对宋教仁进行了客观、公正和全新的定位。同时，郭老师还对晚清思想史的发展历程进行了整体性的研究，出版了专著《晚清社会思潮研究》，该著作立足于晚清社会的转型，对各时期社会思潮的特点及相互关系的比较进行了探讨，提出了许多新问题和新思考。

此外，郭老师还参加了多项近代史集体项目的研究，对辛亥革命史的研究着力尤多，出版了多部文集、史料，并将辛亥革命与近代湖南历史、湖湘文化的研究结合起来，拓展了这一研究领域，如清史编撰问题、太平天国、戊戌变法等，涉及了晚清历史发展的各个时期。

这些研究成果，既有宏观视角，也有微观的考证。既有洋洋洒洒的通论，也有个体现象“解剖”式的观察。从这一方面来看，虽然郭老师并没有写出一本近代通史类著作，但他对近代史整体的认知、把握无疑是全面的，对细节的考证更见功力。在研究领域上，他将林增平先生研究的重点——辛亥革命及相关研究延续了下去，并对辛亥革命人物、辛亥革命与近代湖南的研究转向了横向、纵向的深入发展。这些成果的取得，既有从林先生处获得的教益，也是郭老师潜心耕耘的结果。

二、教学育人：研讨点拨，鱼渔兼授

作为一名忠诚勤恳的人民教师，林增平先生立足教师本职，将教学与科研紧密结合，互相促进，相得益彰，既多出成果，亦多出人才，是他执教生涯中的重要特色之一。

林先生自1953年调入湖南师范学院历史系任教，此后每年都承担专科、本科学生中国近代史的教学任务。在教学过程中，他自己编纂、校订讲义，参与讨论和制定了《中国近代史教学大纲》。林先生于1958年出版的根据教学讲义修订的著作《中国近代史》（上、下册），也成为国内多所大学的历史学教材，并多次重印。

林先生自1979年开始招收中国近代史专业辛亥革命史方向的研究生，到1989年先后培养了5届硕士研究生共15人，郭老师即是其中之一。林先生在指导研究生学习辛亥革命史的时候，每学一个专题，先介绍其研究历史、最新动态与争鸣情况，然后布置几个讨论题，每一个学生就一个议题回去准备，下一次上课时逐一发言，其他同学评论或补充，最后由林先生进行总结评议。据郭老师回忆："先生对我们耐心指导、严格要求，评点文章，认真细致，一丝不苟。上课多采用讨论式，指点做学问的门径，及早把我们领向科学研究的前沿阵地。"①

林先生所倡导的这种讨论式教学，给予了郭老师诸多启迪，也是郭老师在自身的执教生涯中，重视教学改革实践的原动力之一。林先生在为研究生授课时，并不是简单的讲授知识，而是采取研讨式、启发式的教学，将学术研究引入到课堂中来。这种教学方式对教师和学生的要求都很高，因而主要在研究生中进行。这种教学方法后来被郭老师创造性地运用到了高年级本科的教学实践中。在运用

① 郭汉民：《林增平先生与中国近代史研究》，载《林增平先生纪念集》，第19页。

的过程中，郭老师根据实际情况，不断总结经验，加以完善，最终形成了“研讨式五步教学法”。

作为一名高校的教授、博导，郭老师关注教学法的改革与实践，重视课堂教学，既源于他想打破长期以来“填鸭式”“满堂灌”和教师“一言堂”的旧的教学局面，也在于他想利用教学来提高学生的科研意识和科研能力。早在1997年，郭老师就开始了研讨式教学改革的实践。初一面世，便产生了良好的效果。不过，郭老师并不因此感到满足，而是继续研究，并最终形成了“指导选题”“独立探索”“小组交流”“大班讲评”“总结提高”的“研讨式五步教学法”。郭老师边实践，边总结，于1999年发表了5篇讨论教学改革的论文，受到学界的广泛回应。从此，教学改革研究与实践也成了郭老师科学研究和教学育人生涯中的重要内容。

2002年初，郭老师到湘潭大学工作后，继续进行“研讨式五步教学法”的推广与实践，使广大的湘大教师、学生从中受益。在此基础上，郭老师申报并获批国家“十五”规划教育科学重点研究课题，出版了《走向创新教育——“研讨式五步教学法”的推广与应用研究》一书，作为对这一教学改革研究的总结。“研讨式五步教学法”的参与教师众多，涉及的学科除历史学以外，还有政治学、法学等学科，其影响范围也远超湖南师大、湘潭大学两所高校。在这两所学校中受过“研讨式五步教学法”熏陶的学生毕业以后，有些也从事教育工作，他们在自身的工作岗位上，也将该教学法加以实际应用，并撰写了多篇相关的教改论文，大大拓展了其教改方法的影响广度与深度。

“师者，所以传道，授业，解惑也。”如果说向学生传输知识是“授之以鱼”，那么教给学生治学探索的方法，则无疑是更高层次的“授之以渔”。郭老师所创设的“研讨式五步教学法”，既有具体知识和学术前沿的解析，亦有研究方法论的引导和提升，可谓“鱼渔兼授”，让学生可以受用终身。同时这种研讨方式也有益于增进师生交流，密切师生关系，形成良性的师生互动。

三、立德树人：求真务实，奖掖后学

林先生一生艰苦卓绝、兢兢业业，热切关心后学的培养工作，积极扶植青年学者。林师执教40余年，从本科教学，到给研究生授课，从指导硕士研究生到担任博士生导师，他都秉持着一丝不苟、高度负责的精神，认真教学，诲人不倦，是青年学者极为仰慕的导师。他两度发起和组织青年学者辛亥革命史学术研讨会，多次组织中国近代史讲学活动，给青年学者以提高的机会。他为许多青年学者的著作欣然作序，鼓励他们大胆探索。他严格要求自己的学生，带出了一批高质量的研究生。除指导研究生外，本校、本省乃至全国受其嘉惠者颇多。他花费不少宝贵时间为青年学者审阅书稿、撰写序言、推荐作品。即使与自己意见相左，只要言之成理，他也推荐发表。

林先生在生活中也处处关照年轻一代。据他的第一位硕士研究生鲜于浩先生回忆，“三年读书期间，先生在生活上也给予我们极大的关怀，他不时到宿舍看望学生，问寒

问暖，垂询学生家庭及生活情况。每逢节日，先生和师母总要亲自登门，让学生到他家里改善伙食”①。郭老师亦曾由衷指出，林先生“注意思想品德的考察和教育，对学生关怀体贴，深受莘莘学子的爱戴和尊敬。我们接触过许多同行专家，体察到人们对先生的崇敬之情，我们以能有这样一位忠厚长者和良师益友而感到荣幸与自豪。”②

受自身经历与林先生潜移默化的影响，郭老师平素亦养成了求真务实、提携后学的美德。郭老师出身贫寒，自己“既无家学渊源，又无过人才智，只有求真务实和吃苦耐劳的品性”③。实际上，贯穿郭老师教学、科研生涯的，既有他治学、育人的求真务实精神，也有数十年如一日，孜孜不倦、潜心钻研的优良品质。1963 年，郭老师考入中山大学历史系。应该说，学习起点很高，但生逢特殊的年代，受到大环境的干扰，入学后，政治运动一波接一波，几乎无法安心学习。大学毕业参加工作，先后在部队农场、海南岛五指山区从事基层工作，当过“火头军”、中学教师、县教育局教研员、县委宣传部干事，可以说基层生活经历丰富。但在历史研究方面，直到考入湖南师范大学之后，才走入中国近代史研究的学术园地。

和上世纪 80 年代众多的高校学生一样，郭老师的研究生生活忙碌、充实。在校园的大部分时间，郭老师用来进

---

① 鲜于浩：《追忆恩师》，载《林增平先生纪念集》，第 245 页。

② 郭汉民：《林增平先生与中国近代史研究》，载《林增平先生纪念集》，第 19 页。

③ 郭汉民：《中国近代史事探索·自序》，湖南师范大学出版社 2004 年版。

行阅读，“填充久遭‘知识饥荒’的肚肠”。同时，在林先生的指导下，郭老师开始进行学术研究。研究生期间，就已经撰写并发表论文数篇，参加学术会议多次。毕业留校后，郭老师一直从事历史学的教学、科研，从未中断。

因为历史原因，郭老师的学术之旅从1980年才开始。因为自身求学的不易，以及在研究生期间受到的良好教育与熏陶，郭老师对学生和弟子，无论是学习，还是生活等方面，都非常关心。在担任湘潭大学历史文化学院院长期间，他就设立“院长奖”，用以资助品学兼优的学生。对于硕士生弟子，郭老师在学习上严格要求，并鼓励和指导研究生参与课题项目，参加论文写作，参与教学改革。在他的督促和鼓励下，诸多郭门弟子参与了《宋教仁集》等文献的编撰，并有研究生从中找出灵感，作为毕业论文的选题。同时，还有不少学生在郭老师的鼓励和指导下，参加曾国藩、郭嵩焘学术研讨会，撰写并发表了学术论文。这些学术训练，为他们今后的工作、学习和科研，打下了良好的基础。

在生活中，郭老师亦平易近人，关心学生的日常生活。每年的重要节日或其他重要日子，他都会将研究生弟子召集到一起，既是聚餐，也是交流，形成了良好的氛围，也让大家倍感温馨。林师生前频频为学生操办家宴的优良传统，在郭老师这里得到了承继和发扬。

郭老师本人生活朴素，于物质上需求甚少，但在奖掖后学、提携青年方面，却是不遗余力。即便是退休以后，仍不忘发挥余热，他自2014年以来，先后将全部藏书赠给湘潭大学图书馆，统一编目后放在历史系，作为本科生和研究生科研之用；每年捐款8000元，继续设立历史系“系主任（院长）奖”，用以激励历史系本科生和研究生一心向学；每年捐款12000元，资助湘大设立“研讨式教学奖”，吸引更多教师关注、研究和实施研讨式教学。他说这是“自己和老伴的三个心愿”，“我和余老师每年的退休金虽然不足十万，但由于子女均能自立，基本上不需要我们的钱；我们自己又素来节俭，不尚奢华，能衣食无忧即很满足了。总想做点有意义的事，为社会增加一点正能量。这样一来，可一举三得：既可以消除自己以往留下的遗憾，又可以看到研讨式教学在湘大得以推广的希望，还可以持续不断帮助和激励莘莘学子，可谓‘善莫大焉’。赠人玫瑰，手有余香，助人为乐，其乐何极！”此心可感，此情可念，此理可鉴！相信此事由郭老师开头，一定会有人继其后而为之。如此，实乃湘大幸事，后学福祉！

郭老师曾在追忆林先生的文章中，动情地说道：“他治学严谨，勤于探索，孜孜不倦，老而弥笃，著作宏富，被誉为学界泰斗。他又是那样的平易近人，那样的虚怀若谷，那样的和蔼可亲，那样的宽宏大量。先生的治学与做人，结合得如此完美，堪称一代宗师。”① 郭老师在高校执教30多年来，何尝不是率先垂范，追随林师，努力践行上述为学与为师之道？30余年间，郭老师著述颇丰，使不少后学

① 郭汉民：《师恩 师德 师情》，载《林增平先生纪念集》，第142页。

者从中深受启发；他创立的“研讨式五步教学法”，也让教育变得更加生动、有活力；他本人生活的朴素、节俭，对学生的关心，对教育未来的关注，让我们更加佩服他人格的伟大。为师者，学为人师，行为世范。《孔子家语·在厄》记：“孔子不得行。绝粮七日，外无所通，藜羹不充，从者皆病。孔子愈慷慨讲诵，弦歌不衰。”郭老师对林先生道德文章、学品人品的传承与发扬，亦可谓薪火相传，克绍箕裘，不仅让郭门的弟子们深受教益，也必将泽被更多的后学和来者。

学术人生

《郭汉民文集》序言

王继平*

郭汉民先生的文集即将付梓，他一定要我写个序，推辞了几次，终于推不了，只好答应了。推辞的原因呢，其实也很简单，因为他是我师兄，哪有师弟为师兄作序的道理呢？况且，虽是同门师兄师弟，但我从来把他认为老师，一直尊称郭老师，除非林门弟子聚会，论资排辈，我才称一声二师兄。同时，湘潭大学中国史学科作为湖南省重点学科，推动和资助本书的出版，只是学科、大学应尽的学术责任罢了。

第一次见到郭老师，大概是上世纪80年代初，记不清是我在上大学呢还是已经留校当助教了，那时还保留着学界传统，老师带着学生到各高校、科研院所拜访同行高手，

---

* 王继平，男，1957年生，湖南双峰人，湘潭大学教授、博士生导师，曾任湘潭大学副校长，现为湘潭大学历史系省级重点学科中国史学科带头人，省级重点研究基地湘学研究基地首席专家，长期从事中国近现代史研究，著有《王继平自选集》《湘军集团与晚清湖南》《近代中国与近代文化》《中国近代文化导论》《晚清湖南史》《晚清湖南学术思想史稿》等10多部，在《近代史研究》《史学月刊》等刊物发表论文80余篇，获湖南省优秀社科成果一等奖1项、二等奖3项，被评为湖南省优秀青年社会科学家。本文是作者为湘潭大学出版社2015年出版的《郭汉民文集》所作的“序言”。

我们就到了湖南师院，记得当时郭老师还在读研，贸贸然跑去，他正在读新出版的《梁启超年谱长编》。没想到几年后我也忝居林门，从此成为同门。

在林门三年（1984—1987），和郭老师深谈并不多，因为那时我是“走读生”（女儿出生才45天，我就忝居林门，每周末必回学校，课余基本上没有时间在师大，所以自称为“走读生”），加之不喜交际，基本上只和同届的同学（郑大华、欧阳哲生、沈其新、郑焱）交往。但对于郭老师是很熟悉的。林增平先生的入室硕士大约15个。大师兄毕业后回四川了，和郭老师同届的傅志明在省委讲师团，掌门师兄就是郭老师。林先生晚年饱受癌症的折磨（尤其是当时不知道，一发现就晚期了），具体事务都是郭老师在负责，直到我毕业回到湘潭大学。后来，郭老师想动一动，我当时正在学校当研究生处处长，想加强历史学的学科建设，就请郭老师来湘潭大学，出任历史文化学院院长，直至他退休。作为师弟，对郭老师的学问一直是很佩服的，尤其是他对晚清社会思潮的研究，是该领域顶级的成果。所以在此不敢妄加评论，而尤所佩服的当然是他的人品。

郭老师对林先生的尊重，我以为是同门师兄弟中做得最好的。先生为学严谨、为人忠厚，襟怀宽广，不与世争，率性而为，本色为人，所以于复杂的人情世故，亦有茫然。1980年代初期，出任湖南师范学院院长、湖南师范大学校长，行政事务繁忙而学术活动、社会活动更多。因此，先生的很多学术事务、生活琐事，学术会议组织、接待乃至会议的述评，都由郭老师负责了。可惜我毕业后仅五年多，先生就驾鹤西去，去母校自然少了。而我又疏于走动，许多事未闻其详，只是道听途说。但使我感动的是，郭老师的家里，始终在一般家庭张挂父母遗像的位置，端挂着先生的遗像，即使调入湘潭大学后，也同样如此。而且，郭老师还恭请年事已高的师母来湘潭大学小住，以尽孝道。扪心自问，我是做不到的。

郭老师乃中原人士，颇任侠好义，热情而肯帮忙。且不说对朋友、后辈、学生的工作、学习、生活热情帮助，尽心尽意，尤其可贵的，绍介他人的学术成果，促后学成长，郭老师也是热心肠。《文集》中近20篇的书序、书评，就是见证。也许有人菲薄这些不是学术研究，况且按现在所谓官定学术评价标准，这类成果不能作为职称论文（但奇怪的是评奖、评职称、评什么“人才工程”又要求有这类“反响”，不过只算被评者的，与评者无关）。其实，为他人著作写序、作评论，就如老一辈学者之注古籍、选注诗词，是需要深厚的学识学养的。他既要对所评、所序的论文、著作有深刻的了解，更要对所涉及的学科有熟悉的把握，于学术前沿也要有清晰的掌握，否则无从评起。尤其要有正直的学术良心和高尚的学术道德，所评才能称之为评。鲁迅先生序刘半农先生《何典》而使两人从此生分，大约会使如今的专家大人们匪夷所思，但祭文似的歌功颂德的评论，早已让学者们厌倦不已。郭老师的序、评论，既有对成果的中肯评价，更跳出了所评，有对问题的补充、阐释，更有对问题涉及领域进一步研究的指向，确实是郭老师学术的代表之作，有值得今天再读的价值，也是值得纳入《文集》、藏之名山的，这也是郭老师为人、为学的体现。

2002 年，郭老师被引进到湘潭大学历史文化学院，2004 年担任院长。那时历史文化学院正从文、史、哲三系合并的人文学院恢复独立建制，人才流失，因为院系合并或调整而使历史文化学院学科专业单一，发展极为艰难，可以说郭老师是受命于危难之时。我虽然做过合并前的历史系主任，但那时已是学校研究生处处长，正为学校的学位点增设和研究生规模扩大而成为“空中飞人”，极少关注历史文化学院的事情。几年下来，在郭老师的领导下，学院得到发展，本科专业在原来的历史学、中共党史两个基础学科之外增加了文化产业管理专业，取得了中共党史学科博士学位授予权，硕士学位授予权涵括了历史学学科门类的主要二级学科（当时历史学未设一级学科）。更为重要的是，引进了一批具有博士学位的青年教师，为历史学的发展建立了基础。虽然 2007 年下半年历史文化学院再次被折腾为哲学与历史文化学院，但郭老师为湘潭大学历史学科的发展所做出的贡献是应当写入湘潭大学校史、写入现在又恢复独立建制的湘潭大学历史系系史，并存留在历史系系友心中的。

现在，郭老师退休并返回故里颐养天年，但继续进行着学术研究并关注历史学科的发展和学校的发展，尤为值得特别报告的是，他将全部藏书捐献给了湘潭大学，供历史系师生阅读研究；设立了奖学金，以奖掖后学。祝愿郭老师万事如意，健康长寿！

郭汉民教授的史学贡献

邵　雍*

湖南省重点学科湘潭大学中国史学科推动和资助原历史文化学院院长郭汉民文集的出版，是尊师重教的典范。

郭老师是新中国培养的史学专家。早在1963年他就以优异的成绩考入著名的高等学府——中山大学，接受深造。1980年他考入湖南师范学院中国近现代史专业，师从著名史学家林增平教授攻读硕士学位，开始了史学的新探索。林先生是新中国成立后以马克思主义为指导研究中国近代史的前驱者之一，著作宏富，成就斐然，治学严谨，博大精深，在国内外皆有广泛影响。在林先生的耳提面命下，郭老师的史学兴趣得以重新激发，研究能力逐渐增强，学位论文《论康梁异同》不同凡响，1985年全文发表于《近代史研究》专辑《近代中国人物》第二辑上。这篇论文显

* 邵雍，男，1953年生，浙江慈溪人，上海师范大学人文学院历史系教授、博士生导师。主要从事中国近现代下层社会研究，著有《中国帮会史》《中国会道门》《中国近代贩毒史》等；参编《中国社团发展史》《中国通史史论辞典》《中华民国大辞典》《新编中国现代史》《中国史学史》等。现任中国会党史研究会副会长兼秘书长、中国太平天国史研究会理事、中国辛亥革命研究会理事、上海市宋庆龄研究会常务理事等。

然引起了时任贵州师范大学校长的吴雁南先生的关注，这年吴校长亲临湖南师大，约郭老师参加由他主持的“清末社会思潮”的研究。福建人民出版社 1990 年 8 月出版的《清末社会思潮》的第四章《变法维新思想的产生发展》和第五章《君主立宪思想的兴衰》共八万余字，就出自郭老师的手笔。从此以后近代思潮研究成为郭老师一直以来的主攻目标，在这一领域他是个名副其实的领军人物。1998 年 9 月出版的国家重点课题的最终成果《中国近代社会思潮（1840—1949)》是迄今为止国内研究中国近代社会思潮史最全面、最系统、最多新见的一部优秀学术著作，基本解决了 1840—1949 年社会思潮史的科学体系问题。郭老师主编的第三卷（1920—1936）与第四卷（1937—1949）荣获湖南师范大学优秀著作特等奖。2003 年 9 月中国社会科学出版社出版的《晚清社会思潮研究》则为郭老师从事中国近代思想与社会思潮研究的集大成者。从清末社会思潮一直向前延伸到嘉庆道光年间经世致用思潮的勃兴，并将其发展向广度发掘，重构了这种思潮与更法、变革、洋务、维新、立宪、革命之间的历史联系。这种典型的由点成线的专题式研究方法，很值得提倡。2004 年岳麓书社又出版郭老师的《中国近代思想与思潮》，有思想家思想的个案研究、晚清思潮研究以及序言和书评等，是 20 世纪 80 年代以来他在近代思想与思潮研究论著的结集。

近代人物研究也是郭老师的研究强项。众所周知，历史研究离不开人物的研究，缺乏人物活动的历史是不可想象的。早在 1984 年，郭老师应业师林增平先生之请，协助编辑国家历史科学“六五”规划重点项目《清代人物传稿》下编的工作。从此开始了对近代人物的研究。1985年7月，《清代人物传稿》下编第三卷发表了他写的四篇人物传，即革命党人陆皓东、张榕、佘英和清末民初著名京剧表演艺术家汪笑侬的传记。在1993年出版的《清代人物传稿》下编第七、八、九卷中，发表了郭老师写的人物传稿《蒋方震》《蓝天蔚》《袁大化》《高旭》《于式枚》《鹿传霖》以及《程家柽》《张勋》（后两篇为合作）。2004年起他又参加了国家清史修纂工程传记写作，先后写了《周汉》以及湖南革命党人宋教仁、谭人凤、刘揆一、刘道一、禹之谟、宁调元、蔡绍南、魏宗铨、焦达峰、陈作新等人的传记。2005年9月，湖南人民出版社出版了《晚清人物研究》，反映郭老师对晚清历史人物的一些新的探索和思考，对人们认识晚清社会与历史大有帮助。2011年他主编的《湖南辛亥革命人物传略》由湖南人民出版社出版。该书收入湖南最主要的辛亥革命人物传略26篇，其中宋教仁、蔡锷、谭人凤、秦力山、毕永年、沈荩、马福益、杨卓霖、宁调元、杨毓麟（附杨德麟）、陈作新、龙璋等13个人物的传略，都是由郭老师撰写的。他在所撰的“前言”中精辟论述了湖南人与辛亥革命的关系，全面揭示湖南志士对辛亥革命所做出的极其重要的历史贡献。

在历史学基础之一的史料学方面，郭老师多有建树，有口皆碑。1987年郭老师在《湖北社会科学》第六期发表《同盟会非“团体联合”史实考》，通过缜密考证，推翻了以往学术界关于同盟会是由兴中会、华兴会、光复会、科学补习所等团体联合而成的传统观点，提出同盟会不是、也不可能是各个革命小团体有组织的联合，而是留日学生中的革命分子拥戴孙中山为领袖，风云际会的历史壮举。该文收入湖南人民出版社1989年出版的《中国近代史实正误》。郭老师与迟云飞合编的这本《中国近代史实正误》把新中国成立以来、特别是改革开放之后中国近代史领域史实、史料的考辨成果做了一个阶段性的总结，辑录有关鸦片战争、太平天国、洋务运动、戊戌变法、义和团和辛亥革命等专题重要考证文章30余篇。在这些文章之前，两位编者合作写了《建国以来中国近代史实考辨成果述要》。该书出版后好评如潮，被认为是“文革”以后第一本史料实证专著，堪称第一本有关近代史从鸦片战争到民国初期史事考订重要成果的汇集。该书的编撰是功德无量之事，给史学工作者提供了一本有价值的参考书。对于我来说也是感同身受，受益无穷，无论是上“中国近代史料学”考证部分，还是在编写“中国近代史教程”时均有意识地注意引用、吸收该书的成果，避免继续以讹传讹，重蹈覆辙。

2008年湖南人民出版社出版了郭老师主编的《宋教仁集》（一）（二），在之前出版的《宋教仁集》和《宋教仁日记》的基础上，补入佚文27篇，修订已有注释160余条，对所有辑入的佚文，均注明出处，为深入研究宋教仁打下了良好的史料基础。

湘潭大学出版社2015年出版《湖南地方报刊中的韩国独立运动史料》是郭老师与李永春合作主编的。本书收集整理了民国时期，特别是抗日战争时期湖南地方报刊中所反映的韩国独立运动史料，是抗日战争，特别是韩国人民争取民族解放斗争的宝贵记录。对研究国际反法西斯战争，研究抗日战争都具有重要的参考价值。该书也是纪念中国人民抗日战争暨世界反法西斯战争胜利70周年的重要学术成果之一。

在历史教学方面，郭老师投入了大量的心血，殚精竭虑为培养高质量的史学人才而进行了卓有成效的试验。从1988年起郭老师就在本科生中开始讲授“中国近代思想史”和“中国近代史料学”两门选修课。为硕士生开始讲授“中国近代政治思想史”学位课和“中国近代史迹、史料介绍及研究述评”选修课。每年指导本科生（含自考生）毕业论文3～5篇。从1989年起，他开始担任中国近现代史专业硕士研究生导师。曾被评为湖南师范大学1991—1992年度“教书育人”先进个人。1994年晋升教授，1996年任博士生导师。1997年开始招收博士生，与此同时他担任湖南师大历史学人才培养基地班“湘籍名人研究”课程，并在基地班开始进行教学改革，探索打破教师一言堂的研讨式教学改革之路，逐渐总结出“指导选题”“独立探索”“小组交流”“大班讲评”“总结提高”的“研讨式五步教学法”，整整坚持了十年之久！“研讨式五步教学法”调动了学生们的学习积极性、主动性、创造性，受到学校、全省乃至全国的广泛好评。

在学科建设方面，在郭老师的领导下，湘潭大学历史文化学院取得了中共党史学科博士学位授予权，硕士学位授予权涵括了历史学学科门类的主要二级学科，本科专业也在原来的历史学、中共党史两个基础学科之外新增了文化产业管理专业。学院还引进了一批具有博士学位的青年教师，为学院的持续发展打下了坚实的基础。

郭老师任侠好义，为人热情，办事热心。他关心学生的成长，退休并返回故里后，将自己的全部藏书捐献给了湘潭大学，供历史系师生阅读研究；还设立了奖学金奖掖后学。高风亮节，可敬可佩！

我对郭老师一直是非常敬重的。周育民与我执笔编写、先师魏建猷主编《中国会党史论著会要》（南开大学出版社 1985 年版）就摘要转载他的《辛亥革命时期湖南会党的性质与作用》（《湖南师范学院学报》1982 年第 2 期）。

我第一次见到郭老师是在 1991 年 10 月长沙“纪念辛亥革命 80 周年全国青年学术研讨会”上。当时林先生任该会组委会主任，郭老师任委员兼学术组副组长，协助林先生做了大量事务性的工作，跑前跑后，忙得不可开交，还抽空与我们这些外地代表亲切交谈，他的热情洋溢、快人快语给我留下了最初的良好印象。1996 年 7 月湖南出版社出版的《辛亥革命新论》就是 1991 年“纪念辛亥革命 80 周年全国青年学术研讨会”的论文选集，我的参会论文也在其中，在这里请允许我当面对该书的副主编郭老师说一声“谢谢！”

在这以后至少有三次学术会议我与郭老师不期而遇，分别是 2000 年 8 月下旬上海中山学社召开的“孙中山与社会变革研讨会”、2004 年 4 月在上海举行的“韩国独立运动与中国抗日战争学术研讨会”以及 2006 年 12 月下旬湖南师范大学举办的“近代湖南与中国暨纪念林增平先生学术讨论会”。在这些会上我们都很高兴提供了论文，互相切磋。也是在2006年的那次会上，郭老师送我一本他题写刊名的教改成果汇编《群言》，其中收录了他指导的学生们的研究文章、评学议教及调查问卷资料。我读后深受启发。平心而论，在当下高校中像郭老师那样肯在本科教学方面如此下功夫的是不多的，因为它与考核、职称晋升基本无关。大多数教师聚精会神、孜孜以求的只有核心期刊论文。2002年郭老师又将此项成果推广到他任教的湘潭大学。这一教学成果先后得到了学校、湖南省与教育部的充分肯定。

2001年他荣获“湖南省高等学校优秀共产党员”光荣称号，同年9月，被教育部授予“全国优秀教师”称号。此外郭老师还担任过湖南省历史学会副会长、湖南省湖湘文化研究会副会长、教育部2001—2005年高等学校历史学科教学指导委员会委员等社会兼职，有着很高的学术地位，不愧是林老先生的学术传人！我们借此机会衷心祝愿他健康长寿，颐养天年！同时要以他为学习榜样，为繁荣史学研究，为搞好历史教学尽到自己最大的努力！

郭汉民教授与清史工程

潘振平*

很高兴能来湘潭大学，参加“郭汉民《文集》出版暨从教45周年座谈会”，十分钦佩校方的见识和魄力，为一名学者举办这样别开生面的会议，也衷心祝贺汉民教授，他当之无愧。

我与汉民教授相识已30多年，因缘就是清史修纂。上世纪80年代初，国家制定社科研究规划，清史修纂是一项重要内容。当年的规划打通了古代史和近代史的学科区分，准备编写一部多卷本的清代通史，同时，吸收纪传体史书的优点，撰写多卷本的清代人物传稿。清代通史由中国社科院历史研究所组织编写。人物传稿则分为上编和下编，上编由社科院历史所和中国人民大学清史所共同承担，按朝代逐卷编写出版。人大清史所戴逸老师主持下编，亦即晚清人物传记的编写，为此组织了一个团队，成员有湖南

---

* 潘振平，男，1953年生于上海，编审，生活·读书·新知三联书店原副总经理、副总编辑。著有《道光帝旻宁》等；参编“黄仁宇作品系列”及《陈寅恪集》《陈寅恪的最后二十年》《清代人物传稿》《中国历史学年鉴》等著作。曾长期在人民出版社工作，曾任《中国历史学年鉴》主编、《读书》杂志主编，近年任国家清史编纂委员会传记组组长。

师大的林增平，河北师大的苑书义，人民出版社的林言椒，人大清史所的李文海和罗明，孔祥吉和我担任助手。下编采用了林言椒先生的建议，由班子成员按计划分头向全国各地学者组稿，每年召开一次会议，讨论来稿情况，选择其中成熟的稿子，不分朝代，结集出版，待出齐后再重新按朝代编排，可以提高效率，不会因为个别稿子而影响大局。

我当时刚从华东师大研究生毕业，在人民出版社工作。林言椒先生推荐我参加这项工作，与孔祥吉一起协助做些会务，以及每年编辑工作会议后，根据讨论意见对稿子做点修改和编辑工作，然后发稿至出版社。汉民兄当年在湖南师大任教，是林增平先生的助手。人物传稿的组稿、审读，乃至一些研究不多、比较冷僻的传记撰写，汉民兄出力甚多。我的导师陈旭麓先生是湖南人，与林先生相交莫逆，所以，陈门弟子与林门弟子也有一种天然的亲近感。汉民岁数大我不少，但平时交往甚为相得。印象中汉民话语不多，但做事扎实可靠，讲信义，重然诺，遇到学术问题，追根溯源，不弄明白决不罢休，有一股子韧劲和狠劲。

几年以后，在商业化大潮的冲击下，学术研究环境恶化，学术著作销量锐减，研究经费捉襟见肘。《清代人物传稿》下编的组稿日益困难，甚至编辑工作会议亦无钱召开，工作一度陷于停顿。从 1991 年开始，人大清史所的罗明老师带领汉民兄和我，一边补充组织稿子，一边对已有稿件逐篇加工处理。1992 年一年完成三卷，3 月第八卷发稿，11 月和 12 月，第九、第十两卷交付出版。在辽宁人民出版社的鼎力支持下，十卷本《清代人物传稿》下编终于得以全部面世。最后三卷中，身处湖南的汉民兄组织和修改的稿子最多。戴逸老师和罗明老师以后不止一次提及此事，对汉民兄不计条件，不讲价钱，全力担当的精神赞不绝口。

到了本世纪初，国家清史工程正式启动，此时汉民兄已经到湘潭大学工作，参加了一些传记的撰写和审稿。2015 年，新修清史传记开始了新一轮的审改整修工作。这次审改，我们在总结以往经验和教训的基础上，提出了比较具体的目标，由主审专家带领助手完成，最后还要经过质检验收。遴选合适的专家是我们面临的一个大问题，除了要求有较高的学术水准和丰富的专业知识外，还需要工作态度认真，能够保证全身心投入。我想起了汉民兄，决意请他出手相助，负责革命党人、华侨和妇女三个类传项目的审改整修。汉民已经退休，回到河南平顶山老家，他在稍做考虑后，很快就表示听从戴公的召唤，为老朋友帮忙。后来我才知道，就在我们办理相关手续时，他已经数次打电话给自己的助手，叮嘱他们尽快为整修工作做好准备，熟悉吃透相关史料，要尽可能扎实地掌握。

以后汉民兄全力投入工作，他的严谨学风和认真态度，可以从助手的报告中略见一斑：“拿到整修稿之后，郭老师又嘱我仔细将每篇文章看过两三遍，认真核对每条注释，发现文字、表述、标点符号等各方面的问题，都要严格把握；要充分利用网络资源，逐篇都去查阅比较，思考书稿中存在的问题，不同之处一定要记录下来，哪怕有一点不同都要记录下来，并且记录的尽量详细些，郭老师讲他自己最近也在这样做，还是发现不少问题的。后来在整修过程中，郭老师多次和我沟通、交流，提醒我引文是‘重灾区’，并且询问我有没有遇到困难，有困难就随时和他电话、邮件联系。”“他花了好几个月都在修改书稿，连春节也没有间歇，除了少数篇目修改较少外，对二十多篇做了大幅度、全面的修改。……我发现虽然有些不是整修工作应该做的，但郭老师却细致、审慎地从语言、注释、结构到逻辑，做了诸多修改。”

2016 年 4 月，三个项目的审改整修完成，清史工程的质检部门给予高度评价，认为“整修专家和助手工作认真负责，用力甚勤”。感谢汉民兄，他在清史工程即将收尾时，又做出了默默无闻的重要贡献。他的人品和学问，值得我们尊敬和学习。

两点感想　一个希望

罗福惠*

上世纪八九十年代在几次学术会议上，曾结识湘潭大学历史系的徐泰来、崇汉玺等先生。此后两次到湘潭大学参加学术活动，这次又以老友身份参加“郭汉民《文集》出版暨从教45周年座谈会”，感触很多。一个总体的印象是，湘潭大学历史系是一个学有传承、学脉丰厚、学风劲朴、师生优秀的好单位、好群体，一个生机勃勃、和谐奋进的学术社会。因此，众多老师在这里设帐授学，莘莘学子负笈来游，真是有福了。

学问要做得好，学生要学得好，当然离不开大、小环境，但关键仍然在人。具体到一个单位、一个群体或一个小小的学术社会，人就是两个角色：或者干事，或者管事，尤可贵者则是两者兼而有之。我的两点感想就是分别就干

---

* 罗福惠，男，1945年生，湖北武汉人，华中师大历史文化学院教授、博士生导师。主要从事中国近代史研究，著有《章太炎思想研究》《中国民族主义思想论稿》《长江流域的近代社会思潮》等；参编《比较中的审视：中国早期现代化研究》《辛亥革命史资料新编3》《辛亥革命与中国社会发展道路》等。任湖北省历史学会理事、湖北荆楚文化研究会常务理事、湖北省炎黄文化研究会副会长。

事者和管事者而发，当然，由于我对湘潭大学历史系缺乏深入全面的了解，这次发言只能选取我较为熟识的朋友入手，从一斑而窥全豹。

在我的印象中，郭汉民教授就是能干事又兼能管事者。汉民兄长我两岁，但我们同在1963年考进大学，因此碰上了“文化大革命”，毕业后有着相似的在基层长期工作的经历，然后又在1980年秋天重返大学校园读研。由于林增平教授和章开沅教授两先生的亲密关系，我与汉民兄也早早相识相知，那时每次到长沙，都由汉民兄接待和安排，事无巨细都考虑周到。汉民兄长期主持湖南师大中国近代史研究室的管理工作，对待同门师弟和自己的学生，他像一个热忱的兄长。对待林公，无论在林公生前身后，汉民兄执弟子礼的言行，更被同仁视为楷模。总之，汉民兄无论对师长、对朋友、对同学，都是热情洋溢的实心人。

在中国近代史的研究方面，汉民兄著述宏富，尤其在清代人物、近代社会思潮、辛亥革命史等方面卓有建树，这些皆见于2015年出版的《郭汉民文集》，以及他与吴雁南、冯祖贻、苏中立等合作主编的《中国近代社会思潮(1840—1949)》，还有《清代人物传稿》《中国近代史实正误》《辛亥革命》《中国近代史事探索》等书。而《文集》中的多篇书序和书评，不仅体现出汉民兄的交游广泛，更能反映他与同道交流切磋时认真负责的态度。

汉民兄到了湘潭大学之后，仍然壮心不已。他担任历史文化学院院长，在学校的支持下，大力引进青年才俊，开办新的专业，以优异的办学成绩使该院（系）获新的硕士、博士学位授予权。他提倡研讨式教学，探索并总结成“五步教学法”，极大地调动了学生的学习主动性。尤其在退休之后，不仅把个人全部藏书捐给学校，还节衣缩食，每年拿出20000元钱，设立“系主任（院长）奖”和“研讨式教学奖”，用来鼓励学生学习。汉民兄退休时的这一善举，一方面体现了他本人热忱尚义的性格，另一方面也可以证明湘潭大学及历史系（院）十余年来对他优礼有加。

印象中的王继平教授则是会管事又能干事者。认识王继平，是到湖南师大参加他和郑大华、欧阳哲生等好几位硕士生的毕业答辩会，具体是1986年还是1987年记不清了。以后听说他回湘潭大学做了处长乃至副校长，并且把历史系（院）办得有声有色。他和众多同道在湘学、曾国藩及湘军集团的研究上，更取得了令人瞩目的系列成果。近几年我每次来湘潭大学，都会得到赠送的书籍，尤其是煌煌三大册的《中国史论集》，集中展示了湘潭大学历史系（院）建立以来的四五十位前辈老师们的代表性论文，琳琅满目，美不胜收，既可供后来者作为治学津梁，更体现主其事者对前辈老师的尊重，也证明了我前面所说的湘潭大学历史系（院）学脉丰厚不是虚言。至于这次与会得到的《郭汉民文集》，更是搜罗宏富，装帧精美。仅此两事，亦足见王继平、宋银桂等各位的尊师重教，办事用心，比很多高校的院系都做得好。

最后谈一个希望。虽然社会上多数人内心以为历史学可有可无，而且事实上也是越发达的国家历史学越易边缘化，但我们仍然不能自暴自弃。丰富的历史知识和科学的历史观，永远具有“无形之大用”。湘潭大学历史系（院）拥有天时、地利、人和的种种优势，一定能够办得越来越兴旺，一定能够产生更多优秀的师生，一定能够取得更多更好的研究成果。

治学的榜样　尊师的盛会

宋德华*

在座的各位发言很踊跃，我要表现得主动点，抢一个机会，不然怕人多没有时间讲。

我与郭汉民老师的直接交往虽不算多，但相知相识很早。我从读研究生的时候起，就仰慕郭老师，后来一直如此。接到开座谈会的邀请后，十分高兴，早早就订了票。本来应到得早一点，由于凭老经验办事，对当天客流量估计不足，结果到高铁站时差了几分钟，没赶上那趟车。如果改签，只有五六个小时之后的票，我毫不犹豫地在车站等候，所以到湘潭时已很晚。我真的很想来参加这次座谈会，感受这里的气氛和表达对郭老师的敬意。下面谈谈我的感想。

第一个是对郭老师的感想。我读本科在湘潭大学，是77级的大学生，但读研究生到了广州，后来就留在华南师

---

* 宋德华，男，1954年生，湖南湘潭人。曾任华南师范大学教授、博士生导师。主要从事中国近现代史、中国近代思想文化史研究，著有《近代思想启蒙先锋康有为》《岭南维新思想述论》《岭南人物与近代思潮》等；合著有《岭南近代对外文化交流史》；参编《中国现代政治思想史》等。曾任华南师范大学历史文化学院副院长。

范大学任教，直到退休。因为这个原因，虽然对郭老师和湖南师大的同仁满怀敬意，常想多请教交流，实际上却没有做到。不过，我作为湖南人和湘大的校友，与郭老师应该说有不解之缘，好几次与郭老师一道参加的学术活动，都给我留下了深刻的印象。一次是在双峰召开第一次全国性的曾国藩学术研讨会，郭老师是主要组织者之一。那次会对如何重新研究过去评价不够全面的重要历史人物，开了一个好头。郭老师在会议过程中忙前忙后，我们有过很愉快的交谈。一次是在长沙召开纪念林增平先生的研讨会，我有幸应邀出席，从郭老师的发言和撰文中，深深感受到了他作为林门弟子矢志传承学术薪火的风范。在广东召开的纪念孙中山和辛亥革命的学术研讨会，记得郭老师也来过几次，我们又有难得的见面。调到湘大后，郭老师除科研外，还在教学中大力创新，创造了很有成效的“五步教学法”。我知道后，请郭老师寄来了相关材料，给我们进行详细介绍。我将郭老师的经验向我所在的历史文化学院做了汇报，学院很重视，组织了一支十余人的队伍，由我带队，各个教研室的骨干教师参加，专程到湘大向郭老师取经。通过听课和座谈，实地进行考察，大家得到很多收获，后来对我们学院的教学直接起了示范作用。我们一行人在长沙停留时，去参观了岳麓书院，为省门票，我打电话请郭老师找熟人帮忙，真的不好意思。

在任教生涯中，我会经常拜读郭老师的论文，每次都受益匪浅。特别是他所写的关于太平天国与晚清政局变化的大作，我每次给研究生上专业课都会提到。这篇论文对太平天国起义促使洋务运动兴起的意义，对清朝因这场起义而发生了由内重外轻到外重内轻的变化等重要学术问题，都做了很好的阐释，很有创意。我个人在不算太多的交往中，已深感郭老师为人的耿直、热情和厚道。

在这次座谈会上，从他的同门、学生以及各位朋友的口中，了解到了郭老师更多的事迹，让我非常感动。郭老师一生对科研和教学的坚守，对学生的热爱，以及对湘大历史文化学院做出的贡献，都令人钦佩。我也是一生为师，深知这种坚守的不易。郭老师的坚守，是我们的榜样和标杆。

第二个是对座谈会的感想。我来的时候，没想到会有这么多来自全国各地的专家学者及郭老师的好友参加座谈会。专为一位退休教授开这样盛大的会，在全国可能都为数不多。湘大还专门为郭老师出了一本厚厚的学术论文集，作为一生的纪念，作为从教45周年的纪念，这件事情很有意义。所以，我跟王继平教授讲，这件事最好全国报道一下，他说已经写了，要对全国形成影响，成为对教师的鼓励和激励。现在我们有些取向还是有问题的，应该更多地提倡对教师的尊重。教师的坚守是一方面，社会也应该有这个氛围，学校和学术界也应多做这方面的事情。我现已退休，回去后也会向我们学院的领导做做宣传。我们虽然可能做不到这个份上，但期待对尊师重教也能采取更多更有效的举措。据我所知，许多高校并不缺钱，尤其是这些年，由于各方重视，钱还不少。关键还是怎样花，有没有将尊师重教也列入值得花钱的计划。我以为，为退休老教授出这样的论文集，开这样的座谈会，就是钱比较正规的一种花法。

第三个是对湘大的感想。湘大是我的母校，对我有教育培养之恩。毕业后，我一直关注母校的发展，母校所取得的每一项成绩，我作为湘大人都感到格外自豪。我回湘大的次数不多，但每次回来，都能看到母校发生的新变化，特别是与我读书时的情景相比，真有化蛹成蝶的感慨。这与母校历届领导和全校师生的共同奋斗是分不开的，而特别注意尊师重教，就是这一奋斗得以持续不息的内在动力之一。这次盛会，除了学校的鼎力支持、历史系的精心操办外，我个人觉得王继平教授出力特别多。我和他是湘大的同班同学，他当了副校长，是历史专业的学术带头人，对尊师重教可以说情有独钟。2014 年湘大历史系系庆时，他也做了一件很有影响、很有分量的事，就是将历史系历来的教授，包括退休的、过世的老教授，他们有代表性的学术论文结集出版，出了厚厚的三大本。这在全国高校历史系都很少见，堪称功德无量。这与钱没有多大关系，而与用心、坚守、追求有莫大的关系。

谢谢湘大，谢谢母校的历史系，也谢谢各位！

郭师赞

李　玉*

首先我要表达一下对郭老师的感激之情。承蒙郭老师在生活方面、学术方面给予诸多帮助，值此“郭汉民《文集》出版暨从教45周年座谈会”隆重召开之际，我谨向尊敬的郭老师和师母余老师表达真挚的感谢。刚才听了诸位先生的报告，颇受教益。大家的报告堪称“大餐”，我下面来点“小点心”，以为此次盛会助兴。我写了一首“打油诗”，给大家朗读一下。我的普通话不太好，所以讲得慢点；诗写得不好，但感情是真诚的。

第一句是“学界有湘军，郭师当其锋”。湖南籍或长期在湖南工作的史学家，我们可以称之为“史学湘军”，他们在中国的学术版图之中占有重要地位，受到广泛重视。毫无疑问，郭老师虽然籍隶河南，但长期在湖南工作，致力于湖湘文化研究，当是史学湘军的重要代表人物。

---

* 李玉，1968年生，山西山阴人。历史学博士，南京大学历史学院教授，中国史学系主任，博士生导师，兼任教育部重点研究基地南京大学中华民国史研究中心副主任。主要从事中国近现代城市史、经济史、企业制度史和中国国民党史研究。出版《晚清公司制度》等著作，发表学术论文多篇，2004年入选教育部“新世纪优秀人才支持计划”。

第二句是“从教三十载，著作等齐身”。这句好理解，郭老师从教多年，著作30多种，包括新近收录在《湖湘文库》丛书中的各类著作。此处的从教时间，主要指郭老师在大学工作的大致时间。如果包括其他教育岗位，郭师的从教时间已经45年了。

第三句是“改良与变法，思潮榷古今”。郭老师对近代社会思潮进行过精深的研究，他和吴雁南先生等合编的四卷本《中国近代社会思潮（1840—1949）》影响很大，郭老师本人专精于洋务思潮、改良和变法思潮等。

第四句是“两湖英烈传，辛亥革命论”。郭老师写了很多近代湖湘人物的传记，他和林先生合作在辛亥革命方面推出的许多研究成果，让我受益良多。例如《辛亥革命研究备要》内容非常全面，工具性很强。郭老师在辛亥革命研究方面，还有许多高水平成果，在学界产生了较大反响。

接下来是“五步教学法，优秀研究生”。“五步教学法”是郭老师开创的本科生史学基本研究能力培养的教学方法，数年于兹，取得了显著的教学效果。当然，郭老师更培养了一大批优秀的硕士、博士，他们在不同的岗位上努力拼搏，或已成为单位的栋梁，或正崭露头角，蓄势待发。

接下来就是“业师皆人师，教书更育人”。郭老师德艺双馨，不仅教书，而且育人。这一句就不用多讲。

接下来的一句是“长沙与湘潭，交口颂其功”。郭老师对湖南师大和湘潭大学都做出了很大贡献。在教书育人方面做了很多探索，两个学校师生及领导都会记得他的功劳。

最后一句是“大江南北谊，四海五湖情”。郭老师本人是河南人，又长期在湖南工作，这次开会大家都远道而来，被他的人格魅力所吸引，所折服。他为人仗义豪爽，朋友遍天下，待人热情周到，有大侠之风。我这首小诗写得不好，但表达了一点心意，请大家批评指正，谢谢。

下面再把拙诗完整呈现一遍：

郭师赞

学界有湘军，郭师当其锋。
从教三十载，著作等齐身。
改良与变法，思潮榷古今。
两湖英烈传，辛亥革命论。
五步教学法，优秀研究生。
业师皆人师，教书更育人。
长沙与湘潭，交口颂其功。
大江南北谊，四海五湖情。

郭老师达到了三个高度

张　曙*

各位老师、各位同志：

下午好！

今天在座的很多都是前辈，我本来想晚一点再发言，刚刚有老师说担心人多轮不上发言，所以我就赶紧上来先说几句。

今天这么多学界前辈、专家欢聚一堂，举行郭老师《文集》出版暨从教45周年座谈会。这是湖南史学界、教育界的一大盛事，一次盛会。

1993至1996年我在湖南师大历史系读研究生，郭老师给我上过课。今天参加这个会议，置身会场内外的热烈氛围，聆听很多专家学者的精彩发言，我和大家感受一样，

* 张曙，男，1970年生，山西繁峙人，1996年在湖南师范大学获中国近现代史硕士学位。2001年毕业于中央党校，获博士学位。现任中共中央文献研究室第三编研部处长、研究员，兼任邓小平思想生平研究会理事、陈云思想生平研究会理事兼副秘书长、中国社会科学院陈云与当代中国研究中心常务理事。长期从事邓小平、陈云思想生平研究。出版专著《中央纪委第一书记陈云》，担任《陈云画传》执行副主编、《陈云家风》副主编、4集电视文献片《陈云与党风廉政建设》的撰稿等。在《党的文献》《当代中国史研究》《求是》等刊物上发表文章30余篇。

很高兴、很激动。对我来说，这也是对郭老师人品、学识再学习、再认识的一个过程。

我们谈到一个学者，一般都说这个人人品好，或者学问好，或者成绩大，我觉得郭老师在我们一般人的基础上往前又走了一步，可以说达到了一个高度。我从三个方面简要说一下。

第一个就是郭老师的道德人格达到了一个高度。郭老师的道德，大家讲了很多，我也举几个例子。比如说他对他的导师林增平先生。昨晚我读王继平教授给郭老师《文集》写的“序言”，里面有几句话我读了很感动，这几句话是：“郭老师的家里，始终在一般家庭张挂父母遗像的位置，端挂着先生的遗像，即使调入湘潭大学后，也同样如此。而且，郭老师还恭请年事已高的师母来湘潭小住，以尽孝道。”这就比我们一般人往前走了一步。比如说对同辈。刚才很多老师都讲到郭老师对他们怎么好怎么好。这次办这个会，湘潭大学从各个方面动员，包括历史系的老师们都被动员起来办这个会。而且很多老师这样做不是靠行政命令，都是发自内心的。昨天去长沙接我们的李斯老师，一下午往返长沙、湘潭两趟，我们说他辛苦，他说他听过郭老师的课，也是郭老师的学生，大家做这一切都是发自内心的。还比如说对学生。郭老师对学生是很热爱的。不少同志在发言中都提到去郭老师家吃过饭。我当年在师大读书时，也常去郭老师家吃饭。记得那时候很多人都去郭老师家吃饭，吃完了饭大家聚在一起交谈，这个情景我一直很难忘。郭老师还能急人所急。1996 年我研究生毕业时，他很热心地帮我推荐工作，现在想起来我都觉得特别温暖。这次会议有120多位同志参加，来自四面八方很多单位。郭老师是一个退了休的老师，能做到这些靠什么？靠的就是他的品德和人格力量的感召。说他是道德楷模和典范，当之无愧。

第二个就是郭老师的个人学术研究达到了一个高度。一方面是他的研究成果多。我看了《文集》中的介绍，他的著述有30余种，发表文章有160多篇。再就是他的研究面广，涉及近代史研究的方方面面。最重要的是他的研究成果质量很高。王继平教授在郭老师《文集》的“序言”中有一句话说：“作为师弟，对郭老师的学问一直是很钦佩的，尤其是他对晚清社会思潮的研究，是该领域顶级的成果。”刚才小站师兄和郭双林老师都讲到郭老师在社会思潮包括政治思潮方面的成就，确实在近代史研究领域达到了一个高度。

第三个就是郭老师对湖南近代史学界、教育界的贡献达到了一个高度。郭老师在师大任教20年，在湘大任教10年，可以说桃李满天下。被评为全国优秀教师，这是一个崇高的荣誉。另外大家都讲到郭老师的“五步教学法”，很多老师专注于教学，而郭老师却把教学经验写了出来，而且出了书，进行了推广。很多同志对他这本书的评价是“大学教学的创举”。我觉得这个就是高度，所以很多学者说他是历史教育学家，我觉得这个评价很中肯。

另外，郭老师的高度还体现在他对湘潭大学历史系的贡献。王继平教授在“序言”中提到：“郭老师为湘潭大学历史学科的发展所做出的贡献是应当写入湘潭大学校史、写入现在又恢复独立建制的湘潭大学历史系系史，并存留在历史系系友心中的。”能够做到这一点是很不容易的，所以在学科建设方面，郭老师也达到了一个高度。

还比如说他设立了院长奖学金，从2005年就开始设置，今年恢复颁发，这些举动对于奖掖后学是一个很好的善举。郭老师的这几个高度，都值得我们晚辈后学努力学习。

郭老师能够做到这些，离不开他的爱人余老师的支持。余老师在各方面都做得很好。比如常有学生和郭老师的朋友去郭老师家里吃饭，余老师从来不厌其烦。可以说，在余老师的身上体现出了一种慈爱和母性的光辉。

最后，再一次祝贺郭老师大作出版，也祝郭老师和余老师身体健康，万事如意！

谢谢大家！

郭教授的宋教仁研究

谢春开*

各位专家、教授：

大家下午好！

我是宋教仁常德研究会的一名志愿者，我从党政机关退休后的十多年里，自愿发起开展对民主革命家宋教仁先生的研究宣传，因此，有机会认识了史学界的许多专家和老师。

我与郭汉民教授认识时间不长，大概是五年前，通过刘泱泱老师、迟云飞教授推荐介绍，参加我们举办的宋教仁研究的几次会议相识，虽然认识较迟，交往较少，但是对他的印象很深且良好。他不仅在中国近代史研究与教学方面成绩显著，是全国优秀教师，而且在宋教仁研究方面也很有成就，论文不少，且有著作。

我印象很深的是 2013 年 3 月，他参加了我会举办的宋

* 谢春开，男，1941 年生，湖南桃源人。中共常德市纪委原副书记；现任宋教仁常德研究会会长，《宋教仁研究》主编。长期从事廉政文化和宋教仁研究，主持编辑出版《宋教仁研究系列丛书》，主编《宋教仁研究论文集》《宋教仁诗联鉴赏集》《宋教仁（连环画）》等。曾获全国纪检监察论文一等奖。

教仁殉难一百周年座谈会，并就自己对宋教仁考察研究日本的情况，做了一个很好的发言，介绍了宋教仁对日本研究的鲜为人知的成果，指出宋教仁在百年以前通过对日本历史地理及民族特性特点等诸多方面的研究，得出了一个结论：中国日后主要的威胁来自日本；并告诫说："吾中国既往将来之大敌国，吾人不可不知之，且不可不记忆之也，所云为何？则日本是已。"当时我们听了非常震惊，当今铁的事实竟然证明宋先生百年前的断言是何等英明！所以郭老师这次发言给我们印象很深。

最近郭老师有一篇文章，就是《浅析宋教仁思想体系》，此文在我们主编的内刊《宋教仁研究》第六期刊登了。这次活动，他们给我发了邀请，我就高兴而来了！

我来的目的有二，第一表示祝贺，第二表示感谢！祝贺的是郭教授的文集出版和从教45周年的双重喜事。感谢的是他对宋教仁研究方面所做出的努力，对于我们宋教仁研究给予的指导。

此行，我还有另外一个比较大的感受和收获，那就是这次活动是由我们湘潭大学和湘潭大学历史系主办，这种举动我觉得非常好，是高明之举，创新之举，不仅对我们专家学者的劳动成就是一种肯定，也是一种尊重，是一种爱护，将会起到很好的表率作用、示范作用！

浅谈郭老师的师风、学风与作风

靳环宇*

今天非常高兴也非常荣幸能来到湘潭大学这一著名学府，看望郭老师和余老师，也很荣幸见到湖南学界甚至全国学界的许多前辈、老师，还有十多年未见的同学。今天的主题很有意义，现在尊师重教的行为都是说的多做的少，所以湘潭大学今天做的这件事令我很感动。

我和郭老师相识10多年，虽然交往不是很多，但他永远都是我的老师，在我读书、工作、生活上，郭老师和余老师都给了我很多指导，都令我十分感念。

郭老师为人为学给我最深的感受，有以下几点：第一点是诲人不倦的师风，第二点是创新求实的学风，第三点爱生如子的作风。能体现这“三风”的例子很多，大家也谈了不少，在此不一一赘述。

我在从香港来湘潭的路上，翻看了存在我手机里的一些书的照片，有一些感想，正好和今天的这个主题相关，

---

* 靳环宇，男，1975年生，河南杞县人，博士，教授，现在中央人民政府驻港联络办工作。主要从事政治经济学、社会保障、慈善事业研究，著有《晚清义赈组织研究》等。

现在向大家报告一下。

由于在香港工作，我现在比较关注香港问题。近日我在书店里看到新出版的一套《唐才常集》，随手翻开看到其中提到唐才常于 1899 年在香港送梁启超去加拿大，并作了一首送别诗。今天看到郭老师的论文集，其中就专门谈到唐才常是否作过这首送别诗的问题。我通读了这篇文章，文章不长，但论证很充分，可以说这一论证完全推翻了这个标题和这首诗。原书的编者犯了张冠李戴的错误。但是新出版的唐才常的集子仍然采用了这个标题并选录了这首诗，另外，香港中文大学还出过上下册的《唐才常年谱长编》，里面同样延续了这一错误，由此可见，学术成果的借鉴和传承在目前仍是一个大问题。

刚才谈的这点，就充分体现出郭老师做学问的一个突出特点，就是十分重视创新求实，他的很多文章和著作都体现了这一特点。对近代史事个案的一个个追索，是从事历史研究的基本功，在这方面能有所发现并进一步分析升华，进而从事思想史研究，这是一个很好的研究路径，郭老师长期坚持了这一创新求实的学术研究道路。郭老师对于康梁及其维新思想再及维新思潮等的研究，都体现了这一特点。郭老师近期所写的《严复自由观再探讨》这篇文章，我仔细读了，就是清理了学术界百余年对严复核心思想的认识历程和代表性成果，这种认识多年来都是一种老的观点，到底严复在各个时期是一种怎么样的思想，郭老师把严复在各个时期的思想和转变都交代得很清楚，从而得出不同以往的新创见。由此可见郭老师这几十年写了很多新东西，提了很多新观点，不新的写出来也就没什么意义，郭老师在这方面做得很突出。

我还想谈一点，仍是学术研究的创新问题。接着刚才的话，我还谈唐才常。郭老师的那篇文章虽然不长，唐才常虽然我了解不多，但是如果以唐才常为圆心往外发散性去看，能否找到一些新的阐释历史的机会和途径，或者能否推翻或改变学术界对一些重要历史问题的观点和认知？近日全国政协做出了2016年纪念孙中山150周年诞辰的决定，历史学界应该敏锐地把握住明年将是孙中山与辛亥革命研究的一个很突出的学术热点。基于这一基本思路，是否可以重新梳理唐才常及其自立军与康梁的关系，与李鸿章、刘坤一、张之洞等这些地方大员的关系，与孙中山、黄兴的关系，以及以唐才常为圆心将后三方力量串联起来看？等等。再一点，在自立军起义发动的过程中，唐才常是一个核心人物。在组织酝酿发动自立军起义的过程中，他的组织手段和模式、人才的储备以及军事模式都似乎具备后来辛亥革命的某种雏形，或者为辛亥革命提供了一种直接参考和借鉴的范式，因此二者的关系到底如何？是截然对立、毫无关联，还是从人事、组织、军事、经费等方面的直接因袭？这些都需要更加深入、细致地进行实证性研究。还有一点，就是唐才常和香港，和南洋、日本的关系到底如何？是否值得去理清？这当然面临更大的难度和挑战。但是这一问题的解决将会对前两个问题的解决提供直接的帮助。

我今天谈的有关学术创新的一点看法，完全是受了郭老师的启发，也是受到郭老师直接教益之后得来的一点体验。郭老师的所有著作都能体现出学术研究的传承性和开创性特征，他的很多成果值得我们进一步学习、消化和吸收，很多领域仍值得我们进一步去探索和发现。

我今天来一是祝贺郭老师荣休，二是来学习，冒昧抛砖引玉与大家分享一点思考，敬请批评，谢谢大家！

从郭汉民师问学的点滴回忆

邹小站*

各位老师、各位朋友：

大家好！

湘潭大学历史系为郭老师办这个会，作为郭师的弟子，我十分感动，也很高兴能参加这个盛会。

我是在1989年入郭老师师门，正式从郭师问学的。不过，还在1987年，郭师就给历史系三年级开设“中国近代思想史”的课程，那时学界的思想文化史热正盛，受潮流影响，我对思想文化史也有相当的兴趣，就选修了郭老师的课。那时，郭师还很年轻，我记得他第一次给我们上课时，头发自然卷曲，声音洪亮，穿一条牛仔裤，意气风发，那个场景至今依然清晰地留在脑海中。听了郭师一个学期的课，收获良多，对思想史的兴趣愈发浓厚，所以在读研的时候，我没有犹豫，跟了郭老师。从郭师问学三年，其中可说之事很多，我想在这里说两件事情。

---

* 邹小站，1967年生，湖南邵阳人，中国社会科学院近代史研究所研究员、思想史研究室主任，博士生导师。著有《章士钊社会政治思想研究(1903—1927)》《西学东渐：迎拒与选择》《西方民主在近代中国》（合著）等。

第一件事，我想说说郭老师是怎么带学生的。

做学生的时候，没怎么去想老师应该怎么带学生，觉得老师那么待自己，很正常，没有觉得有什么特别的。我现在自己也带学生，回想起郭师当年待学生的种种细节，就不免多有感触。一则觉得老师当年待我们那么好，那么尽心，感恩之心油然而起；二则自己现在带学生，虽也努力要向郭师看齐，跟郭师学习带学生的方法，但总觉得还学得不到家。郭师那时住在湖南师范大学的上游村，离研究生宿舍不算太远，也不算太近，学生们都很喜欢去找郭老师，有事没事的都愿意去，有时候是一个人去，有时候是好几个人一起去，频率也很高，一个星期差不多有一次，有时候一个星期有好几次。我们去郭老师家里，往往一坐就是一两个小时，既说学问上的事，也说生活中的事，也不免谈及社会上的事，往往并没有特别需要请教的地方，但就是愿意去找郭老师说说。那时候，郭师正当年，正是做学问的大好时机，他的事情其实也很多，但只要我们去找他，他总是将手头的事情推开，笑眯眯地接待我们，听学生们东一句西一句地说，从无不耐烦的表情，也从不表示自己手头还有事需要处理，或者说自己正在写东西。作为学生的我们，那时毕竟年轻，不知道老师时间的宝贵，只是看见老师很有兴趣，就说得越发起劲。现在回想起来，那个时候耽误了郭老师多少宝贵的时间。我记得，学生去郭师家里的时候，郭师的话并不多，但他一直专注地听我们说，听我们表达，然后老师再根据学生们谈论中出现的问题，指点学生们去读什么书、什么文章。我觉得这是一个很好的引领学生的方法，就是鼓励学生去表达，然后根据学生表达中出现的问题，指点学生去读书。本科刚毕业，学生有表达的愿望，如果刚讲两句话，其中有不当之处，做老师的就一阵臭批，学生写的文章、交的作业，程度不高，老师就痛批学生的东西是“垃圾”，那就会极大地打击学生的积极性，学生也就很难成长。郭老师愿意听学生的幼稚言论，又在学生表述自己的见解后加以指点，我想这是一个真正的学人、一个对学问有真正理解的人，才能做到的。这首先需要一种学术上的平等的态度，需要对学问存敬重的态度，只有这样才会有兴趣、耐心地听学生那看似幼稚的表达。我也接触过不少的学者，发现越是有学问的人，越是对学问有理解的人，就越是和蔼近人，越是能平等地对待后生小辈。郭老师对长辈、对同辈学者非常尊敬，对他的学生也是尊重的、平等的。我们跟郭老师一方面是师生关系，另外一方面就是朋友关系。还在读研究生的时候，我和田海林老师曾经聊到郭老师，他说在郭老师面前，我们是如沐春风，这句话形容得非常贴切。我现在也带学生，也尽力学习郭师对待学生的态度，但我的学生在我面前还是有些紧张，远远达不到如沐春风的境界，所以我离我的导师还有很远的距离。这是一点。

第二件事，就是郭老师的中国近代思想史研究。

中国的思想史是五四新文化运动以后，随着现代学科的产生建立起来的。民国时期，中国近代思想史的研究主要是研究一些重要的思想人物，比如魏源、梁启超、康有为、严复，再加上国民党总理孙中山，中国近代思想史的学科系统并没有建立起来。从中华人民共和国成立以后到“文革”之前，中国近代思想史的研究仍然以人物为主。80年代，中国近代思想史重新兴起的时候，学者主要重视的还是政治思想，思想史的写法也基本仍以人物为经，时间为纬进行叙述。到了90年代，中国近代思想史研究的一个特点就是思潮史的研究开始兴起，在中国近代思想史由传统的政治思想史研究转向思潮史研究的过程中，郭老师做出了他很特殊的贡献。他写的《晚清社会思潮研究》，以及他和吴雁南等合编的《中国近代社会思潮（1840—1949）》，对于思潮的叙述，一般是从思潮发生的社会背景、思想资源，思潮发生、发展的诸多表现比如言论、著述、思想群体以及受思潮影响而出现的种种社会组织、社会运动等等，去展现思潮发生、成长、变异的过程。这种叙述，比较能够表现思潮不是一个思想家的思想，而是一个时代思潮的实际面相。郭老师在确立这一套叙述和研究方法方面做出了他的贡献。现在，郭老师和吴雁南等做的《中国近代社会思潮（1840—1949）》仍然是目前中国近代思想史领域中研究生的必读书目。进入新世纪以来，思想史的研究又有了新的发展，概念史、观念史引起了学者们的兴趣，有人提出要研究一般社会大众的思想，还有人试图勾连知识、信仰与思想，这是学科发展的结果。但是，思潮史的研究并不能因此就废弃，它仍然是研究思想史的一个重要方法，我们也不应忘记在思想史研究从传统的政治思想史到思潮史研究转向过程中做出自己贡献的学者们。

我大概就说以上两点。谢谢大家！

学问人生　师者典范

——读《郭汉民文集》有感

张　艳*

尊敬的郭老师，各位专家、各位同学：

大家好！

我于 1995 考入湖南师范大学的中国近现代史专业读研究生，成为郭老师的学生，到今年正好是 20 年。

20 年间，郭老师和余老师对我的科研、教学以及生活一直都非常关心，我受他们的恩惠非常多。但在这里我觉得语言是贫乏的，我现在还没有能力把他们的大爱准确地表达出来，所以我想把过去美好的记忆再沉淀沉淀，等到郭老师 90 大寿、100 大寿的时候，再追忆我们恰同学少年、风华正茂的时候郭老师对我们的教导和关爱。今天我想就《文集》本身谈几点读后感。

郭老师文集的出版是湘潭大学的一件学术盛事，也是中国近现代史学界的一件学术盛事。作为郭老师的学生，

* 张艳，女，1972 年生，河南驻马店人，历史学博士，河南大学历史文化学院教授。主要从事中国近现代思想文化史、社会经济史研究。合著《近代河南经济史（下）》《中华民国专题史》《中共农村道路》等，参著《中国近代社会思潮（1840—1949）》。

我感到非常兴奋，也非常自豪。这次出版的尽管不是全集，但其内容涵盖了郭老师一生科研和教学着力最多的几个领域。不仅是他几十年学术和教学生涯的一个总结，而且对我们进一步了解郭老师的学术成就，认识他的人生经历、学术追求，对我们在他开辟的研究领域的基础上进一步扩大视野、深化研究都是十分宝贵的。

拜读郭老师的《文集》还有他没有收录到《文集》中的一些文章，我有几点感想。我认为郭老师在科研和教学中至少实现了四个完美的结合，这也是非常值得我学习的地方。所以，我提出来向郭老师请教，也与在座的各位同仁共勉。

一、宏观研究和微观研究相结合

收入《文集》中的论文，有的是作者对整个晚清历史进行的全局性的总体研究。如《苦难·奋斗·求索——中国近代史三题》一文系统勾勒了从鸦片战争到新中国建立百余年中，中国人民的“苦难”“奋斗”“求索”的历程。《近代中国改革与革命述论》集中探讨了近代中国一百多年的改革与革命问题，并对过去学界扬革命贬改革或扬改革轻革命的价值倾向进行了反思。《太平天国与晚清政治》，尽管是研究具体事件，但视野宏阔，观照的是太平天国运动对整个晚清历史的影响，认为晚清政治中中央与地方的矛盾、革新势力与守旧势力的矛盾以及不断激化的满汉矛盾等，都与太平天国运动有着某种程度的关联，辛亥革命的领导者也从太平天国运动中得到鼓舞，并从其失败教训中取得借鉴，辛亥革命的发动和结局都曾受到太平天国运动的深刻影响。这些论文，从社会结构的大系统出发，高屋建瓴，气势恢宏，揭示了近代中国带有某种总体规律的东西，反映了作者理论思辨、宏观驾驭的深厚功力。

除了对整个时代和大事件的宏观考察，作者对小事件、小人物的研究同样精审和深刻，尤其体现在他的一系列的考证文章上面。如《关于"左公柳"纪实诗的考证》《〈唐才常集〉辨误一则》《唐才常入两湖书院时间考实》《同盟会非"团体联合"史实考》《辛亥"三二九"之役陈竞波非侦探辨》等文，尽管研究对象小至人物某次经历或某个作品等，但文章材料丰富，论断平实，"精细而能见其大"[①]，并推翻学界已有定论。如《同盟会非"团体联合"史实考》《同盟会成立若干史事辨正》，针对以往学术界关于同盟会是由兴中会、华兴会、光复会、科学补习所等团体联合而成的传统观点，通过列举大量的史料，以洞烛幽微的剖析与缜密有力的论证，提出"同盟会不是、也不可能是各个革命小团体有组织的联合"，而是"在革命思潮高涨的形势下，留日学生中的革命分子拥戴孙中山为领袖，风云际会、乘时奋飞的历史壮举"。[②] 这些文章，别伪求真，发隐举疑，微言大义，能见人之所不能见，发人之所未能发，体现了作者注重实证、无信不征的鲜明治史旨趣。

① 严耕望：《治史三书》，上海人民出版社 2008 年版，第 60 页。

② 《郭汉民文集》，湘潭大学出版社 2015 年版，第 125 页。

二、地方史研究与全国性关怀相统一

湖南历史文化源远流长，博大精深，自宋代以来逐渐形成了中华文化传统中具有鲜明地域特色的一脉。尤其进入近代以后，湖南人才辈出，精英荟萃，群星灿烂，在中国政治、军事、思想文化、外交等各方面都具有重要地位，也留下了极其丰富的历史资料，既包括大量的文字资料，又包括大量的历史遗物和遗迹。郭老师利用身处湖南高校的地缘优势，充分挖掘和整理近代湖南地方历史资源，并展开深入研究，取得了令人瞩目的成就。其中他贡献最大的是对湖南近代人物的研究。

第一，他在湖南师大和湘潭大学长期为历史系本科生开设专业选修课“近代湘籍名人研究”。梁启超曾言：“盖以中国之大，一地方有一地方之特点，其受之于遗传及环境者盖深且远，而爱乡土之观念，实亦人群团结进展之一要素。利用其恭敬桑梓的心理，示之以乡邦先辈之人格及其学艺，其鼓舞浚发，往往视逖远者为更有力。地方的学风之养成，实学界一坚实之基础也。”① “近代湘籍名人研究”这门课程，在我读研究生的最后一年，郭老师已经在尝试运用“五步教学法”进行授课，我很荣幸去旁听过一次他的课。这门课程不仅提升了湖南学子热爱家乡、建设家乡的积极情感，也推动了他们关注和研究家乡历史的兴趣。

---

① 梁启超：《中国近三百年学术史》，中国社会科学出版社 2008 年版，第 320 页。

第二，近代湖南文献资料的编辑整理。编校由中共湖南省委和湖南省人民政府支持的大型丛书《湖湘文库》中的甲编之《宋教仁集》[①]，以及增补、点校《曾国藩全集》[②] 之《奏稿》六卷，主持编写乙编之《湖南辛亥革命史料》[③] 和《湖南辛亥革命人物传略》[④]，以及主编《湖南地方报刊中的韩国独立运动史料》（与李永春合作主编）[⑤]、《中国近代思想家文库·宋教仁卷》（与暴宏博合作主编）[⑥] 等等，这些资料的出版，为进一步开展相关研究打下了良好基础。

第三，对湖南近代人物的研究。不仅从整体上探讨近代湖湘文化的爱国传统[⑦]，以及在湖湘文化的熏陶下，近代湖南几批人才群体出现的情况，总结几个人才群体及其代表人物身上所体现的“经国济世的远大抱负、救亡图存的爱国情怀、不尚空谈的务实作风、百折不挠的奋斗精神”[⑧]，而且对一批著名人物或进行专题研究，或撰写传记。例如仅就湖南辛亥革命人物而言，郭老师就曾为其中的宋教仁、谭人凤、蔡锷、秦力山、沈荩、毕永年、马福益、杨卓霖、宁调元、杨毓麟兄弟、龙璋等写过资料翔实、评论客观的长篇传记。

---

① 湖南人民出版社 2008 年版。

② 岳麓书社 2011 年版。

③ 湖南人民出版社 2011 年版。

④ 湖南人民出版社 2011 年版。

⑤ 湘潭大学出版社 2015 年版。

⑥ 中国人民大学出版社 2015 年版。

⑦ 《近代湖湘文化的爱国传统》，《郭汉民文集》，第 175—184 页。

⑧ 《近代湖南人才群及其精神》，《郭汉民文集》，第 174 页。

在研究湖南地方历史时，作者能从小处着手，从大处着眼，把视野放到全国，注重考察近代湖南在全国的地位、影响以及湖南与其他省份的异同。如《湖南人与辛亥革命》《辛亥革命时期湖南会党的性质与作用》等文就体现了作者通过地域研究将全国性把握落到实处，又通过地域研究深化全国性研究的理念。

三、思想家的思想个案研究与思潮史研究相得益彰

郭老师是著名的中国近代史研究专家，特别是在人物思想、社会思潮的研究方面有高深的造诣。

第一，人物研究对象广泛，几乎对晚清每个时期的重要人物都有涉及。特别是对龚自珍、魏源、郭嵩焘、薛福成、容闳、王韬、丁日昌、曾国藩、康有为、严复、梁启超、谭嗣同、李提摩太、唐才常、丘逢甲、孙中山、宋教仁、蔡锷等数十位思想家某些方面的思想都做过精深的专题研究。很多研究是言前人所未言，具有显著的创新意识，如对近代中国首任驻外使节郭嵩焘的护侨思想，早期维新思想家和出使英法意比四国大臣薛福成的侨务思想，寓华著名传教士李提摩太来华初期的社会改革思想，著名启蒙思想家梁启超早年的文学革命思想、反满思想和利用外资思想，严复的自由观，等等，都有深入而独到的思考。

第二，中国近代思潮史研究的推动者和领军人物之一。传统的思想史研究著作，多是各个时期一些主要思想家思想的汇编，其缺点是不容易写出思想的时代特征，以及某一个时代思想家的共性。自上个世纪 80 年代后期以来，思

潮史研究异军突起，蔚成风尚。郭老师是较早从事思潮史研究的学者之一。他独著、参与撰写或主编的《晚清社会思潮研究》《中国近代思想与思潮》《清末社会思潮》《中国近代社会思潮（1840—1949）》等著作，均是思潮史研究的代表作。这些著作对中国近代社会思潮进行了全面、系统的梳理和描绘，展示了自19世纪上半叶到20世纪中叶100多年间中国社会思潮风起云涌、跌宕起伏的变迁过程。特别是由他参与主编的4卷本《中国近代社会思潮（1840—1949）》在1998年出版后，曾引起学界巨大反响，至今仍被认为“是同类著作中规模最大、篇幅最长的一套”，“思潮包容之多、涉及面之广，前所未有，的确是这一研究领域的一部集大成著作”。①

在中国近代社会思潮的研究中，郭老师对晚清思潮史研究贡献尤为突出。他从总体上勾勒了晚清社会思潮的演变过程，并理清了百余年间经世致用、变革、洋务、早期维新、戊戌维新、戊戌后维新、君主立宪和反清革命等主要社会思潮的基本面貌。在《晚清社会思潮研究》中他指出：“晚清百余年间，社会思潮的主流沿着经世—变革—洋务—维新—立宪和革命的轨迹发展演变，其发展步伐愈益加快，其近代色彩愈益鲜明，这从思想史的角度反映了晚清社会变迁的历史走向。”② 他对中国近代社会思潮体系的

① 欧阳哲生：《作为学科的中国近代思想史研究（上）》，《社会科学论坛》2013年第6期。

② 郭汉民：《晚清社会思潮研究》，中国社会科学出版社2003年版，第14页。

建构，是以中国从古代宗法社会走向现代化的曲折过程为主线，以重大事件（包括政治变革、侵略与反侵略战争、东西文化碰撞等）直接冲击或间接波及的社会意识、社会心态、价值观念、文化思想等的变迁为辅线，以思想家的思想来见证思潮的演化，又以思潮的演化来加深对思想家思想的解剖，组成了多方面、多层次纵横交错、环环相扣的立体架构，对晚清百余年间的思潮变迁给予了全面的呈现，对中国近代社会思潮递嬗、更新的轨迹进行了深刻的阐释。

第三，注重做既有“思想”又有“史”的思想史。一定的思想总是一定的社会环境条件下的思想，思想不能抽象地脱离其发生发展的历史脉络，也就是说，“思想”与“史”结合，才是好的思想史。郭老师就特别注重把思想与社会历史融会贯通，把思想、思潮放在当时的社会历史条件下考察。他提出，中国近代社会面临两大历史任务：一是坚持反对列强的侵略，捍卫自己民族的生存权利，维护民族的独立与尊严；二是努力走出封闭，积极面向世界，追赶先进，改革开放，争取国家富强，实现近代化。因此，“晚清一切历史人物的功过是非，都要根据他们对上述两大历史任务的态度与实际作为加以评判”。根据梁启超所提出的“过渡时代论”，他强调，晚清时期是社会转型的“过渡时代”，“过渡时代”的实质是进化、是进步，只有与社会进步相联系的人，只有以各自不同的方式促进社会进步的人们，才可以成为“过渡人物”。晚清人物大都可以称为这样的人物。在他们身上往往不可避免地存在着旧制度、旧思想、旧观念的影响，指出其局限性并加以分析是完全必要的，这可以帮助人们理解历史人物所生存的社会历史环境，并从中汲取有益的教训。但在给这些“过渡性人物”做历史定位时，则应当主要依据他们比他们的前辈“提供了新的东西”，对社会的进步所做出的新的贡献。只有这样，才能正确判断历史的功绩，才能正确认识历史人物的价值，也才能从历史人物的身上汲取创造历史的智慧去能动地创造自己的历史。①

既然思想是时代的产物，那么，由于“环境之变迁”以及与之相应的“心理之感召”② 不同，思想也会随之发生变迁。在研究维新思潮时，他指出，同是以“救亡启蒙”为主题的变法维新思潮，在“戊戌政变”前后却表现出了不同的特点，“前者以救亡为主，偏重于变法和身体力行的政治操作，以救亡唤起启蒙；后者的重心则在启蒙，大倡民权，开启民智以新吾民，以启蒙促进救亡”，而且“在思想理论方面达到了一个新的高度”。③这正是戊戌政变前后康梁等维新派所处的政治、社会、生活环境的不同所决定的。

第四，尤其擅长思想史的比较研究。以当前学界对中国近代史的时间界定，一部中国近代历史不过一百余年，然而，其复杂性与多变性堪称中国历史之最。接踵而至的侵略与反侵略战争，革新、革命运动以及各式各样的保守

---

① 郭汉民：《晚清人物研究·序言》，湖南人民出版社 2005 年版。

② 梁启超：《清代学术概论》，《饮冰室合集·专集之三十四》，第 1 页。

③ 郭汉民：《晚清社会思潮研究》，第 196 页。

与复辟运动，此起彼伏的农民起义与农民战争，古今中西之间的政治、经济、文化的碰撞、交融，沿海与内地发展的不平衡，等等，使中国社会发生了广泛而深刻的变动。而长期以来，由于革命史观的制约，多数论者曾以极其简单的思维方式和治史态度来对待这段错综复杂的历史，按照某种抽象的原则与思维定式来划分那些千人千面而且千变万化的人物与群体，把近代中国的历史描绘得黑白分明、正误立见。郭老师对人物思想和社会思潮的研究，则特别注重人物与人物之间、思潮与思潮之间的比较分析，以揭示中西、新旧各种思想观念的交锋与融合。

比如康有为、梁启超都是维新运动的杰出代表，学界论述近代史事，往往以“康梁”并称，却没有具体探讨二者在思想和行动上从差别逐渐趋向对立的轨迹；即使对此有所涉及，也不曾推究造成康梁分化的社会原因。《论康梁异同》一文则将康梁从19世纪末到20世纪20年代政治上的异同加以比较研究，作者指出，在20余年间，康梁二人的政治思想和政治选择有同又有异，始合而终离，其轨迹大体分为“大同小异”“大异小同”“同床异梦”“趋舍异路”“异途同归”五个阶段，并着重结合中国社会经济、阶级关系、政潮起伏等社会生活的演变和人物性格的不同，探讨导致康梁异同的根本原因。

另外，作者对作为职业革命家的孙中山与作为学者和启蒙思想家的梁启超的文化思想的异同，对洋务思潮与早期维新思潮的异同，对戊戌政变后的维新思潮对政变前的维新思潮的继承与超越，对立宪思潮与反清革命思潮的对立与共生、分离又合作的复杂关系等都进行了细密的具体分析。通过比较研究，作者同中辨异，异中察同，将问题探讨引向深入。这较之司空见惯的那种非此即彼的定性分析与功过评判，更容易客观地展现近代人物思想和社会思潮充满矛盾歧异的原生状态和跌宕起伏、盘根错节的历史场景，揭示近代中国曲折发展的变动过程。

四、教书与育人浑然一体

在现今高校多以科研成果论英雄，以发表多少论文，获得多少项目、奖励为考核标准的大环境中，郭老师却不骛时尚，不逐时流，在50多岁后即学术上最成熟的年龄段"把创新教学模式当成一种事业来做"。如果他有一点功利心，恐怕都很难做到这一点。

他抱着为学生的成长负责的态度，不知疲倦地埋首于教学改革的探索中。为改革教学方法、创新教学模式、提高大学教学质量，付出了大量时间和心血，逐步总结出"指导选题""独立探索""小组交流""大班讲评""总结提高"的"研讨式五步教学法"。围绕"研讨式五步教学法"的理念、程序、效果、应用范围及其条件等，他进行了系统的理论分析和深入的教学实践，发表了一系列高水平的学术论文，为该教学法的推广应用建立了理论框架，并提出了一系列具有可操作性的模式，为高校教学改革从理论构想向教学实践提供了研究范例。最终，他的"研讨式五步教学法"教学改革取得巨大成功，不仅得到学生的热烈拥护和积极参与，在提高学生自主学习能力上取得明显的成效，而且还获得众多史学界和教育界专家的肯定与承认，使他以一个史学工作者的身份在2003年获批国家教育科学“十五”规划重点研究课题，并引起教育部高等学校历史学科教学指导委员会主任李文海、马敏，教育学专家学者涂光辉、郑和钧、黄中益、雷鸣强等众多史学家和教育学专家学者关注，乔幼梅、张岂之、杨树标、马世力等作为教育部派遣的专家先后莅临他的课堂听课。

当他的“研讨式五步教学法”教学改革取得成功，他则把成绩的取得归功于支持他、帮助他的人。正如他在《走向创新教育——“研讨式五步教学法”的推广与应用研究》一书后记中所言：“严格说来，这本书主要不是写出来的，而是干出来的；不是我一个人单枪匹马能干得出来的，而是与许多志同道合的人特别是与我的学生们一起干出来的。正因为如此，我对在研讨式教学改革中关心我、支持我、帮助我的人们充满了感激之情。”① 真切朴实的话语道出了郭老师低调与谦恭的做人做事风格。

“研讨式五步教学法”比较集中地体现了郭老师的教育理念和教育思想。他坚持教书育人的基本原理，重方法传授、重能力培养、重学生主体性发挥，重建立融洽、和谐、合作、温馨的师生关系。他指出，在传统教学中，教师被赋予“传道、授业、解惑”的天职，以“知识权威”的尊严高居于学生之上。伴随全球民主化的进程，以及网络信息化时代的到来，这种权威型教学秩序日益受到质疑；而

① 郭汉民：《走向创新教育——“研讨式五步教学法”的推广与应用研究》，湖南师范大学出版社2008年版，“后记”。

知识爆炸和信息时代的来到，更使教师“知识权威”的地位受到挑战。“教师必须从传统的居高临下的观念和状态中走出来，以民主、平等、宽容、友爱的心态对待学生，尊重学生的人格，关心学生的发展，宽容学生的失误，支持、保护和调动学生参与教学活动的积极性，把学生推向探求知识的前台，教师自己则扮演引导、帮助和合作者的角色，从而建构起新型的师生关系。我坚信，教师赢得学生尊敬和信任的法宝，不是权威的架势，而是渊博的知识和高尚的人格。教师不仅应当是学生的良师，而且可以成为他们的益友。”① 渊博的知识和高尚的人格，这不正是郭老师深受学生爱戴的原因吗？

尤其难能可贵的是，郭老师退休之后，将全部藏书捐献给了湘潭大学，供历史系师生阅读研究。同时，他和夫人每年拿出退休金2万元（其中8000元在历史系继续设立“系主任（院长）奖”，以激励优秀的本科生和研究生努力向学；12000元是资助学校设立“研讨式教学奖”，吸引更多的教师关注、研究和实施研讨式教学，以助推高等教育教学方法的改革），在湘潭大学设立了奖学金，以奖掖后学。郭老师说：“我和余老师每年的退休金虽然不足十万，但由于子女均能自立，基本上不需要我们的钱；我们自己又素来节俭，不尚奢华，能衣食无忧即很满足了。……总想做点有意义的事，为社会增加一点正能量。这样一来，可一举三得：既可以消除自己以往留下的遗憾，又可以看

---

① 《“研讨式五步教学法”的推广应用研究报告》，《郭汉民文集》，第643页。

到研讨式教学在湘大得以推广的希望，还可以持续不断帮助和激励莘莘学子，可谓‘善莫大焉’。赠人玫瑰，手有余香，助人为乐，其乐何极！”① 这种崇高的学人品格，令人肃然起敬！

一代人有一代人的学术。几十年来，郭老师以“脚踏实地、自强不息”的治学精神，以“潜心学问，用心教学，诚心育人，尽心职守”的人生态度，科研与教学并重，埋头耕耘，淡泊名利，十年磨一剑，终于取得了巨大的成就。他扎实的学术功力与涵养，以及对许多专题细致深入的探讨，决定了《郭汉民文集》的整体水准。当然，这种整体水准还取决于学界对于某些长期沿袭下来的思维定式与既成观念清理的程度。随着时代环境的变迁，史料的进一步发掘和整理，以及中西学术交流的不断深入，等等，郭著对中国近代史诸多问题的评说和对高校教学改革的理论思考，也许有待后继者去补充和完善，这肯定也是以求真为职志的作者所期望的。但可以断言，《郭汉民文集》可以作为史学专业人员进行中国近代史研究和教学的重要参考著作，传播史家反思历史、知人论世的学术智慧和人文关怀。

谢谢大家！

---

① 郭汉民：《学术活动与著作编年》，《郭汉民文集》，第719页。

郭汉民师对晚清社会思潮的研究

李永春*

自鸦片战争造成中国“数千年未有之大变局”以来，先进人士以经世改革、救亡图存为职志，在汲取古今中外各种思想学说的“养料”的基础上，设计、宣传和实验各种各样改造社会的方案，形成了近代中国历史上林林总总的社会思潮，并导引出连续不断、波澜壮阔的社会运动与社会革命。因此，社会思潮一直是近代史学界的一个研究热点，无论是整体的近代思潮还是单个的社会思潮，都有不少研究成果问世。郭汉民师自20世纪80年代初研究康有为、梁启超的思想活动时，开始关注变法维新与君主立宪思潮；接着作为主要作者之一，参加吴雁南教授主持的《清末社会思潮》（福建人民出版社1990年版）的研究和写作；而后对整个晚清社会思潮发生了浓厚兴趣，先后发表了一系列颇有影响的学术论文；20世纪90年代末又参与主编在学术界引起巨大反响的四卷本《中国近代社会思潮

* 李永春，男，1968年生，湖南益阳人，湘潭大学马克思主义学院教授、博士生导师。主要从事中国近代史、中共党史的教学与研究。著有《蔡和森思想研究》《〈少年中国〉与五四时期社会思潮》等。主编《蔡和森年谱》。

（1840—1949）》（湖南教育出版社 1998 年第 1 版，2011 年第 2 版）。在对近代思想与人物不断探索的基础上，郭师于 2003 年在中国社会科学出版社出版了《晚清社会思潮研究》一书，体现了他对晚清 70 余年间主流社会思潮兴衰流变的整体思考。新近出版的《郭汉民文集》（湘潭大学出版社 2015 年版），又收入他研究晚清思想和思潮的专题论文及序评文章 20 余篇。10 多年来，我不断研习郭师的这些论著，自感颇多收获，在此不揣冒昧，就郭师晚清社会思潮研究的特点略谈几点浅见。

从宏观上对晚清主流社会思潮进行科学的梳理和准确的把握，是郭师进行这一领域研究的首要特点。他择取嘉道至光宣年间这样一个相对独立的时段，以挽救民族危亡、谋求国家独立与富强为思想发展的基本内核，从晚清波澜壮阔的社会思潮中分检出几种主流思潮，梳理出经世—变革—洋务—维新—君主立宪与反清革命的发展演变轨迹，从思想史的角度清晰地勾勒出晚清社会变迁的历史走向，历史地说明了近代中国思想发展的步伐愈益加快，社会思潮从封建思想体系逐步走向资本主义思想体系，其近代色彩愈益鲜明。在这一思想发展轨迹中，郭师独具慧眼，提出以经世致用思潮作为晚清社会近代思潮的源头，这种宏观把握乃根基于作者对经世思潮兴起的社会背景的铺陈，对其代表人物及其思想特色的深入分析，因而是有科学根据的。一是经世思潮的广泛性，包括官场政要如陶澍、贺长龄、林则徐、阮元、松筠、徐继畬，以及文人学士与中下层官吏如龚自珍、魏源、姚莹、包世臣、徐松、张穆、何秋涛、梁廷枏、沈子敦，等等。二是通过对他们各种思想的排比，从中提炼批评时政、呼唤改革、师夷制夷等救国济世的思想主张，而后纳入近代中国向西方寻求救国真理的历史过程中，既肯定了其对当时的进步意义，也考察出其对整个19世纪中国历史演化产生的积极影响，“为西学在中国的传播架起了桥梁，并为相继而起的洋务与维新思潮准备了虽不丰富但却十分必要的思想资料”，亦“成为后来的洋务派、维新派乃至相当一部分革命派人物登上历史舞台的第一个阶梯”。这一纵向梳理定位，不仅体现了挽救民族危亡、要求国家独立富强作为近代社会思想的基本内核与近代中国社会的发展路向的一致性，也充分说明了社会思潮的发展既有长远的历史传承，也有坚实的社会基础。

社会思潮是某些个人、群体、阶层、阶级在特定的历史条件下围绕社会重大问题抒发并产生较大影响的思想、主张、观点、意愿的总和，是理论形态与心理形态的统一。一种思想只有经过少数精英人物的呼吁或思想家的传播，使大多数社会成员个体接受，产生影响，使之具有广泛性与社会性，才能称之为社会思潮。立足于晚清社会的历史来论述社会思潮，始终把握中国近代社会转型这一特征，把社会思潮的代表人物与其作为载体或反映的社会成员相结合，来剖解晚清社会主流思潮，正是郭师相关论著的重要特色。郭师分析了晚清带有近代意义的社会思潮产生的历史条件。一是资本主义作为新经济在外国列强的刺激下出现于晚清社会并在一定时期内曲折艰难发展；与此相适应，资产阶级以及小资产阶级知识分子群在近代中国社会出现，并开始登上历史舞台；随之而来是诸如变法维新、拒俄反美、保护利权、立宪运动与辛亥革命等一系列新式政治、经济、文化斗争。二是中国古代思想、西方近代思想经过先进思想家们的汲取、改造、融合而成为近代社会思潮两个主要源头。其中，西学东渐具有特别重大的意义，正是西学的传播为晚清思想家们思考中国的命运提供了前所未有的思想资料。三是晚清社会发展变化空前剧烈，尤其是外国列强接连不断的侵略战争，造成中国社会动荡不安，危机四伏，因此中国人民不断地进行反抗外国侵略和清朝统治的战争。正是这种社会急剧变化与转型的条件下，近代思想家们在极短的时间内为济世救时的需要，构建了一个又一个的应急方案，由此而形成晚清思想史上“缺乏伟大而深邃理论著作，却不乏云涌风起的社会思潮”的奇特人文景观。郭师正是从社会（史）的角度来解读社会思潮，克服一般研究注重从思想家的文本文献出发的缺憾，突破把研究对象局限于少数思想家及其言行的研究模式，把代表性人物及思想纳入社会历史发展和思潮变迁的大环境中加以全面考察，突出了不同时代的思想围绕着救亡图存、改造中国这一中心问题而提出的各式各样的答案，并与广大人民群众爱国举动相依托而形成了各式各样的社会思潮这一总的特点。反观各种各样主流社会思潮的兴起与发展的有关论述，无一不可追寻到在上的思想理论家、宣传者，与在下的社会民众之间互动关系。以维新思潮为例，郭师列举了40多种维新报刊，说明了从时间上维新思潮的发展一年比一年蓬勃，从地域上则越来越广泛，社会影响也越来越大；同时，不同的思想倾向中又折射出，同一运动中的无数小流派仍有一种或数种“共通观念”，而救亡图存、要求国家的富强独立则是其最基本的共同点。通过这种深入而具体的剖析，说明维新思想在当时社会生活中广泛而深刻的影响，说明维新思想作为启蒙思潮所具有的内容的新颖性、逐步走向成熟性和日益明显的组织性等特征，从而也体现出其日益鲜明的政治色彩。准此以观，深入社会史来研究社会思潮，不仅能深入地揭示其社会原因，而且能准确把握其全貌，使思想史研究从静态的思想内涵向动态的思想过程的转变轨迹明晰化，同时还社会历史以丰富、复杂的本来面目。郭师正是通过对社会思潮中的个人、群体与思潮的互动关系，以及主流社会思潮的更替与互相影响的分析，清晰描绘出整个晚清社会思潮发展愈益鲜明的近代色彩，和越来越强的社会渗透力，从而说明了挽救民族危机、谋求国家独立富强的思想内核在历次社会运动中不仅通过上面的“弄潮儿”，而且通过下层的社会民众得以继承和进一步发展。

注重社会思潮的形成过程及与其他思潮的相互关系，是郭师相关研究的又一个显著特点。试举洋务思潮的兴起为例。学术界认为洋务思潮的兴起与太平天国运动和第二次鸦片战争有着直接关系，是镇压太平天国的产物，是封建势力与外国资本主义侵略势力相勾结的产物。郭师经过深入分析，认为此说偏颇，证据不足。他提出，洋务作为一种社会思潮恰恰兴起于第二次鸦片战争结束，特别是太平天国失败之后，是在“中外和好”的背景下展开的。它是中华民族与西方列强矛盾的产物，是中西文化初步接触、初步融合的产物。它是通过在上的洋务官僚和在下的开明知识分子共同作育而成的一种自强求富、抵御外侮的社会思潮，尽管其产生含有某种“剿贼”“和戎”的因素在内，但毕竟不是洋务思潮兴起的主要历史动因。这种辩证的分析，是符合历史实际的，是实事求是治学精神的体现。社会思潮的嬗变、更替及相互间的关系，是社会运动发展的必然，但在思想史中研究往往因人为地划分时期而形成思潮的断裂带乃至研究的“盲点”，郭师则清楚地注意到这个问题。以君主立宪与反清革命思潮为例。以前学术界并没有把立宪作为一种社会思潮来考察，只是把它当作立宪派抵制革命的一种手段，对其为争取救亡图存、改革政治、发展资本主义的爱国的进步的一面，则常常避而不谈或语焉不详。郭师把立宪作为一种社会主流思潮提出并进行了科学的论证，指出清朝最高统治集团与立宪派两种立宪模式的抗争伴随着立宪思潮的兴起、发展、高涨的全过程，由此反映出清朝最高统治集团与立宪派之间的不同利益要求，而救亡图存的爱国热情与要求改革、追求社会进步、保护民族资本主义的发展则是立宪思潮兴起与发展的两个根本原因。在此基础上，郭师深入分析了立宪思潮与辛亥革命的复杂关系。与以前学术界注重二者对立斗争的一面，而忽视其共同乃至合作的一面不同，郭师深入分析了清朝统治集团与立宪派、革命派之间的复杂关系。他认为，20世纪最初几年里，资产阶级立宪派和革命派的言论和行动，形成了强大的变革封建君主专制制度的潮流，对清朝统治集团产生了深刻影响，清政府为了改变自己的形象以适应世界潮流，不得不推行变法新政和预备立宪，这就为民族资产阶级作为独立的社会力量登上历史舞台创造了有利的条件。因此，君主立宪与反清革命两大思潮同时并起，分别代表民族资产阶级的上层和下层的愿望。两种思潮构成清末社会思潮的主流，其规模之大、范围之广、人数之多、影响之巨，在晚清思想史上实属空前。再通过对两种思潮的主张做对比分析，郭师认为它们之间有分歧有矛盾，甚至有你死我活的斗争，为了实现真正立宪，立宪思潮既反对革命又反对清政府，而后者则为主要方面；但国内立宪派与革命党之间并非人们所想象的那样针锋相对，势不两立，而是有互相提携合作共事的现象，因而还有合作的一面，即反对和要求改变封建专制，建立不同形式的资产阶级民主政治体制；而且，君主立宪派对西方宪政理论大规模的系统全面的宣传和对君主专制的批判，“做了革命党人所忽视的思想启蒙工作”。这一论断不仅纠正了有关研究的偏颇，而且对君主立宪思潮研究的深入及客观评价提供了新的视角。

对前后不同时期社会思潮之间承启关系进行深入考察，也是郭师有关著作颇有特色的内容。其中以早期维新思潮与洋务思潮的异同分析最为典型。后起的社会思潮对原有的思想资料有一个汲取、改造、扬弃的过程，但把握其中的异同以明其发展态势，并非易事。对于早期维新思潮与洋务思潮的关系，学术界基本上是两种截然不同的观点，或认为同是洋务思潮，或认为二者根本对立。郭师从社会思潮发展的角度着眼，认为二者既有区别又有联系，同中有异，异中有同。二者不仅有着一批共同的代表人物，而且在一系列重大问题上有着相当的共识。其共同之处在于时局观、学习西方观以及中体西用的文化观。但随着民族资本主义新经济的初步兴起和先进中国人对西方富强本原认识的深化，洋务派中的一批思想家开始提出比洋务思潮基本主张更进步的要求，如保护商民，发展民营企业；批评“官督”，支持商办；主张革新政治，实行“君民共主”，建立议院制度；等等。显示出比洋务思潮更为激进的色彩，因而从洋务思潮母体中分解出来，形成以变法自强、维新救国为共同目标的早期维新思潮。它说明早期维新思潮在洋务思潮与维新思潮之间充当了“媒介”或“摆渡人”的角色，说明思想家的思想对当时社会乃至后来思想家可以产生深入而持久的影响，而变法图强、维新救国则是19世纪下半叶民族危机加剧情况下中国人共同而常新的主题。

注意对某些社会思潮的整体性研究，还原社会思潮发展的历史全貌，也是郭师研究的一个重要特色。从社会学角度来分析，一种社会运动发展阶段的分期是以大量的变数做参考依据的；体现在社会思潮中，信仰与义理的改变是最为重要的变数，是划分某一思潮前后阶段的重要标准。郭师以救亡图存、富强独立为信仰与义理的依据，对维新思潮的深入分析便是一个典型的例子。学界一般以戊戌政变作为维新运动失败的标志，认为维新思潮也因此而衰落不振。郭师通过对甲午战争后变法维新运动及维新思潮的分析指出，作为政治运动的戊戌维新虽然失败了，但由于导致维新思潮高涨的那些历史条件依然存在并继续发挥作用，特别是清政府自1901年实行变法，以煌煌上谕的形式确认了变法维新的必要性与合法性，从而为维新思潮的迅速高涨提供了有利的政治条件和社会条件。同时救亡启蒙始终是变法维新思潮的主题，运动中心的转移与扩展，报刊舆论的继续与扩大，以及维新思想意识的进一步资产阶级化，大批留日学生的参与其中，使维新思潮经过短暂的低落之后又高涨起来，到1903年达到巅峰，在思想理论上获得了深入的发展。郭师对维新思潮的延续及深入发展的历史事实的论析，突破了戊戌政变证明改良主义道路在中国行不通的简单结论，而是以戊戌变法为分水岭划分维新思想为前后相续且特点各异的两个阶段，从而复原了维新思潮发展的全貌。同时，从思想发展的层面纠正了史学界所谓戊戌后再鼓吹改良就是“抵制革命”“欺骗群众”的误解与成见。正如郭师所指出的，爱国救亡思想仍是戊戌后维新思潮的主要思想体现，而且与正在兴起的革命思潮相辅相成，是促使一大批维新志士走上反清革命道路的一个不可忽视的思想跳板。

此外，郭师对几乎每一种社会思潮都提出了许多新的问题和新的思考，其精辟的分析和独到的见解，给人以耳目一新之感，显示了他深厚的学术功底。

总之，郭师研究晚清社会思潮的有关论著，始终本着“详人所略”的研究原则，在尊重与吸收前人研究成果基础上深入挖掘，对晚清社会思潮的研究无论是整体的还是个案的都做了许多开拓性的工作，填补了以往研究中的一些空白，突破了学术界的一些成见，纠正了许多误解，因而体现出重要的学术价值。这些成果不仅是近代思想史、近代社会思潮研究的一个重要收获，对于近代社会史、近代人物的研究也足资借鉴。这些新见是他多年来在教学过程中的心得之集成，也是他三十多年来笔耕不止的结晶，因而给学生很多启迪，更是受到学生的好评，也带动了一批学生学习和从事社会思潮研究的兴趣，其中有些已成为中国近代思想和思潮研究领域卓有成就的中青年学者。郭师当年栽种的幼苗如今已蔚然成林。我相信，在郭师的继续扶植下，在不久的将来，他们定会成长为参天大木，为这一领域研究做出更大贡献！

辛亥革命中的湖南志士群像

——读《湖南辛亥革命人物传略》

暴宏博*

发生在百余年前的辛亥革命，推翻了统治中国268年的清王朝，改变了自秦汉以来的君主专制制度，建立了中华民国，是20世纪初最重大的历史事件，成为上下古今时事转移之枢纽。在这场伟大的革命中，湖南志士独占鳌头，做出了卓越的历史贡献，历史地位极其重要。业师郭汉民教授主编的《湖南辛亥革命人物传略》（《湖湘文库》乙编48，湖南人民出版社2011年版，41万字，以下简称《传略》），全面论述了辛亥革命中湖南志士的生平业绩和精神风采。它的出版，描绘了辛亥革命中的湖南志士的群像，填补了辛亥革命史和湖湘文化研究领域的一项空白，其创新之处主要有：

第一，立足于辛亥革命的全过程选择传主，充分反映湖南人与辛亥革命全局的密切关系。《传略》选取传主26

---

* 暴宏博，男，1984年生，陕西凤翔人，湘潭大学毛泽东思想研究中心《毛泽东论坛》编辑，博士生。主要从事中国近代史和马克思主义中国化研究。和郭汉民教授合编《中国近代思想家文库·宋教仁卷》；参著《伟大的民族英雄：毛泽东与抗日战争》等；发表文章多篇。

位，其中有统筹全局的领袖人物黄兴、宋教仁、刘揆一、谭人凤、蔡锷，有革命先驱人物唐才常、毕永年、沈荩、秦力山，有卓越的革命宣传家陈天华、章士钊、杨毓麟、宁调元，有策划武昌起义的蒋翊武、刘复基，有响应武昌起义并胜利光复长沙的湖南正副都督焦达峰、陈作新，有壮志凌云、敢于献身的革命先烈刘道一、姚洪业、禹之谟、马福益等；有"桃源三杰"之一的覃振，有一向支持革命的著名湘绅龙璋，还有晚年列名筹安会的著名革命党人李燮和、胡瑛等。其入传人数之多，种类之全，为以往所无，令人耳目一新。此外，作者还选取了154人，为之分别作了小传，作为全书的附录，这就更全面地反映了辛亥时期湖南仁人志士对民主革命的贡献。

第二，突破辛亥革命史研究中长期存在的"孙中山中心论"，坚持实事求是、客观公允地评价湖南辛亥革命人物的功过是非。从20世纪二三十年代开始，国民党就制造了"孙中山—陈其美—蒋介石""一脉相承"的所谓"党统"，"孙中山中心论"深刻地左右和影响了辛亥革命史的研究，不仅章太炎和光复会系统人物受到诸多指责，成立于长沙的国内第一个革命团体华兴会及其主要领导人黄兴、宋教仁等亦长期遭到贬斥，被称为"右派"乃至"罪人"，其他湘籍革命党人就更不必说了。《传略》完全突破了上述"孙中山中心论"及所谓"党统"的影响，从丰富翔实的历史资料出发，对湖南辛亥革命人物，包括有"污点"的人物，从当时具体的历史环境出发，做了实事求是的论述和评价，充分肯定他们的贡献，亦不讳言其缺点和失误。

例如，《传略》将黄兴、宋教仁、刘揆一、谭人凤、蔡锷作为统筹全局的领袖人物加以论述，充分揭示其重要地位和作用，肯定黄兴是与孙中山齐名的辛亥革命主要领导人，是中华民国的开国元勋；指出宋教仁对西方民主政治的研究在同一时期革命党人中是出类拔萃的，是近代中国民主宪政的伟大先驱；肯定刘揆一长期代理同盟会庶务并为维护同盟会所做的巨大贡献；肯定谭人凤忠诚实干、胸怀坦荡，对革命党领袖人物亦敢于面数其过，是当时革命阵营中一位刚正热情的铮铮长者。又如，《传略》对较为复杂的湘籍革命党人也进行了较为客观的分析研究，对长期被国民党排斥在“正统”之外的光复会领导人李燮和为光复上海、推进华东地区乃至全国的革命进程做出的历史贡献做了客观公允的陈述；对胡瑛早年因从事起义暗杀而身陷囹圄后表现出的坚贞气节，及其在辛亥革命中的积极表现予以充分肯定，而对其晚年蜕化为袁世凯帝制帮凶的历史事实也进行了客观陈述，并指出，人们对于“桃源三杰”（宋教仁、覃振、胡瑛）“龙、虎、狗”的评价确为公论。

第三，在每篇传记正文之前，分别加了一段简短的评论，揭示传主的重要特点、贡献和历史地位，以引起读者的注意。《史记》列传之后各有“太史公曰”，是司马迁对所写人物的评论和感言。《传略》列在篇首的评论，应是效法太史公，对湖南辛亥革命人物各自不同的历史定位。如《传略》指出，并未加入革命党且反对二次革命的蔡锷是近代杰出的爱国主义者，卓越的政治家和军事家，在不足34年的短暂一生中，做成了两件惊天动地的大事：一是领导了云南辛亥重九起义，为推翻清朝封建统治，创建民主共和国做出了杰出贡献；二是发动了乙卯、丙辰反袁护国战争，为打倒洪宪帝制、维护共和民国立下了不朽功勋。这两件大事奠定了他在中国近代史上的重要地位。“务以国家为前提”，毫不计较个人利益，一切以国利民福为旨归，维护国脉、伸张国权、发展国力，维护国家统一与主权，是其思想的基本特征。这是对蔡锷为辛亥革命所做的历史贡献和其本人的历史地位、思想特点的准确概括。《传略》对宋教仁、刘揆一、谭人凤、唐才常、毕永年、沈荩、秦力山等的评论也相当精准，可供研究者参考。

第四，将湖南辛亥革命人物严格置于当时的历史情境之中，依照他们彼时的认识、思想、主张与实际活动展示其本来面目，力求避免历史人物的“现代化”。百年前的辛亥革命离我们渐行渐远。那时的革命如何“革法”？“一曰鼓吹，二曰起义，三曰暗杀。”这是当时革命党人自己确定的革命的三种“进行方法”。《传略》正是以此来勾勒湖南辛亥革命人物的活动，评述其历史贡献的。《传略》以充分的事实、翔实的资料揭示了湖南志士在“鼓吹、起义、暗杀”，即从事革命宣传、发动武装起义和进行政治暗杀诸方面的出色表现。其中就包括了著名的革命宣传家陈天华、章士钊、杨毓麟、宁调元，组织策划武装起义的马福益、蒋翊武、刘复基、焦达峰、陈作新，暗杀两江总督端方的杨卓霖等，有些人有多方面的突出表现，《传略》均做了充分评述。

第五，注意揭示湖南辛亥革命人物的历史文化背景及其崇高的精神品格。湖南辛亥时期人物之多、作用之大、影响之深，从全国范围来看，无他省可出其右。这与湖南人的特性和具体的历史文化背景密不可分。《传略》指出，湖南人性格鲜明，强悍独立，信其所信，一往无前，这与湘军的兴衰和甲午、戊戌、庚子间湖南的一系列重大历史事变有着不解的渊源关系，有清晰的历史脉络可寻。不仅如此，辛亥湖南志士大都具有异乎寻常的爱国精神、艰苦卓绝的奋斗精神、勇于牺牲的献身精神、脚踏实地的务实精神。这些论述，对继承和发扬湖南先贤留给我们的宝贵精神财富，弘扬湖湘文化精神，促进当代精神文明建设是大有裨益的。

近年来，随着辛亥革命史研究的不断深入，立宪派人物在辛亥时期的思想主张、重要活动和实际作用逐渐引起人们重视。清末，湖南主张立宪的志士人数颇多，影响重大，可以说，缺少了对杨度、谭延闿、罗杰、易宗夔等湘籍立宪派人物的研究，就会影响人们对湖南辛亥革命史的全面认识和解读。按照《湖湘文库》丛书先前确定的选题体例，《传略》再现了辛亥时期湖南革命党人这一历史人物群体的本来面目，但没有也不能给全国立宪派的重要代表杨度，曾任清末省咨议局议长、辛亥革命后任湖南都督的湖南立宪派首脑谭延闿等人立传，读来颇觉遗憾。我们期待全面论述这一历史时期湖南立宪派人物生平功业的著作早日问世。

卅年艰辛结硕果

——写在《郭汉民文集》出版之际

暴宏博

业师郭汉民教授的文集终于付印了。作为责任编辑，自然感到轻松喜悦。这不仅因为由自己经手完成了一件有特殊意义的工作，更重要的是，它为我提供了一个难得的机会。借此，我得以较为全面地了解郭师学术研究的领域和成果，得以更加真切地体认郭师的人品学品、道德文章。

为自己所敬爱的学人，尤其是恩师编辑一部《文集》，大概是不少做编辑工作的人的梦想。我从 2011 年开始作编辑时，就怀有这样强烈的愿望。幸运的是，在较短的时间里就实现了。2014 年初，湘潭大学下发的《复校四十周年活动组织方案》（湘潭大学创立于 1958 年，1959 年停办，1974 年恢复办学）提出，“精选代表湘大复校 40 年来学术水平的著名教授，出版个人文集”。所列的 13 位学者中，就有郭师。我将这个信息报告给郭师，他欣然同意，并要我整理目录。后来学校计划有变，湖南省重点学科湘潭大学中国史学科负责人、时任湘大副校长的王继平教授主动提出，郭师对湘大中国史学科的发展有重要贡献，他的文集的出版经费由中国史学科承担。在湘潭大学历史系宋银桂主任、马克思主义学院李永春教授等以及他们指导的几位研究生的鼎力支持下，文集很快开始整理编辑。今年8月，王老师慨然应允为文集作序，并又主动提出，出版后召开座谈会。这无疑是对我的一个巨大鼓舞和鞭策。9月初以来，我全力投入编校工作，花了不少力气核对引文、补全出处，终于在10月中旬基本完成。

这部80余万字的文集，除"序言"和"后记"外，共撷取63篇文章，可分为八组：第一组包括4篇文章，是对中国近代史、晚清史的宏观考察，主要论述中国近代苦难、奋斗、求索的历史线索，阐述改革与革命对中国近代历史发展和社会进步的作用及其相互关系，研究太平天国运动与晚清政治发展的关系。第二组7篇文章，是对近代史事的微观考证，包括对新中国成立以来中国近代史事、史籍考订成果的评述，对"左公柳"纪实诗文句、唐才常入两湖书院时间、同盟会成立若干史事、辛亥"三二九"之役陈竞波非清方侦探等的考证。第三组4篇文章，是对近代湖南地域历史文化的研究，主要讨论湖南人对辛亥革命的重要贡献、辛亥革命时期湖南会党的性质与作用、近代湖南人才群体及其精神，评析近代湖湘文化的爱国传统。第四组文章较多，有21篇，主要讨论中国近代史上的著名人物魏源、王韬、曾国藩、丁日昌、郭嵩焘、康有为、梁启超、谭嗣同、严复、丘逢甲、孙中山、黄兴、宋教仁、蔡锷、蒋翊武，长期寓华的英国传教士李提摩太，以及韩国独立运动的领袖人物金九的生平和思想。第五组7篇文章，先从宏观考察晚清社会与晚清思潮的关系，分析晚清主流思潮的发展演变及其社会历史条件；接着比较系统地探讨从鸦片战争到辛亥革命的主要的社会改革思潮，包括经世、变革、洋务、维新、君主立宪与反清革命。第六组2篇文章，体现了郭师对国家重大文化工程《清史》的定位、构成、体例等问题的思考，揭示了林增平先生对中国近代通史的编撰和通史研究的阶段性总结，对辛亥革命和资产阶级研究等的贡献。第七组15篇文章，是郭师为友人、学生的著作和自己主编的两部集子所写的序言和书评。第八组3篇文章，是郭师多年实践、研究和推广“研讨式五步教学法”的经验总结和理论思考。附录的“学术活动和著作编年”，用近5万字的篇幅详细记载了郭师自1980年攻读研究生至目前的学术活动和著述情况。

文集收录的文章，最早的是发表于1982年的《辛亥革命时期湖南会党的性质与作用》，最近的是发表于今年的《〈湖南地方报刊中的韩国独立运动史料〉序》，前后跨越30余年，可看作郭师自上世纪80年代初开始至今，在中国近代史研究领域艰辛求索的成果总结。编校这批文章和附录的“学术活动和著作编年”，使我对郭师的学术研究及成果产生三点深刻的体会。

其一，数量多。根据“学术活动和著作编年”所做的不完全统计显示，30多年来，郭师独立完成学术专著3部，与人合作1部；参著5部；主编或参与主编、编辑各类学术著作、史料集、会议论文集等19部；点校古籍4部。以上共计32部37册。同时，发表文章163篇，其中独著138篇，与人合著35篇。这对秉持“文章不写半句空”的严谨的史学工作者来说，无疑是一个非常大的数字。而且，需要注意的是，这是一位30年来如一日，倾力开展从本科生以至博士生教学，教学工作量常年在规定数量3倍以上；是一位全心投入教学改革，在史学工作者的最好的年华里，坚持实践、思考和探索近20年工作量巨大的“研讨式教学”，同时编辑出8册学生教改课程论文集的全国优秀教师在科研上取得的业绩。

其二，质量高。准确判断书稿的质量，是编辑必须掌握的技能。从哪些方面来判断稿件质量？前辈们有不少心得和论列。但编辑毕竟是一个要求有较长时间经验和学识积累的岗位，对于一个新手而言，我的体会是，很多从教科书上学到的审稿经验和窍门往往很难在实际工作中得到恰当的运用。因此，我对审稿问题颇多注意。曾国藩有言：“为学之术有四：曰义理，曰考据，曰辞章，曰经济。”在他那里，这四者各有所指，均在传统儒学的范围内。但如果借其名而对其内涵加以重新定义，似乎可以作为审稿的便捷办法。具体言之，义理即指稿件的导向有无违反法律法规的内容和政治性问题，观点有无创新等；考据指论证，逻辑结构是否合理，证明是否充分，资料是否扎实，论据能否支撑观点等；辞章指文字水平，有无语法等各种语病，有无文采等；经济指效益，包括社会效益和经济效益，学术著作主要看其社会效益。试举几例从这四个方面对《文集》的质量略加分析。

郭师为文，总是力求写出新意，提供前人所不曾提供的东西，或力辟成说，成一家言。如《近代中国改革与革命述论》《太平天国与晚清政治》两文，均涉及对晚清乃至近代百余年历史的整体看法。文中从多角度反复剖析太平天国、义和团、辛亥革命、大革命、国共内战与洋务运动、戊戌变法、清末新政、北洋政府和国民政府的内政外交等活动形成合力推动近代中国历史发展和社会进步，论证太平天国运动与此后晚清政治之间的关系，明确指出革命与改革如车之两轮、鸟之两翼，共同促进了中国历史的发展，共同推动着中国社会的进步。这两篇文章，我曾当作范文多次诵读。我以为，这两文的基础是马克思主义的对立统一理论，闪耀着唯物辩证法的光辉。又如，郭师对晚清社会思潮的研究，不仅理清了晚清百余年间经世致用、变革、洋务、早期维新、戊戌维新、戊戌后维新、君主立宪与反清革命等主要社会思潮的基本面貌，而且着力揭示各种思潮演变过程中的继承与发展关系。比如指出嘉道年间兴起的经世致用思潮为晚清思想从传统走向近代铺设了一座桥梁，戊戌后维新思潮的倡导的规模空前的思想启蒙为革命思潮的发展和革命派的形成准备了思想条件，即是此例。再如，他对近代人物的研究颇多新意，如早年对康梁异同、陈竞波是否“侦探”，近年对严复自由观、康有为在戊戌时期的角色、宋教仁的思想体系等的研究，均能深入辨析史料，推翻成说，发人之所未发。

郭师的文章论证充分，逻辑严密，资料扎实。仅以《同盟会非“团体联合”史实考》一文为例。此文开篇梳理“团体联合”说的形成过程，接着抽丝剥茧，分三个层次对“团体联合”说做深入考订。首先对被提到参与联合的六个革命小团体的实际状况一一分析，指出在同盟会成立前夕，兴中会早已名实俱亡了；华兴会即使存在，也很少有活动，且未议决以团体名义参与联合；光复会与同盟会筹备毫无关系；科学补习所早已解散；日知会则尚未成立；《二十世纪之支那》杂志社并非革命团体，故很难谈得上同盟会是由上述团体联合而成的。其次具体考察同盟会从筹备到成立的加盟人员，指出在 114 名中国会员中，90% 以上的会员与各团体没有组织关系，即使是曾隶属于某个团体的人参加同盟会，也不是出于团体的委派。最后，考察同盟会正式成立时的人事安排，指出“团体联合说”缺乏历史根据。史实考订文章，最重史料和逻辑，史料不扎实、论证不严密则不能“考死”，“考不死”就不会产生很大影响。郭师这篇文章发表在《湖北社会科学》，在此前后对同盟会属“团体联合”而成的说法提出质疑的还有发表在《近代史研究》等刊物上的几篇文章，但独以郭师此文影响最大，足见其论证充分，使人信服。

郭师读研究生以前，曾在海南保亭县委宣传部工作数年，“为县委领导摇笔杆子”，写得一手好文章。但他的文笔又绝非干巴巴的现代八股式文风，而是字斟句酌，简练、精确而富于文采。如他写孙中山因担心列强干涉危险，“戈登、白齐文的幽灵使他大有‘时不我待’之感，一踏上国土便急于主持内外大计，拟利用袁世凯推翻清廷，以期革命‘先成一圆满之段落’。不久，‘段落’成了，清帝退了，帝制终了，民国立了。”末句连用四个“了”的简短的排比句，便把孙中山“时不我待”的急迫心理和当时时局的瞬息万变勾勒出来了。又如他分析辛亥革命后的康有为说：

> 康有为早就是以维护封建统治秩序为职志的，辛亥革命对这一秩序的破坏在他看来无疑是空前的浩劫。他痛心疾首的是王业、宗室、旧朝之覆亡；他惊恐不安的是黄巾、黄巢、闯献之再出；他忧伤悲愤的是富民、缙绅、士大夫之流离；他忍无可忍的是封建纲常、伦理、道德之堕毁。他把这一切的根源归结为误服了西学的“毒药”，使人中风狂走，沦为枭猿虎狼豕狗蛇蝎。

中间的四个排比句，清晰地刻画出了康有为且忧且惧，心口皆不服而又无能为力的心态。但这种文学化的描述，又不是凭空想象，而是有坚实的史料作支撑的。再如1999年发表在《光明日报》的《关于“左公柳”纪实诗的考证》，投出后一字未改即被刊发。

人文学科的学术成果，其社会效益往往通过它所倡导的价值观念体现出来。能否为社会提供正能量，是判断其社会效益的重要指针。从这一点来衡量，《文集》的价值也是十分突出的。给我印象最深的，是郭师对近代历史人物尤其是湘籍名人爱国主义精神的深入发掘和大力弘扬。郭师指出，爱国主义是湖湘文化的显著特点。近代已降，民族矛盾激化，中外冲突与民族战争频繁发生，爱国主义大为发扬，而湖南人救亡图存的爱国思想较之其他省区表现得更为突出，并体现出强烈的救国使命感和责任感、把抵制外国侵略与学习西方有机结合、为了救国而勇于献身三大特点。他还详细分析了部分湖南名人的爱国主义精神。如辛亥时期革命党人的重要领袖宋教仁，他坚持与清政府“不两立”的革命立场，在日本流亡数年，得到内田良平等日本浪人多方面的支持，当他发现正是这些“朋友”图谋霸占与自己势不两立的清政府管辖下的中国领土时，毅然毫不犹豫地、千方百计地维护这些领土，倡导并践行了“国家领土国民人人当宝爱之”的伟大思想。郭师深情地称赞：这是何等崇高的民族大义，这是何等伟大的爱国主义精神！他还指出：“在清末革命党人中，存在这样一种情况，有的人对国内专制统治者的仇恨远远大于外国侵略者，他们反满革命的激情远远高于反帝爱国的本能，在他们处境艰难到万般无助的时候，甚至不惜以国家某部分（诸如满蒙）的利益换取外国势力的支持。尽管这一切都是出自‘革命’的名义，但终究是不足为训的。相比之下，宋教仁的反帝爱国思想、‘宝爱’国家领土的爱国主义精神，无疑是一笔宝贵的精神遗产，值得炎黄子孙发扬光大。”又如蔡锷，郭师不同意把他说成是革命党或是改良派，明白指出蔡锷“是一个真诚的杰出的爱国主义者，一切以国家利益为依归是理解他一生所作所为的关键”。他回顾蔡氏从求学时务学堂到为护国而献身的短暂一生，强调蔡锷“始终追求富国强兵和社会进步；始终维护国家统一和社会安定；始终主张建立强固有力的政府以增进国力、伸张国权并借以保障民权；他始终反对内乱党争，力主团结一致外竞；他始终维护国家利权，竭力谋求中华民族的国际地位，他对自己的政治理念坚定不移，身体力行，表现了高度的历史责任感和奉献精神。爱国主义是推动他不断前进的伟大动力，也是他留给我们的一笔弥足珍视的精神财富。从这一点出发，我们不仅可以深刻理解蔡锷一生的政治选择，而且可以从这种理解中宏扬光大爱国主义的历史传统。”

更为难能可贵的是，郭师以一个史学工作者的身份教书育人，不断探索教学改革，及时总结、提升教改经验，创立并坚持实践、研究和推广“研讨式五步教学法”。《文集》收入的三篇文章，就是总结“研讨式五步教学法”在不同阶段的经验写成的。《研讨式教学与大学生能力培养》发表于2000年，根据在湖南师大历史学专业试行三年“研讨式教学”的经验，深入分析了“研讨式教学法”对培养大学生的自学能力、思维能力、写作能力、口头表达能力、教学能力、研究与创新能力等多方面能力的作用、原因以及正确处理传授知识与培养能力、学术性与师范性以及教学与科研之间的关系的途径。该文还入选教育部委托李文海主编的《迈向新世纪的人文教育——文史哲人才培养与学科建设文集》。该《文集》收录的文章都是教育部各个传统学科文史哲人才培养基地的教学经验汇编，作者分别是各著名大学的文科基地，所载个人的教学改革经验只此一篇。《历史课程“研讨式五步教学法”》发表于2006年，但实际上介绍的是在湖南师大和湘潭大学历史学专业实践近十年的“研讨式五步教学法”的做法和经验。《“研讨式五步教学法”的推广应用研究报告》发表于2008年，是郭师主持的同名国家社科基金“十五”规划（教育类）项目结题报告的部分内容，全面阐述了“研讨式五步教学法”

的基本理念、操作程序、实际效果、社会反响、基本经验及其推广应用的价值、条件、适用范围等。这三篇文章，反映了郭师在“研讨式五步教学法”探索、坚持、推广三个不同发展阶段的艰辛思考，足以为有志采用“研讨式五步教学法”的教师和学生们答疑解惑，其实践价值十分明显，同时也提升了《文集》的社会效益。

其三，影响大。郭师的学术成果，影响十分广泛。仅举两例。一是他与吴雁南、冯祖贻、苏中立诸先生合作主编的《中国近代社会思潮（1840—1949）》四卷本，1998年出版后在学术界产生重大影响。戴逸、金冲及、隗瀛涛、张宪文、张海鹏、茅家琦等一批著名史学家在许多著名刊物发表书评达20余篇，认为该书是“迄今为止国内研究中国近代社会思潮史最全面、最系统、最多创获的一部优秀学术著作”，“基本上解决了1840—1949年社会思潮史的科学体系问题”。郭师所主编的该书三、四卷获得湖南师范大学优秀著作特等奖。2011年，当当网与湖南教育出版社将该书再版，早已销完，网站累计评论1093条，好评率达到98.4%。该书出版至今，一直被中国社会科学院近代史研究所等单位指定为博士生、硕士生入学考试和培养的重要参考书。二是郭师的论文中，许多被《新华文摘》《高校文科学报文摘报》、中国人民大学复印报刊资料等广泛转载。其中，仅被人大复印资料《中国近代史》《宗教学》《经济史》《出版工作》等全文复印的至少就有24篇，占到他发表文章总数的15%左右。尤为引人注目的是，郭师在《湖南师范大学社会科学报》1989年第二期上发表的

《梁启超利用外资思想述论》《戊戌后维新思潮意义辨析》两文，分别被这一年第六期的人大复印资料《经济史》和《中国近代史》全文复印；在该刊1994年第三期分别使用本名和“史风”发表《咸同年间的变革思潮》《林增平对中国近代史研究的贡献》两文，同时被复印报刊资料《中国近代史》1994年第八期全文转载。在一个刊物一期中同时发表两篇文章，已非常不易；同时被全文复印，更是极为难得；而在同刊同期使用不同署名的两文，居然被人大复印资料同刊同期全文复印，实所仅见。并且，郭师发表在“专刊”“专号”以及地市级师专学报等刊物的上几篇文章，也引起注意，被人大复印资料全文转载，也是很少见的，足见其影响之大。

一部书的出版留给编辑享受轻松喜悦的时间是非常短暂的。“校书如扫落叶”，由于学识、精力、时间等各方面的限制，书中的编校差错不可能完全消除，被发现时会使人的心情瞬间低落，但也会成为崇尚学问、探讨学问、追求新知的动力。这样一想，错误的出现倒也不完全是坏事，诚望读者批评指正。

教学改革

向郭汉民老师学习　坚持教育改革创新

郑和钧*

1997 年我听过郭老师的教改课，后又从《群言》等书刊看过他们的教改论文，我认为这项教改很有意义。十天前他邀我参加会议并发言，我很高兴地同意。但我对郭老师的教改成果缺乏全面系统的了解。为准备发言稿，我花了五天时间，细心地拜读了郭老师的大作《走向创新教育——“研讨式五步教学法”的推广与应用研究》，深受启发、教育，备受鼓舞！

要实现我们的“十三五”目标和“两个一百年”目标，需要大批创造性人才；在剧烈的国际竞争中不被动挨打，要夺取全胜，也需要大批创造性人才。创新型人才只有创新教育才能培养。爱国科学家钱学森只有一个，如果我们的教育大改革大创新，就能培养出一大批钱学森式的科学家，我们的祖国会无比强大，不可战胜。教育创新是

---

* 郑和钧，男，1936 年生，湖南邵东人。湖南师范大学心理系教授，曾任中国心理学会普通心理学与实验心理学专业委员会理事、湖南省儿童心理教育专业委员会理事长。1993 年获省教委一等奖，1996 年获国家教委办公厅一等奖，主编《高中生心理学》《协同教学与素质发展》等著作 7 部，合著 10 部，发表论文 50 多篇。

最重要的。然而，改革开放以来，各项事业突飞猛进，唯有教育改革创新最落后，中小学应试教育盛行，青少年身心健康遭到摧残。高校扩招以来，功利主义盛行，重量不重质，重论文、轻教学，教育质量普遍下降。最近我们调查了 534 名师范类大学生，涉及四个专业，发现大量问题，大学生对学习有兴趣的四个专业分别为 10.2%、14.3%、16.6%、24.7%；上课不玩手机的四个专业分别为 3.6%、7.1%、9.9%、31.0%；严守考试纪律的三个专业在 56% ~66%之间，最好的专业只有 83.7%，不少大学生不讲诚信，道德缺失，不关心政治，不爱学，不重视能力培养和身体锻炼，自我教育能力差。师范院校向综合性大学看齐，师范性大大削弱，不重视教育科学、不搞教改，不为基础教育服务，理论严重脱离实际。一个师范专业只有 21% 的人愿意当老师，其他两个专业分别为 41.7%、47.9%，愿当农村教师的更少。有一个专业教授、博导最多，可是有一个班 6 科不及格的 2 人，4 科、2 科、1 科不及格的有 10 多人，但无人去关心帮助这些学生——未来的人民教师。没有高素质、懂得教育规律、热爱学生的教师，能培养出创造性人才吗？农村教育公平发展如何实现？教育能不拖国家现代化的后腿吗？就是在这样的大背景下，郭老师急国家之所急，冲破重重阻力、压力，坚持教育改革创新，探索提高教育质量的新出路，这是多么的不容易，多么的可贵！湘潭大学的领导，坚决支持郭老师教改，这是有战略眼光的领导，十分令人敬佩。在湘大领导尊重教师、重视教学、重视教改的大环境里，郭老师的教改获得了更大的发展，取得更丰硕的成果，实在令人鼓舞。历史学家郭汉民只有一个，然而历史教育家郭汉民培养了一大批热爱历史学的学生和热爱历史教育的教师，他们对于中国历史学和历史教育的贡献是不可估量的。我认为郭老师在历史教育方面的贡献具有更大的社会价值。

要办好大学，就要有一大批郭汉民式教育家。我们要向郭老师学习，首先要学习他热爱学生，热情为全体学生服务，自觉践行社会主义核心价值观的高尚师德，这是他教改的强大内在动力。第二要学习他尊重教育规律、尊重教育科学的科学育人精神。中国传统和现行教育的最大弊端，就是只重他人教育，忽视甚至排斥自我教育，他教与自我教育不协同，学生的主动性、积极性、创造性受到压抑，家庭、学校、社会教育都是如此。这是中国教育的最大危机。建国 66 年了，13 亿人口的大国，只有两人获诺贝尔奖，远远落后于只有几百万人口的以色列，这不值得我们深思吗？我们的教育不改革行吗？教育改革就是要改变背离教育规律的现象，真正按教育规律办事。只有以自我教育为核心，使自教与他教协同的教育，才能培养出高素质的创造性人才，这是教育的根本规律。郭老师教改的成功，就在于他自觉地遵循这条教育规律，重视培养学生的自我教育能力。他不是以教师为中心，搞一言堂，而是以学生为中心，尊重、相信、依靠学生，充分调动了学生自我教育的积极性、主动性和创造性。师生协同、生生协同，学生爱学、会学、恒学，创造性地学习，学生成为课堂的真正主人，课堂充满生命活力，课堂和谐、幸福、高效。

郭老师注重自身的自我教育，为学生树立了一个好榜样。他正确认识自我，有明确的教改目标，他对教改充满信心，他主动学习教育科学，勤于教改实践，不断总结反思，战胜重重困难，不断自我调控，自我超越、自我完善。他的“研讨式五步教学法”的最大优势是有利于培养学生的自学能力、自我教育能力，这是郭老师教改成功的根本原因。师生同走为民自教的阳光大道，共同为构建以自教为核心，自教与他教协同的优质高效的新教育体系而奋斗。这是郭老师教改在教育智慧上给我们最大的启迪。我们不但要学习“研讨式五步教学法”的具体操作技能，更要学习郭老师科学育人的智慧和艺术，对于“研讨式五步教学法”的优越性，专家和参与教改实践的几百位学生做了充分的论证，很有说服力，我就不重复了。

我们向郭老师学习，就是要坚持以唯物辩证法为指导，以社会主义核心价值观为灵魂，努力构建以自我教育为核心，自教与他教协同的优质高效的新教育体系，为建设教育强国、人才强国、科技强国、军事强国，为捍卫世界和平而努力奋斗。长期以来，人们对他人教育研究很多，对自我教育研究很少，对自教的规律知之甚少，十分不利于新教育体系的建立，为此，我建议有战略眼光的领导，在全国带头成立“自我教育研究中心”，大力加强自我教育研究。它是教育科学的尖端课题，因为自教是教育的最高峰。它也是当代科学三大前沿课题之一，因为自教涉及自我意识的起源问题。世上唯有人有自我教育，机器和动物永远没有自我教育。社会越向前发展，时代越进步，自我教育就越重要。网络时代，如果人们的自我教育能力不强，一个色情网站就会腐蚀成千上万的人，网络不安全威胁着全人类的生存。而提高每个人的自我教育能力是网络安全的根本出路。贪污、吸毒、暴力犯罪等种种社会问题的存在，都与人们缺失自我教育能力有关。自我教育是一个极为重要的课题，希望我们国家在自我教育研究上走在世界最前列。哪个单位的领导若要建立自我教育研究中心，我将作为第一个志愿者，义务为研究自教贡献我的全部精力。

郭老师为创建新教育体系进行了有益的探索，成果丰硕，贡献很大，意义深远。创建符合教育规律的新教育体系，是一项十分艰巨的任务，是一项极其复杂的系统工程，需要多学科协同攻关，无数人长期奋斗。郭老师开了一个好头，但今后的人任务还很繁重。仅就“研讨式五步教学法”而言，还有许多值得深入研究的问题，如不同年级、不同专业、不同课程、不同学科、不同学校要推广此法，共性是什么，个性是什么，应深入研究，形成多种变式，以便有效操作。还可以吸取国内外成功的教改模式，如合作学习、研究性学习、成功教育、协同教育等教改模式的经验，融入自己的体系。五步框架建立后，细节决定成败，决定教学效率。如对胆小不自信、不爱学习、不会提问、沉默寡言、不会交往合作的学生深入了解，分析原因，寻求对策，因材施教，形成一些专题总结，以便个性化操作。如可把自我教育、核心价值观、辩证唯物史观系统科学地融入教育教学的全过程，在教育理念、教育制度、教育体系上进行创新，更是大有可为。慕课将引发一场新的教育革命，如果湘大能将郭老师的“研讨式五步教学法”建立网络课程，就能将这种好的教学模式推广到全中国、全世界。若湘大能借慕课将毛泽东思想普及到全球，这是功德无量的大事。

湘大有具备战略眼光的领导班子，师生发扬郭老师忠诚党的教育事业、敢于创新、不断自我超越、自我完善的革命精神，共同奋斗，必将为建设以自我教育为核心，自我教育与他人教育协同的优质高效的新教育体系，做出新的更大的贡献。我们坚信，湘大将走在中国高教改革创新的最前面。

欢迎大家批评指正！

学习汉民师长痴心教改、爱心育人

雷鸣强

尊敬的汉民老师，历史学界的各位前辈后学，

各位朋友、同志们：

大家好！

非常高兴也非常荣幸应邀参加汉民老师的《文集》出版暨从教45周年座谈会！我感觉我们今天的会场氛围很好，展现了历史的厚度，体现着学术的深度，充满着关怀的温度。这都是因为有一个尊师重教的湘潭大学历史系，有一个人才辈出的湖南师范大学历史系，特别是有一个德高望重的郭汉民老师。汉民老师刚才讲，如果一个人退休之后还有人理他，那个人就是幸福的。今天我们这些人从天南海北赶来，一起来理他，我想郭老师今天一定是最幸福的人。大家都是历史学界的朋友，而我是搞教育学的，为什么今天汉民老师把我请来参加这个会议呢？这是因为我和郭老师因为大学教学改革有一段非常难忘的人生交集。非常感谢郭老师，让我今天参会发言。我的发言可以概括为："参加一场温馨厚重、意味深长的学界聚会，回顾一段令人难忘的教改佳话，推介一个可资借鉴的成功教学模式，

学习一位值得学习的优秀教师典范，争做一位向汉民老师学习的、‘五步教学法’的推广者和实践者。”

汉民老师除了历史研究有深厚造诣外，在教学改革育人方面有很大的贡献。我于1996—2002年在湖南师范大学担任教务处副处长，分管教改工作，郭汉民老师就是我们学校教改的明星教师，我组织我们的督导和研究人员经常听他的课。他的课改成绩很多，他将学生论文成果汇集成两个集子，集子名为《群言》。当时管教学的是副校长陈钧，郭老师拜托陈钧副校长为他写序。陈校长让我帮他起草了一个底稿，经过我们两个的润色、修订后作为“序言”，后来在《湖南师范大学学报》发表，题为《一个可资借鉴的成功教学模式》。文章较短，我还是想读读原文，把大家带入这段岁月，然后理性分析这个模式，这样会更有深度与韵味。

文章是这样说的：

把一个什么样的教学体系带入21世纪？高等教育应该培养什么样的人才？这样的人才要用什么样的方式来培养？这是每一个高等学校教师都在思考的问题。郭汉民教授根据自己执教30余年的经验，及对传统教育方法利弊的剖析，以现代教育思想为理论武器，满怀激情地投身到本科教学改革之中，以实验的方式来寻求对上述问题的解答。郭汉民教授首先选择了历史系国家文科基地班，以“湘籍名人研究”课程为切入点，进行教学方法改革的教改实验，完全改变了以往教学中所采用的讲授式，而让出大部分的讲授时间，指导学生自己带着课题去查找索引、检阅文献、撰写讲稿，然后逐个走上讲台，师生共同听课评课，取得了良好的教学效果。并向全校教师推出了“教师搭台、学生唱戏”的教学改革研究课，编辑出版了95级历史基地班教改成果汇编《近代湘籍名人研究备览》。尔后，郭汉民教授又在96级历史基地班“近代湘籍名人研究”和历史教育专业班“中国近代思想史”课程中继续进行教学方法的改革实验，在同学们的密切配合和研究生的积极参与下，郭汉民教授总结提炼出了“指导选题—独立探索—小组交流—大班讲评—总结提高”“五步研讨式教学法”。我以为这种教学方法至少具有如下特点：

第一，在教学方式上，变“讲授式”为“研讨式”。这是“五步研讨式教学法”的核心所在。整个教学过程围绕问题开展，以问题的提出开始，以问题的解决结束，以问题解决的五个进程为步骤，将研究和讨论贯彻于整个课程教学的始终。“指导选题”是教师指导下学生着手研讨，“独立探索”是学生个体课外的自主研讨，“小组交流”是课内交互式的研讨，“大班讲评”是课内集中式的研讨，“总结提高”是全体同学研讨的升华。

第二，在教学目标上，变“授人以鱼”为“授人以渔”。这是“五步研讨式教学法”的目的所在。正如陶行知先生指出的，“与其把学生当作天津鸭儿填入一些零碎的知识，不如给他们几把钥匙，使他们可以自动地去开发文化的金库和宇宙的宝藏”。“五步研讨式教学法”兼顾知识、能力、素质的协调发展，注重能力的培养与素质的提高，注重专业素质提高的同时也增强文化素质和师范素质。

“五步研讨式教学法”的实验使同学们的自学能力、研究能力、写作能力、表达能力、师范素质均获得明显提高。

第三，在教学形式上，变“一言堂”为“群言堂”。对于“五步研讨式教学法”，人们有一个形象的说法，这就是“教师当编导，学生做演员，教师搭台，学生唱戏”。教师只在“指导选题”“大班讲评”阶段做主角，多讲授一些，但在其他三个阶段学生做主角，拥有更多的发言权，教师进行适时的具体的指导，变教师“一言堂”为师生“群言堂”。正如这两本集子以“群言”命名，“五步研讨式教学法”要实现群言堂，不论是研究课题还是评论教改，都要学生广泛参与，发挥学生的积极性和创造精神。

第四，在师生关系上，变“主—客”改造关系为“主—主”合作关系。师生关系是良师与益友并存的关系。“五步研讨式教学法”反对把教学过程理解为教师作为主体有目的有计划有组织地对作为客体的学生进行加工改造的过程，主张教学过程是作为主体的学生在教师的帮助和指导下自主探索、合作研讨、相互沟通、解决问题的过程。如“指导选题”“大班讲评”体现了师生的合作关系，“小组交流”“大班讲评”“总结提高”主要体现了学生之间的合作关系，这其中也体现了师生之间和学生之间的广泛合作。

从这两本集子中反映出的学生高昂的教改热情和巨大的学术潜能，可以说明郭汉民教授的五步研讨式教学方法的提出不仅为高等师范院校的教学提供了一个可资借鉴的成功教学模式，而且为高等师范学校的教学改革提供了多层面的启示。当然，作为一种新的教学模式，要能够在更广泛的范围内得以推广，还有待进一步发展完善。教学改革是一个长期的艰苦历程，郭汉民教授正在更深入地继续这一课题的研究与实践，相信能百尺竿头，更进一步。教学改革是一个需要在先进的教育理论指导下，师生共同参与的事业，希望教师和同学都积极关心、支持和参与教学改革，不断提高我校的教学水平，把一个充满生机与活力的教学体系带入21世纪。

正如文章希望和期待的那样，汉民老师一直把“五步教学法”的教学实践坚持了下来并向深度推进，从湖南师大历史系到湘潭大学历史系，从本科生教学到研究生教学，“五步教学法”成为湖南历史学科教学改革的一项品牌性成果，汉民老师也成为湖南省大学教学改革的旗帜性人物。我现在在湖南省社会主义学院任院长，从事党外代表人士教育培训工作，我从汉民老师的“五步教学法”中得启示，在学校大力推动“研讨式教学”“辩研式教学”等教学方式时，都强调要尽量包含郭汉民教授总结提炼出的“指导选题—独立探索—小组交流—大班讲评—总结提高”五个步骤。可以这样说，“五步教学法”揭示了大学以上教育方式的一般规律，不仅适用于历史学科教学，也适用于其他学科教学；不仅适用于大学的教学，也适用于成人教育乃至中小学的教学。此中包含了“自主、合作、探究、创新”四大当代教学新理念，且是这四大新理念的具体化、操作化。郭汉民老师的功莫大焉！

我想我们今天在此聚会研究汉民老师的学术成就，最好的方式之一就是学习汉民老师爱生重教的品质，学习其

“五步教学法”的要义精髓，做一个教学改革的支持者、行动者，把“五步教学法”发扬光大、造福众生。

祝福汉民老师！愿您学术之树长青！思想之光永耀！

高校教学质量保障之路：教学方法的创新

——论郭汉民“研讨式五步教学法”与教学质量之蕴意

孙存昌*

一、教学之于高校教学质量

培养人才是高校职能之一，教学活动使得高深知识材料得到传递与创新。高校课堂教学是高深知识材料在师生间传播、传递、研讨、内化、创新的重要场所。教学活动紧紧围绕高深知识材料而展开，各学科知识结构具有逻辑性和专业性，有别于基础教育知识材料的性质。高校课堂教学具有开放性、多元性、专业性等特点，教师与学生都是课堂教学活动的主体，他们在高深知识材料的传递与创新活动中具有能动性，都能够提供各自所掌握的知识要素，在交互的教学活动中构建个体知识结构，从而带来个体知识素养的变化，以提高能力水平。

高校教学活动围绕高深知识材料开展的目的是使学生能够掌握知识素材，扩展其知识容量，丰富其间接知识经

* 孙存昌，男，1980 年生，河南淮滨人。高等教育学博士，广西大学教育学院副教授、硕士生导师。研究方向主要为高校教师发展、高校课程与教学、高等教育管理等。著有《中国近代大学职能演化与教师发展》等。

验，完善其能力结构，使得高校人才培养的目标得以实现。离开了教学活动，人才培养活动的目标就失去了平台，从这个意义来讲，教学活动是高校职能实现的核心行为。

教学理念、教学方法、教学形式、教学原则等因素的差异，使得学生主体的知识结构、能力结构的变化也有差异。先进的教学理念、合适的教学原则和方法、有效的教学组织等，能够使得师生教学活动的效果具有合目的性，能够实现教学目标和培养目标，使得各高校各级人才的能力结构达到预设的高度。反之，守旧落后的教学形式，不能很好地实现人才培养目标，使得教学质量低下，人才能力水平离理想目标差距较大。因此，激发教学要素的合理使用，推进教学活动高效开展，是提高高校教学质量的着力点。

二、"研讨式五步教学法"结构

1997 年始，郭汉民教授在湖南师范大学开始使用一种新的教学方法进行历史学科的课程教学，通过专题研讨模式，改变以往传统的教师讲授、学生听讲的课堂教学方法。此后，其在湘潭大学坚持使用这种教学方法，并在思想政治理论课、政治学、行政管理学、国际关系学等课程教学中加以推广、实验。取得了很好的教学效果。这种历时十几年的教学改革，形成了一套被称之为"研讨式五步教学法"的教学模式。此教学法在教学过程中分为五个步骤，凝合了探究、讨论、提升等教学行为。

第一步，指导选题。教师用两三周时间先从宏观上讲述导论及课程结构，使学生对该课程的线索有所了解。然后，将课程内容分为若干专题，全部学生分成若干小组，每组分别讨论课程专题中的若干大的问题，指导学生分别选择一个小的专题作为研讨对象，告知学生查找资料的方法和要求。

如在历史课“湘籍历史人物”教学中，教师在导论课中先讲清近代湘籍人才群体的形成、影响及其人文精神，指导学生分别选择曾国藩、左宗棠、郭嵩焘、刘坤一、黄兴、陈天华、宋教仁、蔡锷等作为研讨对象，依这些人物所处的不同时期将学生分成两个小组；在历史教育班，教师在导论课中让学生了解中国近代思想发展的脉络，讲解龚自珍及其社会批判思想和魏源“师夷制夷”思想作为教学示范，指导他们分别选择洪仁玕、郭嵩焘、冯桂芬、容闳、王韬、马建忠、薛福成、郑观应、康有为、梁启超、严复、谭嗣同、孙中山、陈天华、邹容、章太炎、李大钊、陈独秀、胡适、蔡元培等20位著名思想家作为研讨对象，按其所处的不同时期将学生分为五个研讨小组。然后分别告知研讨的要求和方法。

第二步，独立探索。学生依据自己所选择的专题内容，按教师传授的方法独立自主地去查找索引，阅读资料，自主探究，分析思考，撰写4000字左右的讲稿，要求写出所选专题中的历史人物的生平概况、主要思想及其历史地位①。

① 郭汉民:《研讨式教学与大学生科研能力培养》,《吉首大学学报（社会科学版）》1999年第4期。

第三步，小组交流；第四步，大班讲评。第三步和第四步是将前一阶段学生个人独立探索的知识和心得在同学之间进行交流和讨论。在小组交流环节，全班每个学生分别走上讲台，全组学生必须参加，听课评课；在大班，是每组推选出来的优秀者依次上台讲课，每人 30 分钟左右，师生共同听课评课。

第五步，总结提高。这一阶段，教师布置学生根据切身体会每人写一篇评学议教文章，并提出四点要求：一是真实，要谈真实感受，实话实说，不要讲假话，不讲违心的话；二是具体，力求将切身感受写得具体一点，避免空发议论；三是力求深刻，要求运用教育学、心理学的理论加以分析；四是语言文字尽量生动和优美一些①。

三、“研讨式五步教学法”创新之点

“研讨式五步教学法”改变大班讲授的教学模式，采用师生共同探究课程内容，共同参与课程教学的全过程，是新的教学模式和教学方法，很好地体现了师生交互过程中学生主体地位，强调自主探究和相互辩论，能很好地提升教学质量。

（一）强调学生主体地位

传统大学课堂教学以教师为主导，在知识讲授过程中以教师讲授为主，学生在课堂中听讲、记笔记，在实验课程中观察、记录，处于被动地位。这样一来，学生长期处

① 郭汉民：《研讨式教学与大学生能力培养》，《湘潭大学社会科学学报》2000 年第 10 期。

于被填灌地被动接受知识的状态，学习主动性和积极性就会降低。现代教育理论认为，课堂教学是教师与学生双主体互动的过程，教师和学生都可以是教学活动的发起者，教师充当教学活动中的平等首席，大多数情况下起到引导和组织者的角色；学生是教学活动的参与者和主体之一，与教师一起共同探究知识，促进个体经验的积累和知识结构的变化。“研讨式五步教学法”通过学生主动查阅资料、梳理整理信息、小组讨论展示、课堂点评等教学活动，把学生看作学习活动中的主要主体，凸显学生的主体地位，相信他们能够通过自主探究、主动思考的行为，更好发挥其主体地位，把学生在高深知识的学习过程的主动性激发了出来，改变了传统课堂教学中教师主体、学生客体的错误做法，真正发挥了师生在研讨式教学中的双主体地位，使得学生在教育活动中的主体性得到实现。

（二）重视独立探究

传统大学课堂教学活动中教师依据教学目标、课程计划等来实施某门课程的知识传递，教学活动基本限定在一个框架结构中，缺乏灵活性和多元性。“研讨式五步教学法”在给予学生进行专题选题后，即要求学生独立探究。比如在历史课程的专题探究中，学生要独立完成专题研究报告的探索、撰写等工作，整个过程要求学生独自完成。他们需要查阅大量资料，广泛考据求证，进行梳理分析，才能使得选择的探究专题成果有据可依、有理可论。这改变了传统课堂教师讲、塞、填的授课方法，成为学生主动探索、主动分析、主动建构的活动，通过独立探究使学生的认知主动性得到提高，对知识的掌握充满活力和激情，尤其是在遇到新的问题、新的疑惑，独立探究能够使得学生习得发现问题的方法，不断扩展发现新知的视角，不囿于已有的思维模式和学习方法，尽可能地掌握解决问题的线索，从而使得选定的专题学习内容更加丰富，学习主动性更加高昂。

（三）体现多主体交互

“研讨式五步教学法”体现出师生交互、生生交互的教学主体交互性。“指导选题”环节，体现出教师与学生的交互性。教师通讲课程结构和主题框架，解释学生选题主旨、内涵外延等，起到提纲挈领的引导作用，学生在选题中提问探询、推敲探究，与教师一起敲定选题，明确研究方向。“大班讲评”“总结提高”环节，学生在这两个环节展示各自探究结果，教师作为观察者和评价者的身份出现，对学生的疑问和困难提供解决的方法，对学生探究结果进行评价，对学生专题探究成果的水平进行评定。学生根据讲评结果进行解释、回答，使得专题思路、内容、方法等得到呈现。这几个环节很好地体现了师生互动。“小组讨论”“大班讲评”环节，学生在小组内讨论、在全班同学面前讲述，同学们在倾听的过程中进行点评、提问，讲述者陈述知识，听者接收信息，讲评结合、相互促进。体现了生生交互学习，相互促进的特点。通过师生交互、生生交互，把被动学习转化为主动学习、多主体交互学习。

（四）提升师生多元能力

“研讨式五步教学法”体现了师生双向多元互动的特

点，凸显了学生主体地位，对课堂教学中各主体都有着促进作用。要使“指导选题”之选题能够切合学生的发展水平，适合教学目标，教师必须研读教学内容，掌握学生知识水平；在学生讲评、总结提高阶段，教师要能“画龙点睛”，必须有较高的知识水平、较好的学术前沿研究能力。因此，实施“研讨式五步教学法”，需要教师不断钻研课程知识，提高教学指导能力，对教师教学能力提升有着促进作用。同时，“研讨式五步教学法”对学生要求更加严格，需要学生在独立完成专题探究后，能够形成书面报告，通过小组讨论、大班讲评、总结提高等环节，提高学生的挖掘信息能力、文字撰写能力、语言表达能力、批判思维能力、合作学习能力等。“研讨式五步教学法”并且能够使得教师与学生都能够综合运用上述能力，形成更加深厚的综合能力，促进二者综合发展。

四、“研讨式五步教学法”提升教学质量的机制

“研讨式五步教学法”之所以能够很好地改变传统教学模式，提升高校课堂教学质量，主要通过以下五个途径得以实现。

（一）通过专题搭建平台

高等教育发展的内在逻辑是高深知识材料的传递与创新。人类知识发展体现出逻辑性、系统性、关联性等特点。现代大学课程体系专业化发展割裂了知识结构的整体性，使得学科知识在各自逻辑范式下演进，缺乏相互关联和通约性。大学课程内容一般也使用知识分科的方法进行知识

的传递，学生在专业化的训练模式下习得专业性的知识内容，缺乏通识性知识结构和多元技能。“研讨式五步教学法”在“指导选题”环节，把课程知识结构分解为若干专题，通过专题的形式来关联起相关知识线索，要求学生通过独自探索，拓展专题下的相关知识领域，发掘知识间相互关联的逻辑，从而达到对专题内的知识模块从整体、系统、逻辑等角度进行探究和思考，改变了以往线性地传授知识、探索知识、接受知识使得学习内容狭窄、单一的现象。通过容量丰富的专题形式，搭建了一个多元探究知识的平台，使得学生可以自主地探究相关知识领域，扩展知识结构。

（二）通过探究发现新知

如前所述，学生是教学活动中的双主体之一，具有主体地位，具有主动探索知识的能动性。个体掌握知识获得能力结构变化可以通过直接经验获得和间接经验获得两种途径。高校对高深知识的传递，往往以间接经验的形式呈现，使学生通过接受间接经验的知识带动个体知识能力的改变。这样的教学形式能够高效地、大规模地进行专业人才培养，但不利于个体掌握多学科知识，个体获得直接经验较少。“研讨式五步教学法”要求学生在选定研究选题后，自己完成资料的搜集、梳理等工作，在专题结构的框架平台上，探究相关学科知识领域的关联内容，发现知识间相互联结之处。通过鼓励学生自主探究，激发学生主动学习的兴趣，变教师单向度“填鸭”为有指导的学生主动建构。按照建构主义学习观观点，学生知识结构是自我建构的结果，通过个体主动学习，建构起知识结构，同化相关知识内容。“研讨式五步教学法”让学生独立探究、自由探索，符合建构主义学习观的观点，不仅能够使学生习得前人的见解经验，还能够在建构中发现新的知识，丰富个人直接经验，使个体所掌握的知识更加牢固，为个体能力完善发展提供持久的知识元素。

（三）通过讨论质证知识

独学则无友，孤陋而寡闻。高深知识的创新在于探索与争辩。古希腊及中国古代都有质辩问难的学术活动传统，在相互的质证辩驳中使得疑惑转化成明晰、单一转化成多元、孤闻转变成常识。“研讨式五步教学法”在小组讨论、大班讲评等环节要求学生相互质疑、辩驳，对所探究的专题内容进行质问答疑，不明之处在小组和班级内讨论，学生不能一次完善的知识点需要进行多次新的探究和补充，以达到专题问题得到合理解决的境界。整个讨论、质疑、辩难过程中，讲述者尽力陈述观点，听讲者全力捕捉漏洞，双方互相促进，互为动因，使得上一个环节探究的知识结构去伪存真，达到知识内容多元性、结构化、明朗化的目的。

（四）通过评述巩固知识

“研讨式五步教学法”打破了传统大学课堂教学活动教师满堂讲述，学生被动接受的教学方式，主要放手给学生自主探究、相互质疑，使得学生主体地位得到提升，把课堂教学活动的主要行为交由学生讨论和展示，但这不意味着教师就可以袖手旁观、无所作为。恰恰相反，教师从

"指导选题"开始就一直是课堂教学行为的主导者之一，并是整个教学活动的观察者、监控者，对学生的选题、探究、讨论、质辩等环节进行指导，并对疑难的知识点进行讲解和补充，与学生在讲评中共同辩难，促进新的知识结构的生成。同时，学生主体也在讲评的过程中相互指导，互为引导，把各个专题的内容完善至臻，使整个课程内容得到清晰呈现，完成课程整体教学目标，丰富课程内容结构，巩固学生掌握的知识内容。

（五）通过整合提升能力

大学课堂教学不仅仅要完成知识的传递和个人专业能力的形成，还要使得学生的个性品质、行为素养、能力结构等得到多方面发展，培养一个通识教育理念下的合格公民。因此，教学目标就不能停留在知识内容的讲述与接受层面，而是要在学生掌握基础知识结构的同时，提高自身的综合能力。"研讨式五步教学法"通过支持学生的学习主体地位，放手学生发现问题、梳理知识、谈论、展示、行文等，使得学生不仅会听，还会看、会讲、会写、会反思、会交流、会质疑，丰富了学生，尤其是师范生的专业素养，为其在以后的工作领域中顺利进入职业角色起到基础铺垫作用。整个探究讨论的教学活动，要求学生能够积极主动地探究、自我约束地完成学习任务，不断提升自我多元能力，从而提高各自的综合能力，达到多元发展的目标，而不仅仅是学科专业里的一个标准化的螺丝。

五、"研讨式五步教学法"与教学改革交互趋势

当前中国高等教育已经从规模扩张发展到内部质量提

升阶段，如何保障高校课堂教学质量，实现高校培养人才目标，是各个高校教学改革关注的热点。多年来也做了大量实验和尝试。结合当下高等教育发展趋势，“研讨式五步教学法”在微观教学改革中大有可为。

（一）当前中国高校教学质量提升的瓶颈

高校要完成培养高级专门人才的职能，就必须通过长期的专门化教学行为来实现。目前高校课堂教学还无法脱离以教师为主导，学生被动接受知识传播的现状，课堂教学中学生主体地位没有得到很好的体现，学生学习主动性没有得到有效的激发，学生学习的自主性没有很好地规范。因此，通常看到的是课堂教师满堂讲授，学生课后自由放任的学习生态状况。如何使师生双主体地位得到实现，使得学生能够在学习过程中变被动为主动，是当下高校教学质量提升的关键。

1. 课程内容简单，知识结构呆板

受专业教育理念的影响，高校专业课程内容较为单一，课程载体之一的教材内容较为浅薄，有些高校为了提高所谓教材编著数量，编出的同类教材内容甚至雷同。此外，已有课程内容知识结构更新较慢，与现实情境和学科知识前沿相互关联不紧密。教学活动只能依托较为单一的内容和知识逻辑来传递知识内容。学科知识缺乏融合、课程知识间缺少关联，综合课程耦合性不强。如此种种，不符合高校对高深知识材料依存的内在规律，使得专业教学缺乏较高知识水平，教学质量欠佳。

2. 教学形式固化，教学方法陈旧

高校课堂教学大部分使用班级授课制，高校扩招至今，学生规模增大，授课甚至是大班教学，以教师讲授为主，学生被动接受，师生互动频度较低，一些教学能力差的教师甚至不能很好掌控课堂情景，不能处置课堂新的问题和疑问，只能沿着已有的教学内容进行，缺乏发散性教学能力和糅合新的内容的办法。讲授式教学方法占据课堂教学主动地位，小组讨论、自我探究、班级点评等教学方法较少使用。此外，教学形式以课堂为主，很少涉及课外指导。因此，教学行为很难做到因材施教，学生个性发展受到教学方法的制约。

3. 学生主体地位缺失 学习主动性欠缺

讲授式的班级授课形式忽视了大学生学习主体地位，把学生当成知识接收的容器，未能很好地体现学生在高深知识传递与创新的教学活动中的主体地位，把教师主导地位简单化为教师是课堂教学活动的完全掌控者，使得学生在缺失主体性的情况下遵循教师所设定的课程内容和教学计划安排学习，缺少建构个体知识结构的机会和平台，学习活动中被动接受既定的课程计划，因此，学生学习主动性不足，学习积极性不高。最后导致学生既缺乏批判思维、创新精神，又缺乏独立探究与协作能力，习惯于单方面接受教师知识灌输，盲目、懒惰的学习态度普遍存在。

4. 教学激励重科研，教学评价重结果

高校评价和晋升制度重科研轻教学，使教师不愿把精力和资源过多投入到教学环节，而是侧重科研和课题，导致教学成果和行为在教师晋级、晋升职称时，未占到足够地位。而整体上重科研轻教学的教师发展评价及学术管理制度导致投放到本科生教育的资源不足。学校未能很好地在整体上规划教学环节设计，缺少对教学质量的有效监控方，未能科学合理地规范、协调、辅助教师的有效教学。教学资源不足与浪费的矛盾并存，教学资源供给与资源需求之间的适应性差①。同时，对学生的评价也存在只以考试或考查结果为主的情况，缺乏对学生学习过程的评价和监控，学生学习过程的表现未能很好地纳入到考评范围，学生发展的全面能力结构的形成也未能很好地得到重视，因此学生在平时课堂学习中不积极配合，学习主动性缺乏。

（二）“研讨式五步教学法”可为之处

《国家中长期教育改革和发展规划纲要（2010—2020年）》“高等教育”部分中指出，要提高高等教育人才培养质量，把教学作为教师考核的首要内容，加强课程教材等基本建设，深化教学改革，支持学生参与科学研究，强化实践教学环节，全面实施“高等学校本科教学质量与教学改革工程”；要严格教学管理。健全教学质量保障体系，改进高校教学评估。充分调动学生学习积极性和主动性，激励学生刻苦学习，增强诚信意识，养成良好学风。2015年“潘懋元高等教育思想研讨会”上，潘懋元教授也指出当前中国高等教育质量提升的主要领域应该在教学改革，要重新认识和重视高校教学行为，从微观视角入手，改善高校

① 魏中龙、杨旻：《本科教学综合改革：培育教学质量提升的新增长点》，《北京教育（高教）》2014年第3期。

教学效果，提升教育质量。依照国家对高等教育改革的相关要求，“研讨式五步教学法”可以有以下几方面可为之处。

1. 丰富课程内容

“研讨式五步教学法”通过教师指导学生选题的环节，既兼顾了课程知识结构，又扩展了相关知识内容。教师在备课的环节深入研读课程教学内容，熟练掌握整体知识逻辑，把课程内容精炼成不同专题，萃取精华，成为学生自主探究的主题线索。而“研讨式五步教学法”又不囿于课程内容和专题，以专题为平台和线索，在自主探究的环节，要求学生依据专题要求自主学习，通过搜集资料、梳理归纳等途径，扩大了专题内容，丰富了课程内容。以专题为纲要，以学生自主探究为途径，不断建构课程结构、解决课程问题，使得传统课程内容单一的问题得到解决。

2. 激发学习主动性

“研讨式五步教学法”鼓励学生主动参与专题探究，通过自主学习的方式体现、维护了学生在教学中的主体地位。这符合国家对高校教学改革的思路和要求，符合当前高校课堂教学改革的实际需要。“研讨式五步教学法”保障学生参与专题探究，在小组讨论、大班讲评等环节丰富了教学方法，变“授人以鱼”为“授人以渔”，改变了学生以往依赖教师全程讲授、被动接收的学习状况，激发学生不断修正研究成果，不断改善自我多种能力，有力地增加了学生学习的主动性和积极性，能够使得他们在整个教学环节中保持较高的学习兴趣，能够坚持探究与研讨，这对个体和群体而言，都有着巨大的促进作用，使得学科教学效果明显提升①。

3. 突出过程性评价

当下高校教学评价重视教师科研、重视学生考试成绩，忽视教师教学成果、学生学习过程。“研讨式五步教学法”在整个自主探究的过程中始终进行监控和激励，对学生自主探究的主动性、效能等进行评价，尤其是在小组讨论和大班讲评环节，重视学生在研究环节的思路、逻辑、路线、实施等因素，督促学生在探究的过程中付出努力，掌握研讨过程的各个环节的必要行为，使得研讨活动能够在多元发展的平台上体现出多样性和创新性，其课程研究结果和学生学习成效也就不在话下。这为当下重结果、轻过程的教学评价提供了很有意义的借鉴。

4. 提供教学改革的范例

高校教学质量提升的进程中，不乏各种教学方法的实验和尝试，“研讨式五步教学法”是当前高校教学改革中的一个重要范例，为高校教学质量提升展示了一个可以复制、模仿的教学形式和一整套教学方法，对目前高校教学改革有着积极的示范意义。它的四个教学环节易于掌握，便于操作，已经在历史学科、思想政治学科、管理学科等学科课程教学中得到了很好的实践和验证，使各个学科的教学效果和教学质量都得到提高。当前各种教学改革在不断试行中，而“研讨式五步教学法”这种来自十多年教学一线

① 郭汉民：《走向创新教育——“研讨式五步教学法”的推广与应用研究》，湖南师范大学出版社 2008 年版，第 18—25 页。

的实践经验经过科学化的凝练，为当下高校课堂教学改革提供了样板。

六、结语

2013 年，因一个偶然的私人机会认识了郭汉民教授，当他得知我是学习高等教育学的时候，就像谦虚的学生一样询问我有关教学的问题，并和善地介绍他数年来在教学过程中的做法，这就是后来我知道的“研讨式五步教学法”。有这样一位如此谦和的长者躬身交流，使我顿时觉得惊慌失措，羞愧难当。通过交谈，我对他的学术水平、教学态度、人格魅力等更加敬佩和折服。在他的学识和人格修为的感召下，我对他更加敬重，而郭老师对我也关爱有加。在以后的交往中，他如同一位友善的长者和老师一样关心我，并把他的著作和研究的一手文献资料托付给我，使得我在研究教学改革中的问题有了最为珍贵的素材。

郭教授还很谦虚地问我要了高等教育学研究领域专家教授的地址，把他的大作《走向创新教育》寄给他们，请他们把关，并希望得到对“研讨式五步教学法”的中肯的意见。此后，高等教育学领域的潘懋元教授、刘海峰教授、周川教授、胡建华教授、张应强教授、张亚群教授等对郭汉民教授的研究成果给予了肯定，指出其所做的工作“是高等教育领域的真正实验，研究成果很有特色。能够致力于大学教学研究，并表现出非常谦逊的学术态度，令人敬佩”。

郭汉民教授不仅在历史学学科领域造诣深厚，成果丰富，还能够跨学科地融合高等教育学的学术范式，通过自身多年的教学实践，探讨教学改革的方法，提升教学质量，提高学生能力水平，这无论从学术视角衡量，还是从个人人格观察，都值得大学教师们学习和敬仰。

此次有关郭汉民教授学术研讨会，我从晚生后辈的视角，斗胆对郭教授的教学改革方法加以梳理，挂一漏万，难免会有偏颇之处，请诸位专家同行批评指正。祝福郭教授身体健康。

关于“研讨式教学”的再思考

李年终*

郭老师是我在湖南师大读本科时的老师，他不仅是我“中国近代史”的授课教师，还是我们湘潭纺织厂子弟学校实习队的带队指导教师。2000 年，因同等学历申请硕士学位，我到师大脱产学习一年，拜访郭老师时，获悉郭老师正在进行“研讨式教学”教改实践。这种全新的教学模式引起了我的兴趣，主动要求参与该课题的研究。在郭老师精心指导下，本人先在《南华大学学报（社会科学版）》2001 年第一期发表了《研讨式教学研究述评》，该文获人大复印资料全文转载。接着在《湖南师范大学社会科学学报》2001 年第二期发表了《论研讨式教学的评价模式》，随后又在《广西社会科学》2002 年第二期上发表了《关于课堂教学民主性的思考》。通过这些文章，加深了对“研讨式教学”的认识，同时也在自己的教学中努力实践这种全新的教学模式。后来由于工作变动，中断了对该课题的研

---

* 李年终，男，1963 年生，湖南永州人，湖南科技学院副教授，现任学院招生就业处处长。主要从事诉讼法、民商法研究，主持或参与省部级课题多项，发表学术论文多篇。

究。十多年过去了，今天再回头审视“研讨式教学”时，我们惊奇地发现，随着时间的推移，它的生命力不仅没有减弱，反而更加旺盛。

一、“研讨式教学”模式的提出彰显了郭老师崇高的教师职业风范

韩愈在《师说》中提出：“师者，所以传道授业解惑也。”这就告诉我们教师的主要任务是培养学生。这种众人皆知的事情，在我国社会转型的过程中，却被部分高校教师所忽视。部分高校教师，将主要精力放在搞科研、做学问这种名利双收的事情上，很少有人愿意抽出时间来探讨如何提高课堂教学质量，培养出高质量学生的教学方法，更有甚者，他们将全部精力放在做学问上，甚至没有时间给本科学生上课。针对上述现象，2012 年，教育部不得不在《关于全面提高高等教育质量的若干意见》中提出刚性要求：“高校制订具体方法，把教授为本科生上课作为基本制度，将承担本科教学作为教授聘用的基本条件，让最优秀的教师为本科一年级学生上课。鼓励高校开展专业核心课程教授负责制试点，倡导知名教授开设新生研讨课，激发学生专业兴趣和学习动力。”

郭老师从 1983 年留校任教开始，忠实履行教书育人职责，一边潜心学术研究，一边探索教学方法，1999 年在《湖南师大社会科学学报》上发表了《探索研讨式教学的若干思考》，开始了“研讨式教学”理论研究。从 1997 年开始大胆进行教改实践，这种探索坚持了十多年，直到退

休仍未停止。十多年来，为探索这种全新的教学模式，郭老师不仅付出了巨大的精力，而且付出了相当的财力，其间的酸甜苦辣只有郭老师及夫人余老师知道。一个知名学者，花了十多年的时间干了一件在有些人看来是“费力不讨好”的事情，如果没有对学生深厚的感情是绝对做不到的。由此我们可以这样说，“研讨式教学”的提出彰显了郭老师作为一名教师的崇高职业风范。

二、“研讨式教学”模式为我国高等教育坚持内涵式发展，提高教育质量提供了启示

研讨式教学，顾名思义即研究、讨论式教学，是将研究与讨论贯穿于一门课程始终的教学方法。研讨式教学将整个教学过程分为五个步骤，故又称“研讨式五步教学法”。在研讨式教学五个步骤中，有四个步骤，即独立探索、小组交流、大班讲评、总结提高都需要学生动脑、动手、动嘴，整个教学过程强调学生的参与，目的是培养学生的能力，即学生的自学能力、思维能力、写作能力、口头表达能力、教学能力、研究和创新能力，这种以能力培养为核心，将“做”即实践贯穿于整个教学活动始终的教学模式，正是目前中国高校在坚持内涵式发展，提高高等教育质量过程中所强调的。教育部出台的《关于全面提高高等教育质量的若干意见》中要求“创新教育教学方法，倡导启发式、探究式、讨论式、参与式教学。促进科研与教学的互动……支持本科生参与科研活动，早进课题、早进实验室、早进团队”。郭老师早在上世纪 90 年代探索出

"研讨式教学"模式，对于今天如何推动高等学校注重内涵发展，提高教学质量，提供了重要的启示。

三、"研讨式教学"的评价模式，为高校进一步推进素质教育提供了方法上的借鉴

原国家教委副主任柳斌在其《关于素质教育思考》一书中这样写道："要实施素质教育，要形成素质教育机制，涉及很多方面，有教育思想的问题，有学校领导班子建设的问题，还有教师队伍建设、教材建设等方面问题，但更主要的是建立素质教育的评价制度"。

"研讨式教学"将整个课程分为五个步骤进行，作为与这种教学方法相适应的评价模式，是根据学生在每个阶段完成任务的情况评定成绩，并把这种评价贯穿于整个教学活动的始终。第一步，检索文献，编辑索引，按要求做的记 20 分；第二步，能独立撰写 4000 字左右的讲稿，能按要求完成的记 40 分。当学生讲稿完成后，郭老师逐一进行审阅，在审阅过程中发现问题，及时找学生交流，以便进行修改；第三步，小组交流，这一阶段主要是学生登台讲课，能按要求做的记 20 分。为了了解这一阶段的情况，郭老师亲自参与各小组听课并与学生一起评课，对教学中存在的问题一起交流；第四步，大班讲评，讲课的学生记 20 分，评课的学生一次记 5 分。第五步，总结提高，要求每位学生根据切身体会写一篇评学议教的文章，能按要求做的适当记分。由于郭老师参与了教改的每一步，对学生完成任务的情况比较了解，这样评定的成绩与学生的实际水

平基本一致，因此这种评价方法受到学生的欢迎。注重学生学习过程的评价，是研讨式教学评价模式与传统教学评价模式的根本区别。它打破了长期以来盛行的“一张试卷定高低”的评价模式，这对于调动学生学习的积极性、主动性，弱化长期存在于高校的厌学风气将产生良好的效果。“研讨式五步教学法”评价模式推出多年之后，2012 年教育部出台的《关于全面提高高等教育质量的若干意见》中，提出“改革考试方法，注重学习过程的考查和学生能力的评价”。这不正好印证了郭老师“研讨式教学”评价模式的前瞻性吗？这种评价模式必将为我国高校进一步推行素质教育提供方法上的借鉴。

以上是我对郭汉民教授当年探索出“研讨式教学模式”的再思考。郭老师“研讨式教学”模式经过十多年不断实践，现已结出了丰硕果实。它的影响力早已跳出高校范围，遍及全国各级各类学校，它对我国教育事业的影响将是深远的。郭教授“研讨式教学”这一全新教学模式的提出，饱含了一个教育工作者对学生的深情厚谊，对教师职业道德的持久坚守和对中国教育事业的无限忠诚，极大地丰富了“为人师表”的内涵。

十七年后回望郭氏教改

莫宏雨*

关于郭氏教改“研讨式五步教学法”，诸多学者从不同角度予以研究和评价。我是郭氏教改 1998 年第二批参与者，17 年前我受益于这一场教学改革，我想从一个亲历者的角度回忆和谈谈这些年的思考。

一、教改传递了爱

1996 年，我就读湖南师大历史系国家文科基地班，此基地班加上两个历史教育班刚好 100 人。郭老师给我们上近代史课，同学们自然都认识郭老师，但不寻常的是，郭老师竟然认识、了解我们每一个同学，这是什么原因呢？正是因为我们都参加了郭老师的研讨式教学改革。郭老师给我们上百名学生一个一个做指导：指导选题，指导研究，指导讲课，指导后期反思修改，真正做到全员指导和全程指导。多年后回望，不由得感慨郭老师为我们这一批学生付出了多少精力和心血啊！那时，我们本科生经常能够面

---

* 莫宏雨，男，1977 年生，湖南慈利人，1999 年毕业于湖南师范大学历史系，中学历史高级教师，现任教于北师大（珠海）附中。

对面和郭老师交流，有时甚至两三位同学一起跑到郭老师当时在师大上游村的家里去请教。郭老师与我们几个坐在一起讨论，他时常握着两个钢球转动做手操，有时用梳子向上梳他那非常浓厚却开始变白的头发，我当时就觉得郭老师是大侠、大师！

96 级是第二批参与郭氏教改的学生，我当时选的课题是研究中国历史上第一位驻外使节郭嵩焘。因为要研究郭嵩焘，而不是熟背教科书，所以我这个本科生也要像研究生一样经常跑到郭老师的家里去请教，热情慈爱的师母常常留我在家吃饭，离开时还让我拿一些水果。有一次，聊起家人，老师和师母得知我父亲身体不好，竟然让我拿一对脑白金给家中老人。在师大的读书岁月，我在学业和生活中得到了老师和师母的许多关爱，常记心中，难以忘怀。后来我毕业到广东工作，郭老师不久调往湘潭大学。我几次来湘大看郭老师，常常上湘大历史文化学院的网站查看郭老师的近况。常言说，母亲在哪里，家就在哪里。我可以说，郭老师走到哪里，我的关注就跟到哪里。

郭老师是引领我开始研究性学习的唯一导师，我却只是郭老师用心授教的弟子之一。郭老师对学生的全心之爱不光是给予我，他给予每个学生都是这般全然之爱，爱徒如子、爱生如己！我们 96 级同学和郭老师的交往都很好，可以说除了辅导员之外，认识学生最多、也最了解学生的老师就是郭老师，我也敢说同学们共同记得的、最难忘的大学老师只会是郭老师。前年冬天，郭老师和师母余老师到广州，我们 96 级 20 多个在珠三角一带工作的同学蜂拥前往中山大学聚会，围着老师和师母，兴高采烈地谈起求学往事。令大家惊喜的是，郭老师竟随身带来了我们参加教改时登台讲课的照片：青春年华、激扬文字。在智能相机还未出现的时代，郭老师用胶片相机为每一个学生留下最美好的记忆，大家和郭老师头碰着头地凑在一起，一一回味这陈年珍藏的故事和情谊。这样一幕，难道不是一位大学老师用爱构筑的独特画面吗？

前段时间我电话联系在福建泉港工作的熊乐良同学，讲起郭老师她就很激动，后来我转达郭老师对她的问候，说郭老师特别记得她，她马上激动得泪涌难言，需要给时间平复情绪。现在广东省保监局工作的廖新年同学说：郭老师关心学生，关心的不仅仅是顺利毕业，更是希望学生培养学习习惯、提高学习能力，这种终身的学习能力有利于我们适应各种工作岗位。从这个意义上来说，郭老师既是师长，又是真心朋友。广东第二师范学院政史系的文霞副教授说她现在也在施行这一套教学方法。我在自己的教学工作中也参照郭老师的“五步教学法”，进行选修课整个模块的教学改革，中学生反映很欢迎，很受益。

“五步教学法”中，郭老师是每一步都一对一指导学生及其研究小组的，这最大限度地增加了师生的亲密交往，老师的识见、理念和爱，就在这一对一指导中传递和深化。一位大学教授、博导能与一个年级的每个本科生有如此亲密的交往，平等的交流，真诚的关爱，这本身就是一件稀罕的事，就给了学生更大的信心和力量！潜移默化之中，学生都会把这份特别的爱深藏心底并做一个有爱的人！

二、有爱才有教改

前段时间读了阎真教授的小说《活着之上》，阎真教授说他的书中人物和故事都有原型，这样看来，《活着之上》所描写的大学是令人忧虑的。因此，我和我爱人都觉得湘大对郭老师的这份真情和郭老师投身教改的献身精神更是弥足珍贵的！

今天中国大学里，还有哪个老师、哪个教授、哪个博导与一个年级的近百名本科生这样一一见面、指导和关爱？亲自给每一个上讲台讲课的学生拍照并把照片留存至今？郭老师在他的教改专著《走向创新教育》里回忆自己当时的艰难处境、似有“被围攻的感觉”时说，有的同事质疑、非议“教师不讲课，只搭个台给学生，还要教师做什么？”并由此，更可见得一个真正的教师投身他热爱的教育、真情培育人才的创新之举的不易啊！

郭老师在《走向创新教育》这本著作的后记里说：“这本书花去了我太多太多的宝贵时间，从我 52 岁时起，直到 62 岁，整整十个年头。这是一个史学工作者最好的年华，但本书并非史学著作，而是从历史本科和研究生教学改革中引发的教书育人问题，是试图冲破传统教学模式所做的不懈努力的真实记录。”郭老师的这种奉献精神和创新付出太珍贵啦！这种在别人看来要么是不讲课的偷懒要么是费力不讨好的做法，在今天这个处处奉行“精致利己主义”的时代，反而更突显一位大学教授的远见卓识，一位全国优秀教师的高度责任感啊！我觉得郭老师的这份精神财富是留给学生、留给教改、留给中国教育的至大启发。有爱，才有教改。有爱，才有教育。

大学是科研重地，更是育人园地，是精神与灵魂的启蒙之地。郭老师是一个大学者，更是一个真正的好教师。现在我是中学教师，我也常想，什么样的教师才是好教师呢？习主席期盼有理想信念、有道德情操、有扎实知识、有仁爱之心的“四有”教师，我深以为然。郭老师就是这样的好教师！前些日子，我给郭老师打电话，说我只来看看老师，会上不发言，因为在场的都是教授、博导，我一个中学老师太卑微。郭老师鼓励我说：担心什么呢，你只管说你的真话，大胆地说。郭老师一如从前，真挚、仁爱，不论名分，不落世俗，重人格之独立、思想之自由，尊重学生人格，是一个大写的人！

三、适合的教改

郭氏教改深受学生欢迎，广受各方好评，毫无疑问是非常成功的。经过前期探索，后来获国家教育重点课题，相关论文、专著成绩斐然，许多老师自觉不自觉地参与了进来。我后来工作了才进一步知道，郭氏教改在90年代的中国教育界是非常领先的，中国大学在1998年正在改革扩招追求数量的时候，郭老师却在1997年就开始致力于追求大学教育的质量了。2001年，深圳市南山区作为广东省唯一的首批国家级课改实验区率先揭开课改的序幕。2004年，国家决定在广东等四个省区率先启动高中课程改革，新课改的核心追求就是“自主”“合作”“探究”三个理念，而这正是郭氏教改的主要内核。

我回想，“研讨式五步教学法”之所以成功，关键在于它是适合的教改：适合学情，适应时代，适应终身学习之需。我认为它有六个适合：一是“近代湘籍名人研究”的选题，适合湖南省情资源；二是个人独立研究过程，适合人文学科个人阅读写作能力的培养；三是小组研讨，适合自主、合作、探究的新课改趋势和未来人才培养；四是大班讲课，适合师范生的技能培养目标；五是在大三阶段开展，适合大三学生的知识能力基础；六是写作论文，适合大学生要具有初步科研方法与能力的需求。经过后来的探索实践和逐步完善，“五步教学法”又增进了多方面多学科的适应性，适合大学教学改革，正如专家们（在许多场合和论文里）指出的——这是一个在大学里“可资借鉴和值得推广的成功教学模式”。

四、教改任重道远

适合实际，也是适应了需要。社会需要创新人才和善良有爱的人，教改，正是为着这个需要和目标出发。几十年来，中国教育面临的窘境实质没有改变，当今社会问题亦是教育问题。我们都在社会里摸爬滚打，社会的问题我们知晓；我们都是教育界的人，教育的问题我们了解；我在中学工作 15 年，我知道中学给大学送来了什么样的学生，也知道大学把这些学生经过怎样的加工而送进社会。社会问题，根源在教育。因此，教改之路任重道远。

教育既要让人聪明，更要让人文明，而我觉得以人为本的程度就是文明的尺度。生于印度、享誉世界的心灵导师克里希那·穆提认为教育就是解放心灵，也可理解为教育就是人性的解放，教育是要让人心更善、人性更美。因此，以人为本的教育应是我们的追求。郭氏教改就是以学生为中心、以人为本的教育探索，17 年前需要，今天还是需要，将来依然需要。

教改可指教育改革，也可指教学改革，教学改革又包含课程改革和课堂教学改革。郭氏教改当是教学改革，既有课程新设计，也有课堂新气象。郭老师是有大爱的人，付出“黄金十年”心血于教改，令人感佩，也召唤更多的教育人继续推动教改。当然，教改非一种模式或方式方法，但都需要从事教育的人，朝着理想，怀着激情，脚踏实地地不懈追寻。愿教育改革和课堂教学改革在郭氏教改的启发和感染下，不断推进，结出更多善的果实！

大学的认同危机与教师身份的重构

——基于研讨式教学改革实践的若干思考

李益顺*

近年来，网络上流传李元锋的长文《一名武汉大学学生的公开信》（下文简称《公开信》），引发成千上万的网民热议，在社会舆论上造成轰动效应。尽管作者公开声明其写作目的是“能够唤醒大学里沉睡的一部分人去思考自己的人生而非随波逐流、人云亦云，自助者天助之”与“引起更多的人对于教育的关注和反思，因为这关系着我们每一个人的幸福”（下文引用相同）②，却唤起了国人对中国高等教育的反思。《公开信》尽管言辞不无偏激之处，锋芒毕露，但其中不乏理性的声音，值得思考。本文结合郭汉民先生的研讨式教学改革实践，拟对大学的本质、大学生的学习观、大学教师的职责等问题予以初步探讨，以求

---

* 李益顺，男，1976 年生，湖南隆回人，史学博士，湘潭大学马克思主义学院副教授。在《历史教学》《湖南师范大学社会科学报》等学术期刊上发表学术论文 15 篇，主持省部级科研项目 8 项。曾获得湖南省优秀博士论文、湖南省教学成果一等奖等奖励。

② 李元锋：《一名武汉大学学生的公开信》，http：//blog. 163. com/zhuliang715403957@ 126/blog/static/16544462720101277206 87/。下文所引李元锋言论皆出自该文，不再注明。

教于方家。

一、什么是大学?

当代中国，大学的危机愈演愈烈，真正的教育正在丧失，真正的大学也正逐步走向沉沦，这似乎已经成为社会民众对大学的共同观感。《公开信》中就明确断定："在中国目前的小学、中学和大学校园里，有这样的教育么？没有，中国太缺乏真正的教育、缺乏真正的大学了！"中国的大学何去何从？中国高等教育改革的路在何方？这也是国人为之困惑不解的"跨世纪难题"。《公开信》绝对不是一个普通的个案，也不是简单的愤世嫉俗与危言耸听，而代表的是社会公众的共同心声。

现实中的大学已经今非昔比，春光不再。中国大学普遍出现了功利化、商业化、官僚化、江湖化与职场化。往日大学所具有的"人才圣地"与"象牙塔"的文化底蕴与学术气息已经在市场经济大潮的涤荡中消失殆尽，真正大学的精神已经荡然无存。教育行政官僚化，大学成为沽名钓誉、尔虞我诈的名利场，功利主义甚嚣尘上。事实上，在高等教育投资这块蛋糕的切割上，各大学为了生存与发展，使尽浑身解数，捞取利益，不惜重金开路、头衔收买，给享有实权的各级政府官员滥发"名誉顾问""资深专家""特聘教授""博士生导师""博士学位"等头衔，并以校友会、同乡会等名义大打感情牌。大学官僚也将学校视为进身的台阶，想方设法，攫取财富，积累人脉。如今，中国高校腐败已经成了社会公开的秘密，高校反腐与学术反腐也引起国人的高度关注。与此同时，大学的自我定位短视，把学校简化成技术培训、人才速成的职业训练场。在专业设置与招生就业上，不做调研，任意“上马”，盲目扩张，既不考虑自身办学条件的限制，也不考虑学生的就业与发展，企图以扩大招生规模，来追求办学效益的最大化。这样，生存竞争，利益至上，“优胜劣汰、适者生存”也就成为当代中国大学的丛林法则。

《公开信》中指出：中国“大学的领导不关心学问。他们不关心教师，仅仅是把教师当作打工仔。他们也不关心学生，不理会学生的愿望和要求。很多管学生的‘大学领导’在学生面前高高在上，一副‘官员’的样子。他们也不关心自己的毕业生到底受不受社会的欢迎，不关心学科的设置是不是符合教育和社会的要求。他们只关心‘如何保住位置’，‘如何捞取好处’，‘如何买卖文凭’，‘如何与社会上的官员们交易’”。如果大学里缺乏真正去追求智慧、理想的大学生，那么大学存在的意义与价值就大打折扣。学校定位的错乱与管理的疏忽，最终将导致学生要么选择了“游戏大学”，要么就是急功近利仅仅为谋生的工作而四处奔波。大学也就变成了真正意义上的“官场”“商场”与“职业技术训练基地”，传统的大学最终必然走向死亡。俞敏洪曾感慨：“很多年前大学里谈论最多的是理想与人生，而现在却是工作和赚钱”。

学校缺乏真正的教育导致了社会上很多人盲目逐利、精神空虚、各种社会问题层出不穷，传统文化精髓遗失。《公开信》中质问：“如此的恶性循环会把我们带向哪里？

我们的后代将会生存在一个什么样的社会里？精神缺乏、游戏成风、学生忙着贴金、老师忙着项目——你认识这样的大学么？”

如此“失败”的教育与现实的大学让学生们倍感失望，让社会万分痛心，也让我们这些大学教育的从业者为之震惊。面对李元锋之类的心声，我们不应该报之以冷漠与不屑，甚至批判与抗拒。相反，我们应该认真地进行自我反省与理性思考。那么，什么是“真正的大学”？如何重建“真正的大学”呢？“大学”是高等教育学中的基本范畴，要掌握“大学”的本质，就必须先明确它的上位概念“教育”的本质。那么，什么是真正的教育呢？《公开信》援引德国教育宣言中的话，认为“教育的目的，不是培养人们适应传统的世界，不是着眼于实用性的知识和技能，而要去唤醒学生的力量，培养他们自我学习的主动性，抽象的归纳力和理解力，以便使他们在目前无法预料的种种未来局势中，自我做出有意义的选择。教育是以人为最高的目的，接受教育是人的最高价值的体现”①。然后又在阅读《大学重建》的基础上开始明确大学的起源与存在的意义，一方面认为“大学应该是一个社会的良知和思想发动器，大学应该为这个社会培养具有正义、勇气和智慧的学子，在他们走上社会之后能够有能力去逐步改善这个社会中不好的东西，促进社会的发展，并不断致力于人类物质社会

① 作者犯了历史常识错误。因为200年前（即1815年）德国尚未完成统一，是德意志联邦，当时普鲁士王国颁布了一系列教育法规，促进国民教育发展。1871年普法战争胜利后，才建立统一的国家德国。

的改造，以及科学、艺术文学等精神文明的探索和提升”；另一方面又援引清华大学校长梅贻琦的名言“大学者，非有大楼而谓大，因有大师而谓大矣”加以注解。并认为“理想的大学”（一称“美丽的大学”）之中“应该会有知识渊博的教授和意气风发的青年学子，思想碰撞，砥砺智慧，探讨人生理想”。在那里每一个大学生“一定会度过充实而难忘的大学岁月，我也真正走上了一条报效祖国，报效父母的人生坦途，我的人生就要大展宏图”。

郭汉民先生所首创的“研讨式五步教学法”，秉持以学生为本的人本主义教育理念，重视大学生的内在需求，一切从学生的实际情况出发，尊重学生的个性与权力，变“一言堂”与“满堂灌”为“群言堂”，变“要我学”的被动式学习为“我要学”的主动式学习，变“授人以鱼”为“授人以渔”，把方法传授、能力培养与知识讲授相结合。教师不再是至高无上的权威、独断专行的领导者，而是教学活动的组织者、管理者与服务者，师生平等交流，教学相长，充分发挥了学生的主体性作用。实践证明，该教学法能从根本上剔除大学教育教学中的官僚化、商业化、职场化的弊端，能让学生成为真正的受益者，而非“牺牲品”。在研讨式教学改革的课堂上，广大学生都“可以学习更多人生的智慧，去实现自己的梦想”。

二、如何读大学?

无论是教学方式、教学目的与管理模式，还是人才培养目标、学生学习方式，大学教育都不同于以往的中小学教育。大学新生因长达十多年浸润在应试教育中，他们学习的目标与动力都来源于应付高考与考上理想的大学，形成了一种根深蒂固的心理定式。即一切以教师为中心、以分数为中心、以教材为中心、以课堂教学为中心，把大学过于理想化，为大学而大学，认为考上大学就能实现自己所有的梦想，把大学作为解决所有人生问题的灵丹妙药。李元锋说："这个朦胧的梦想（注：考上大学）伴随着我的整个中学时代，给予过我一种精神的感召，特别是周总理那句'为中华之崛起而读书'的名言很多次让我内心澎湃。我憧憬着自己的梦想，父母、老师告诉我要实现自己的梦想就要好好读书、考进大学。"这样，在教师与家长一味强化教育下，学生难以正确认知大学的本质与意义，对未来的大学赋予太多的期盼，出现了大学万能化的错误倾向，并构建起一座座貌似强大的理想大厦。这种狭隘的学习观一旦遇到现实大学的感官刺激，就会被撕成碎片，轰然坍塌。学生也必然会产生种种上当受骗的心理落差。

大学新生刚入校门，走进教室，就发现了大学生活的"另类"。他们像脱了缰绳的野马一样在旷野上失去了往日的束缚与前进的方向，由充满"希望的一代"转变成"迷惘的一代"。因为家庭贫富悬殊与社会资源分配的不公，在校大学生在学习上呈现两种极端化的学习态势。《公开信》中曾简洁描叙。一种是"游戏大学"态势："晚上十一点后，应该是夜深人静、正值休息的时候，如果你此时走进大学里的男生寝室，你绝对可以看到他们的夜生活才'刚刚开始'，打游戏、玩麻将或者是看武侠小说，好不热闹。

……游戏已经成为大学里男生的主要‘学习内容’，而且不少人发奋用功地学习了四年。……大家可以游戏，看电视，逃课，武侠小说，这是很多大学男生的全部生活。女生呢？看韩剧，不少女大学生的主要学习内容就是看韩剧等各种连续剧，感情剧，一部接着一部。”“游戏大学”也就成为当代大学生给中国大学所下的最新注脚。另一种“好学生”态势。由于近年来全球经济的不景气与国内就业形势的紧张，这给在校大学生增添了莫大的心理恐慌与学习压力，迫使他们努力地学习。扩招后的大学教育从以往的“精英教育”转变成“大众教育”，大学生已经失去了往日“天之骄子”的无限荣光。尤其是在严峻的人才市场上，供过于求与供不应求的矛盾现状，“大学生不如农民工”的社会舆论，使刚刚走向社会的应届毕业生面临着亿万社会待业人口的巨大竞争压力。他们不得不承受内心的煎熬与焦虑：怕找不到好工作，怕考不上研究生，怕辜负父母的殷切期盼，丝毫不敢“放纵”自己。

“游戏大学”的心理动因主要源于精神空虚、生活单调、学习枯燥、目标缺失与驱动力不足，以至于“空洞的眼神昭示着灵魂的无知和内心的空虚，在终日游戏的日子里打发自己的青春岁月！这是大学生么?！这些人就是‘为中华之崛起’而努力学习的新一代”？而所谓的“好学生”也并非全是真正热爱学习，需要具体分析，其中很少有“学生努力学习是因为追求智慧，追求真理，为国为民而学。这些用功的学生虽然没有‘游戏人生’，但是却生活在沉重的压抑心理状态下，思维往往呆滞，慢慢地走上一条被大学生们嘲笑的‘越学越傻’的‘傻博士’道路”。很多“好学生”仍然采用被动式学习，死记硬背，很少有批判性思维的训练。更有甚者，“好学生”与“游戏大学”的“坏学生”同样都会承载着各种社会压力与思想包袱，也会碰到各种难以解决的困惑。据心理研究表明，很多大学生处于“亚健康”状态，存在着程度不一的心理问题或心理疾病，甚至出现个别的精神抑郁与分裂乃至自杀等极端案例。两类学生都缺乏对“为什么读大学”与“怎样读大学”的科学认知，在现实中容易迷失方向。

加之，现代大学的人才培养目标与专业设置多少带有功利主义色彩，人为划分所谓的冷门专业、热门专业、紧俏专业、应用学科与基础学科等等，加上社会媒体的肆意炒作，使得绝大部分学生放弃了自己的兴趣与爱好，急功近利，重理轻文，重应用轻基础，一拥而上，胡乱填报，学生完全缺乏对本专业的正确认知。李元锋说：“我在每天的专业学习之外内心十分彷徨，我不知道这个专业适合不适合自己，不知道这个专业意味着什么，不知道这个专业的社会发展方向和主流是什么，也不明白这个专业培养的目的是什么样的人才要求。”并且学生要按照自己的兴趣来选择专业的机制也不健全，各学校在更换专业上设置太高的门槛。而且教育行政部门在课程安排上，也倾向于注重专业教育，而轻视文史哲等通识教育，以致“除了要求学生的专业学习之外，鲜有启迪心灵的声音，更重要的是缺乏指导大学生人生发展与定位的课程，能够让大学生明白自己为什么学，为什么活的课程”。

毋庸置疑，今天的大学教育仍沿袭应试教育的老套路，忽略了学生的个性发展与内在需求，重视知识讲授而忽略方法传授与能力培养。教学内容也与现实严重脱节，教学方法盛行“满堂灌”的填鸭式教学，这些都很难满足学生的真正需要。简而言之，今天的大学绝对非亿万大学生所殷切期盼的“真正的大学”。美国著名教育家克拉克曾经说过：“什么叫大学？大学就是教给学生最需要的东西。”显然，今天的大学里所教的内容离学生“最需要的东西”相差甚远，也就不可能切实提高学习者的满意度。

郭汉民教授进行研讨式教学改革的最初动因就是要改变“游戏大学”与“好学生”的被动现状，在大学课堂上积极倡导素质教育，让学生学到一些真正有意义并能终身受益的东西，使他们能够把握学习的真谛，能切身体验到学习的快乐与幸福，并建立一个科学的学习观。鉴于大学生普遍缺乏自我管理和独立思考的能力以及专业认知，而容易陷入迷惘沉沦，教师应该重构身份与调整角色。教师不再是教学的主宰、权威与领导，而是教学活动的组织者、管理者、参与者与合作的伙伴，师生地位平等。学生不再是填充知识的容器，也不是被灌输的鸭子，而是学习的主体，他们有权参与到目标设置、计划安排、方案制定、实施管理、绩效评估等整个教学活动中来。教师通过引导学生做课题研究，使他们掌握学习与科研的方法，鼓励学生“从做中去学”，在获得知识的同时，也加强了方法训练与能力培养。而且，教育的真谛往往就是当你忘记了所学到的东西之后所留下的东西，这就是分析问题与解决问题的方法与能力。在整个教改活动中，教师始终重视教书育人，与单纯的专业授课不一样，更加强调学生的人生观与价值观教育，力图促进学生的身心健康成长。

三、大学教师应该怎么做?

大学是融科研与教学为一体、培养人才的圣地，大学教师始终肩负着传承文化、科研攻关、教书育人的神圣使命。大学教师的道德水准、文化素养、科研水平、教学能力是大学的核心竞争力所在。优秀的大学教师既是大学的灵魂，也是社会进步与文明开发的中坚力量，享有崇高的社会地位与荣誉，因而注定要承载着更多的社会责任。可随着改革开放的深化，中国正面临着社会转型，官僚主义、拜金主义、享乐主义、功利主义、小农意识等各种思想悄然而生，影响了人们的世界观、人生观与价值观。大学教师也开始从“神坛”上走向世俗，教师变成了一种普通的社会职业，社会评价的标准也随之发生了改变。一些大学教师的自我认知也发生了异化，由一个传道、授业、解惑、教书育人、精神至上的教育者，变成了重视生活品质、追求金钱物质、讲究功利的从业者，在道德自律上有所松弛。更有甚者，部分教师把追求金钱作为人生最高目标，完全忘了自己的职业道德，一味地拜金。那种传统的“为天地立心、为生民立命、为往圣继绝学、为万世开太平”（张载语）的教师伦理观正在丧失。在大学课堂上，部分老师不太关心学生，以致《公开信》中坦言：“在这样的大学里，缺乏真正传业授道解惑的老师。因为老师在大学里其实是

‘弱势群体’，他们被一群根本不懂教育的教育官员们‘管理’着，迫于生存压力，为了职称，为了提级，为了饭碗等等，不得不向畸形的评定机制屈服。能够独立思考和具有独立人格的老师，可能根本就不见容于这个教育官僚体制。”

现代大学的实力排名直接关系到大学的社会知名度与影响力，同时也与学校生源的保障密切相关。各大学为此在科研论文、学术专著、科研项目、学科建设、职称评定、工资待遇等方面颁布各项制度，一切都与科研挂钩。重科研轻教学，乃至科研成为大学教师评优晋级的唯一指标，科研是主业，教学是副业，教学可有可无、可好可坏，这已经成为一些大学的病态。这样，中国大学的教师评价也就产生了异化，迫使大学教师把更多精力与时间花在自己的科研项目上，而忽略了教学。《公开信》指出：“学术与商业的挂钩和教师职称评定的畸形化，使得大学校园里越来越多的老师不重视教学而忙于自己的项目，忙于发表论文。因为有了论文，有了项目，才会有职称和金钱，才会有房子、车子和各种名誉，这样的老师哪里有时间去传道授业解惑呢？但是现在的大学校园里，基本上都是这样的老师。”

教师认知与大学评价的异化直接导致了教学质量的下降，并严重地挫伤了部分大学教师教书育人的积极性与创造性。因为教师疏于教学，学生成为直接的受害者，这必将引发学生的普遍不满与困惑。《公开信》中提出质疑：“为什么我们的大学会是这个样子？为什么这么多的学生缺乏精神思考而且没有老师指引？除了在一些讲座上偶尔能够听到一些激动内心的声音外，为什么大学里的老师讲完课就像是打工混日子，无趣无内容，讲完就走人？为什么大学老师从来不与学生探讨人生智慧？为什么我们这么多的大学生对此熟视无睹？”曾经安静和充满智慧风气的象牙塔也变得越来越千奇百怪，“很多博士生导师会派自己的研究生替代自己给本科生上课，自己忙项目，当老板，追逐金钱和权力地位，这与‘官场’和‘商场’又有什么不同呢？真正的不同，就是这里更虚伪，贴了一张‘教育’的皮，所以更害人”。商场上追名逐利、急功近利、拉帮结派的市侩风气已经弥漫着整个校园，那种安贫乐道、传道解惑的“理想型”教师在大学中已是凤毛麟角。

即使大学最为重视的专业教学质量也让人疑惑，尤其是教师所选用的教材令人费解。全国通用权威教材弃之不用，却偏偏要选用自己学校编写的教材。自编教材体系凌乱，晦涩难懂，东拼西凑，质量低下。究其原因，一方面是因为老师们要评职称，需要“科研成果”，就用此自编教材来充数；另一方面是因为自编教材可以带来直接的经济效益，有利可图。很多专业课教师上课所用的教参与讲义都是多年以前出版与撰写的，类似古董。这在很大程度上决定了教师的知识结构陈旧过时，不可能把最前沿的学科成果教给学生，更不能让学生了解学科研究的最新动态与发展趋势。

针对上述现状，研讨式教学改革要求对教师的身份重新建构，要求还原中国传统的重义轻利、廉洁淡泊、乐于奉献、甘为人梯的教师伦常。首先，要求教师必须知识渊博，经验丰富，能力突出。高素质的教师是确保研讨式教学改革成功的关键因素，在整个教改实践中，教师既是组织者、指导者与参与者，也是监督者、管理者与合作者。从教学示范、指导选题，独立探索、小组讨论、大班讲评一直到总结提高等多个教学环节，教师始终扮演着重要的角色。教师如果没有广博的学识与突出的组织能力，研讨式教学是难以进行的。

其次，要求教师有高尚的职业操守，有奉献精神，吃苦耐劳，不计个人得失。研讨式教学改革取得成功的秘诀就在于教师高度负责，愿意花费更多时间与精力来释疑，帮助学生解决各种学习上的困难，辅导学生进行课题研究，真诚关心学生的学习与生活，尊重学生的个性与权力。言传身教，给学生树立一个光辉的榜样，用教师自身的人格力量去感染每一个学生。苏联著名教育家 B. A. 苏霍姆林斯基曾指出：“每一位教师不仅是教书者，而且是教育者。由于教师和学生集体在精神上的一致性，教学过程不是单单归结为传授知识，而是表现为多方面的关系。共同的智力的、道德的、审美的、社会和政治的兴趣把我们教师中的每一个人都跟学生结合在一起。课——是点燃求知欲和道德信念的火把的第一颗火星。”“我们每一位教师都应当对具体的学生实施个别的影响，用某一件事引起他的兴趣和爱好，鼓励他，激发他的独一无二的个性得到表现。我们每一位教师都不是教育思想的抽象的体现者，而是活生生的个性，他不仅帮助学生认识世界，而且帮助学生认识自己本身。这里起决定作用的是：学生从我们身上看到是什么样的人。我们对于学生来说，应当成为精神生活极其丰富的榜样，只有在这样的条件下，我们才有道德上的权利来教育学生。无论什么也比不上一位聪明的、智力丰富的、诲人不倦的教师，使学生感到那样赞叹和具有吸引力，以那样强大的力量激发着他们上进的愿望。”①

再次，教师要有爱心，要懂得“给予”。爱学生就得关心他们的成长，使他们能时刻体验到这种高尚圣洁的爱的存在，并用爱的力量来感化与教育学生，让他们能切身体会到学习的快乐与大学生活的幸福。爱应该是教育力量的源泉，也应该是教育成功的基础。我国教育家夏丏尊先生曾经说过：“教育之没有情感，没有爱，如同池塘没有水一样。没有水，就不成其池塘，没有爱就没有教育。”美国著名教育哲学家埃·弗洛姆（Erich Fromm）认为：“爱是一种主动活动，而不是一种被动的情感。它是‘分担’，而不是‘迷恋’。在最一般的意义上，爱的主动性特征可以这样描述：爱主要是给予，而不是接受。”② 研讨式教学中，教师给予学生的是快乐、兴趣、理解力、知识和幽默。与学生共同分享融进生命中的快乐。教师给学生以爱，并非拿学生当工具来爱自己。爱学生，就是接纳他们的一切，给他们以自我生长的能力。

---

① ［苏］B. A. 苏霍姆林斯基：《给教师的一百条意见》，教育科学出版社 1984 年版，第 433 页。

② ［美］埃·弗洛姆：《为自己的人》，生活·读书·新知三联书店 1988 年版，第 248 页。

一百多年前，文化泰斗梁启超先生在《少年中国说》一文中指出：“少年弱则国弱，少年强则国强。”郭汉民教授首创的研讨式教学模式，无疑是我国高等教育发展史上的一朵铿锵的玫瑰，她已经在许多高校课堂上热情绽放，焕发出青春活力。她为社会主义建设培养了一大批优秀人才，并做出了很大的贡献。在应对当代中国大学的危机上，她就是米开朗基罗的“火种”，在大学的重建与教师身份的重构上起着不可替代的作用。

“五步教学法”值得在干部培训中推广

刘亮红*

各位领导，各位专家，尤其是我们敬爱的郭老师、余老师：

大家下午好！

我是湘潭大学章育良老师的弟子。我老公考研究生比我晚一届，因为郭老师崇高的品德学术威望，我就介绍他去从师郭老师。关于郭老师的各方面的成就，刚才大家都做了很好的总结，特别是刚才莫教授讲得很到位。关于郭老师的为学、为人、对待学生，我也是同样的感受。我觉得我们今天来的，都是郭老师的亲人，郭老师、余老师也是我们的亲人。

我作为一个蹭过郭老师课的人，虽然不是郭老师的正座弟子，但是我确实跟我爱人一起，包括我的小孩也是受益良多。尤其是受郭老师、余老师这种关爱非常多。我就谈一下我的一个最深的体会，也是我自己的一个设想。

我现在湖南省社会主义学院工作，上午大家可能见到

---

* 刘亮红，女，1977 年生，湖南桃江人，博士，湖南省社会主义学院科研部副教授。研究方向为中国思想史。著有《唐中期官德思想研究》，发表论文多篇。

了雷鸣强教授，他就是我们的院长。我们学校是一个民主党派和无党派人士的培训院校，作为一名老师，说实话，站到讲台上确实有点战战兢兢。因为很多干部的学识、能力、实践经验方面比我们都要强。如果我们纯粹进行理论灌输，是绝对行不通的。郭老师创立的“五步教学法”在我的工作中很有作用，我在以后的工作中将更认真去推广。我先后两次参加了中央社院两年一次的教学改革的评比，在前年的时候我们搞了一个 79 模拟教学法，就是调动学员的积极性，让他们主动去参加，在模拟的实践行动中去解决工作中的一些实际问题，我们少讲解。我觉得我们这个教改同郭老师“五步教学法”非常类似。我觉得“五步教学法”也很值得我们在党校这类干部教育单位去实践和推广，化理论为实践，化枯燥为生动。根据我在社院 10 来年的工作经历，我也感觉最受欢迎的还是这种让学员自己能发表观点、提出见解建议的教学方式。因为干部学员比大学生更成熟，更有阅历，更有表现欲望，这种教学形式更能收到事半功倍的效果。

我在这里表个态，我会尽我的努力把郭老师的“五步教学法”运用到干部教育培训中，运用到我们社会主义学院的培训中，然后希望两年以后能够再参加中央社院、全国社院系统的教学评奖，希望到时候有好的消息向郭老师和余老师汇报，谢谢。

浅析高校师生互动互惠的教学模式
——“研讨式五步教学法”

熊元彬*

“研讨式五步教学法”被誉为“大学本科教学改革的创新之举”和“一个可资借鉴的成功教学模式”，已在首都师范大学、上海师范大学、湘潭大学等高校中推行，其教学改革之成功不言而明。它打破了一直以来“填鸭式”的传统教学模式，不仅“为当前的教学改革和质量提高提供了一个‘抓手’和‘切入点’，使我们能够通过切实可行的措施，实实在在地提高教学质量”，而且还响应了国家素质教育的号召，激发了学生学习的积极性。“研讨式五步教学法”的宗旨在于培养研究与教学综合型高素质人才，发挥学生的主体性和主动性。教师不但可以更多地了解学生，总结教学经验，培养师德和展示教师的人格魅力，而且还将在读研究生作为助教，有机地纳入到教学的实践过程中，使他们得到了教学、组织、交流等方面的锻炼，以

---

* 熊元彬，男，1982 年生，贵州印江人，历史学博士，湘潭大学历史系讲师。研究方向为中国近代政治史与中国近代经济史（侧重清末预备立宪与近代手工业）。近年来主持国家社科基金项目、湖南省社科基金项目各 1 项，发表论文 10 余篇。

及更清楚地认识到自身的不足之处。同时，大中专学生也可以通过独立思考，主动参与教学等方式，锻炼他们查阅资料、语言表达、写作等诸多方面的能力，以及通过多次的交流讨论，增强他们的自信心和积极参与意识，为将来的学习、工作奠定一定的基础。

一、有益于高校教师教学技能的提高

“研讨式五步教学法”是研究与教学讨论相互结合，知识与能力相互贯通的创新型素质教育教研法，是郭汉民教授本着和谐教育理念的探索成果。和谐教育是人类文明进步的表现，是当代高校为培养全面发展的新型人才的基本理念。新时代的这种新人，仅具备人类智慧和技巧是根本不够的，“他还必须感到自己和别人之间融洽无间”的和谐关系①。当代高校教学不应当是“单向度人”的“授人以鱼”式教学，而应当将传统教育上以教师为主的“主—客”关系改造为师生和谐的“主—主”合作关系，使高校教师在师生和谐的关系中愉悦地发现教学问题，不断总结，提高教学技能。

教学本乃一种互动的活动，是教与学的有机结合，“成功的教学改革是师生合作、良性互动的必然结果，离开广大学生的参与和支持是无法获得成功的”②。教学的目的不仅在于简单地传授基本知识，而应该更注重学生发散思维、

① 周光迅：《科学发展观与大学理念创新》，《教育研究》2005 年第 7 期。

② 郭汉民主编：《走向创新教育——“研讨式五步教学法”的推广与应用研究》，湖南师范大学出版社 2008 年版，第 433 页。

独立探索、寻求解决方法等多方面实践能力的培养。在当今激烈人才竞争的大环境下，“大文科理念和理论与实践的结合”是“研教双优型”人才培养模式的哲学基础①。也就是说，教师除了教授学生基本的专业知识之外，至关重要的还在于对学生素质能力及实践能力的多层次培养，以一种互动、互惠的教学模式对学生进行深入地了解。教师应经过不断的探索，从而提高教学质量和技能，满足素质型、创新型人才培养的要求。郭汉民教授的“研讨式五步教学法”就是在此基础上形成的，并正在不断完善中。

其一，“研讨式五步教学法”有益于教师深入了解学生，从而不断总结教学经验，提高教学技能。教师，尤其是高校教师，应更多地从了解学生中去发挥启迪式的教育作用。然而，在如今世俗价值已占主导地位的影响下，教师往往为评定职称等而带有功利性地“重科研”，然而对于教学效果，则相对重视不够。正如有学者所言：目前我国教育几乎仍是行“先生只管教、学生只管受教”的教学模式，而且“这种情形以大学为最坏”。② 由于教师很少深入地了解学生，继而使学生的主体性和潜能均未得到充分的发挥。有鉴于此，郭汉民教授将 50 ~ 60 岁这个“史学工作者最好的年华”倾注于高校的教改，自 1997 年开始就把大量的精力和时间从科研“移情别恋”到了“研讨式五步教

---

① 朱英、彭南生：《构建历史学“研教双优型”人才培养模式的探索》，《中国大学教学》2009 年第 1 期。

② 顾黄初主编：《中国现代语文教育百年事典》，上海教育出版社 2001 年版，第 93 页。

学法”的实践中，并经过8年的不断努力完善，被列为全国教学科学“十五”规划重点课题。在研讨式教学过程中，教师从之前“主讲人”的角色转为了“主导人”的角色，以教与学的角色参与其中，发挥学生的主体性，分享学生的想法和情感，与学生展开平等的交流、对话，从而在参与中形成一种互动的探讨、研究、切磋和互补的关系。

“研讨式五步教学法”的开展使大学教师与在读研究生助教、大中专学生之间形成了互惠的关系，共同促进了大学教学的发展和学生们知识文化、技能的多方面培养，顺应了新时代创新型、素质型人才的培养。“研讨式五步教学法”中的第四步是进行大班讲评，学生通过自愿报名的方式，代表全班上台讲课，同时师生对讲学共同评议，师生互动，教与学相互结合。紧接着的第五步就是要求学生进行自我总结，如实地写出教改评议，以便教师在不断总结中提高教学技能。教育的根本作用在于使学生不再是“学生”，而成为发现问题、解决研究问题能力的人才，其中“一个特定的目的就是要培养感情方面的品质，特别是人和人的关系中的感情品质。”① 基于此，“研讨式五步教学法”在师生得到互动的基础上，教师又对学生们的评学议教进行总结、归纳，深入地了解学生的学习情况，从而达到教师总结教学经验、完善教学模式、促进师生良好关系、培养新时代素质型人才的目的。

其二，有利于师德和师生情感的培养。师德是一种无

① 联合国教科文组织国际教育发展委员会编：《学会生存——教育世界的今天和明天》，教育科学出版社1996年版，第194页。

形但却崇高的风范，是教师知识与综合素质的集中表现。一名优秀的教师应是拥有丰富知识和具备师德的结合体，是教学的艺术家，他总是对学生充满了无私的关怀和爱，因而自然受到学生们的称赞和爱戴。古语有云：“经师易遇，人师难逢。”基于此，“研讨式五步教学法”将两者有机结合起来，使师生在台上或台下都能相互沟通。如在第一步教师教学示范和布置任务中，它将教师的教与学生的学、研究与讨论相互结合，特别是在第四步的教学过程中，师生们通过共同的评论活动，从而将只管教的经师转为人师，师生间在台下也有了更多的接触机会，使学生们感受到：“以前在学生眼里，大学老师清高孤傲，不容易接近人，而通过与郭老师的接触，我们发现学生与老师之间是能够融洽相处的”[①]。马敏教授也指出：“研讨式五步教学法”“在师生关系上，变‘主—客’改造关系为‘主—主’合作关系。在教学过程中，师生之间是平等的良师益友的关系，应在教学中实行合作，实现良性互动，相互启发，共同探讨和解决问题”[②]。

“研讨式五步教学法”要求教师尽量抽出时间来参加每组的小组讨论，坐在台下倾听学生们的发言及其辩论，并对小组进行总结。教师不要忘了自己教学的使命，尤其是高等院校的教师，不纯是研究者，而应是研究与教学型的有机结合体，将自己的知识及科研成果与大中专学生一起

---

① 湖南师范大学文学院编：《群言》第1辑，1999年，第101页。

② 马敏：《序一》，第2页，郭汉民主编：《走向创新教育——“研讨式五步教学法”的推广与应用研究》。

分享，应奉行一种“捧着一颗心来，不带半根草去”的精神[①]。在研讨式教学过程中，郭汉民教授充分体现了无私的精神与高尚的师德，学生在“评学议教”中写道：“通过选修这门课，大多数同学都为郭教授的诲人不倦的崇高风范所感动，不管刮风下雨，郭教授都是从百忙中抽出时间来参加几乎每一个小组的讨论，并认真听课，对所有学生的讲课提出自己的看法和意见。”教师不忘学生，学生在学习过程中深切地体会到教师无私的教诲，师生之间“这种心与心的交流，其最终结果必然导致师生之间情与情的融合”，而“完全不像那种‘上完课，老师走人，学生叹气’的形式”。[②] 同时，郭汉民教授也指出：“教师在搞好教学的同时，必须努力研究学问”，因为“教学、科研如同车之两轮，鸟之两翼，缺一不可”。[③] 也正因为“研讨式五步教学法”是科研与教学的有机结合，因而它是名副其实的素质教学方法，它将教师的知识、道德、能力融为一体，顺应了教师道德及人格魅力的多方面培养趋势。

二、有助于研究生助教教学技能的培养

“研讨式五步教学法”将高校教师与研究生助教、本科学生有机地连接起来，为研究生助教能力的培养提供了一

---

① 陶行知：《陶行知全集》第 8 卷，四川教育出版社 2005 年版，第 295 页。

② 段光宇：《我的体会与思考》，湖南师范大学文学院编：《群言》第 1 辑，第 114 页。

③ 郭汉民：《中国近代史事探索 · 自序》，湖南师范大学出版社 2004 年版，第 2 页。

个难得的教学实践机会。社会的发展在于教育的进步，教育的进步又在于教师人才的培养，“教师就是社会改造的领导者。在教师手里操着幼年人的命运，便操着民族和人类的命运”①。研究生助教作为准教师，是介于教师和大中专学生之间的特殊人群，是即将从事科研、教学等方面工作的建设者，急需教学技能锻炼的机会。“研讨式五步教学法”正好适应了这一市场，将在读的研究生作为准教师，与其导师和学生共同参与教学过程，并贯穿于整门教学过程的始终，这样不仅可引导学生在学习的同时接触到科研，而且还有助于研究生助教能力的培养，“实质上就是要求教师和学生均以研究者的身份参与到‘教’与‘学’的活动之中，以科研促教学，允许学生就教学中的问题发表独立见解”。同时，还可使“教师启发式、创造性地教，学生探索性、批判性地学”，经过这种师生互动，“从而使教学的目的得以圆满实现”。②

“研讨式五步教学法”带动了研究生的研究与教学实践，将教与研究、学习三者自然地统一起来，不但锻炼了助教的组织能力，而且也锻炼了他们的教研和与学生的沟通能力。如在小组交流中，研究生助教可以根据学生们的具体情况，组织临时性的现场交流，也可以建立 QQ 群等便捷的联系方式进行现代化的教学、讨论。为了更好地锻炼自己，研究生很有必要参加助教的实践活动，而“研讨

① 陶行知：《陶行知全集》第 2 卷，第 436 页。

② 郭汉民主编：《走向创新教育——“研讨式五步教学法”的推广与应用研究》，第 197 页。

式五步教学法”就正好为研究生提供了教学实践的平台。诚如马敏所言：“研讨式五步教学法”“变‘讲授式’为研讨式，整个教学过程围绕‘问题’逐步展开，将问题的研究和讨论贯穿始终”①，不仅有助于助教探索性地思考，而且有助于学生问题意识的培养。

师生交流的本质在于两者人格精神在教育过程中的不断融洽。其中，教师的人格精神会对学生的精神发展产生启迪性的影响，而学生的人格精神则有助于教师在教学过程中发现问题，总结提高。研讨式教学正好给了研究生助教一个教学实践的平台，与师生共同“参与指导本科生的研讨活动，他们自己也要分别对全班学生讲一个专题作为阶段性小结，其指导工作与专题讲解一道记入他们各自的教育实习成绩”。据“问卷调查显示，95%以上的学生对研究生老师的工作态度、指导水平和专题讲述表示满意”。②研究生助教在参与第一步教师教学及布置任务的过程之后，其主要的任务就是与学生们相互交流，组织他们进行小组讨论，并进行总结，然后再查看他们的论文，并按照他们的索引、文献综述、论文写作的完成情况给出初步的评分，最后将学生们的初步评分及所交的索引、文献综述等一同交与老师进行最终评定。这种评定模式在一定程度上改变了“一张试卷定高下”的传统考核体制，而是“依据研讨

① 马敏：《序一》，第1页，郭汉民主编：《走向创新教育——“研讨式五步教学法”的推广与应用研究》。

② 郭汉民主编：《走向创新教育——“研讨式五步教学法”的推广与应用研究》，第22页。

过程中的实际表现与能力进行综合评定，建立全面、合理的学生课业评价体系，注重考察学生的综合素质和实际能力”①。

研究生通过参与研讨式教学，更能认清自己的不足之处。据参与的研究生助教反映：他们既“掌握了较为深厚的知识功底”，而且还“扩宽了专业知识面”。② 此外，还可掌握更多的教学科研技能。如笔者在参与过程中，认识到自身主要有如下不足之处。首先，知识面极为有限，与学生们之间也几乎只是进行相互学习、研究、讨论，从而激发了自己的求知欲。其次，感觉到研究、学习方法还欠佳。在参与研讨式教学之前，虽然笔者知道怎么运用期刊网检索到相关的论文，查找到相关的学术成果，但是在资料的收集方面，还存在很大的问题，只是单一地去图书馆查阅文献资料，而忽视了运用“读秀”“超星”等检索工具的运用。再次，感受到教育学、心理学的理论知识还有待进一步专门学习。教学是教师的教育理论和专业知识在教学过程中与学生的一种互动活动，其技能是极为复杂而又高级的，是教育学、心理学知识在教学实践中的一种综合运用，“是通过外显的行为动作来体现，通过内隐的心理活动来调控，并强调练习的不可替代性和知识的不可或缺性应当等量齐观”③。研究生助教是教师的预备队伍之一，

---

① 马敏：《序一》，第 2 页，郭汉民主编：《走向创新教育——“研讨式五步教学法”的推广与应用研究》。

② 湖南师范大学文学院编：《群言》第 1 辑，第 132 页。

③ 胡淑珍：《教学技能概念辨析》，《现代教育研究》1999 年第 2 期。

通过“研讨式五步教学法”的实践，有益于在模拟教育和教学实习中训练、总结、掌握和提高教学技能。只有把握好学生的心态、迎合学生的需要，适应社会的发展才是最好的教学理论。“教学改革是一个需要在先进的教育理论下，师生共同参与的事业”①，而“研讨式五步教学法”正好是高校教学的理论基石，它顺应了当代培养大学生综合能力，以及学生主动性的发挥，使学生在自动参与中受益匪浅。

三、有益于学生身心素质、技能的培养

提高教学质量的前提是发挥师生“一体两面”的积极性，因而教学过程中以教师为主导和以学生为主体的“主导—主体论”是我国教育理论和实践中应用较广的教学模式。这种教学不仅有利于发挥教师传授知识的作用，而且还能发挥学生的自主性和调动学生学习的积极性。美国教育学家杜威指出，“学校是个应用心理学的实验室”②。“研讨式五步教学法”的出台，将学生的身心发展与社会实际所需有机结合起来，为培养创新型和实践型人才提供了展示的舞台，充分发挥了学生们的多种潜能。正如郭汉民教授所言：“实行研讨式教学法的唯一宗旨是在实践中培养学生多方面的能力”，如自学、思维、写作、口头表达，以及

---

① 陈钧：《一个可资借鉴的成功教学模式——〈群言〉序》，《湖南师范大学社会科学学报》1999 年第 6 期。

② ［美］杜威：《杜威教育论著选》，华中师范大学出版社 1981 年版，第 65 页。

教学和科研、创新能力，“提高学生的综合素质。这是实行研讨式教学本身的出发点和主要归宿，也是实行这种教学改革的最突出、最根本的特点”。① 马敏教授也指出：“这套教学方法针对性很强，切中了目前大学教学中普遍存在的‘满堂灌’‘一言堂’的时弊，体现了教育教学中正在酝酿的一系列的深刻变革趋势。”②

随着现代化的发展，未来的高校教育将不再是简单地知识传授，而是学会发现问题、独立思考、解决和研究问题等综合能力的培养。学生们早已厌倦了“填鸭式”“满堂灌”的教学模式，他们期待着有更多展示自我的机会，渴求多方面地锻炼自己。“研讨式五步教学法”正是为了满足学生们的这种欲望而出台的，它借鉴了古代书院“加强交流、展开讨论、提倡争鸣”的突出特点，顺应了学生们和社会发展的需要，以至于“85% 以上的学生都认为研讨式教学法有利于提高学生的能力与素质”③，从而得到了学生们的积极参与和国家的重视。为了大班讲评，展示和锻炼自我，学生们通过自己查阅资料、备课、写作，大大提高了他们的积极性和主动性，锻炼了他们自学的能力。因此，马敏教授指出：“这套教学方法经过了精心设计，注意

---

① 郭汉民：《关于研讨式教学的探索与思考》，《湖南师范大学社会科学学报》1999 年第 2 期。

② 马敏：《序一》，第 1 页，郭汉民主编：《走向创新教育——“研讨式五步教学法”的推广与应用研究》。

③ 郭汉民：《书院传统与研讨式教学改革》，《衡阳师范学院学报》1999 年第 5 期。

了探索式学习的全过程，注重对学生能力的培养。”①

从大学生的年龄来看，一般在 18 ~ 23 岁之间，他们在身体与智能方面基本上已成熟。他们朝气蓬勃，有着强烈展示自我能力、思想观念等多方面的欲望。研讨式教学将他们的独立思考与自我展现相互结合，如郭汉民教授所言，要想完成预定的科研任务，同学们至少需要十种能力：检索文献、收集资料、阅读文献资料、鉴别资料、归纳综述、发现和提出问题、逻辑思维和分析综合、创新、文字表述、口头表达能力②，这种能力培养一直贯穿整个研讨式的过程中，因而学生们参与的阶段也就是他们这些能力的培养过程。马敏教授也指出：“研讨式五步教学法”在教学形式上，“变‘一言堂’为‘群言堂’，提高学生在整个教学过程中的参与度，拥有发言权，教师只进行适当的指导、点评、补充、纠正、鼓舞，不论学术问题还是评学议教，都要学生广泛参与，都要注意发挥学生的积极性和创造性”③。如在第二步中，学生根据所选专题和老师所传授的方法去收集、整理资料，然后通过独立的思考，形成自己的观点。在第三步中，他们就可以将自己的观点以小组交流的形式展现出来，并与大家进行交流讨论。特别是参与第四步的大班讲评，它不断锻炼了学生们独立思考的能力，

① 马敏：《序一》，第 1 页，郭汉民主编：《走向创新教育——“研讨式五步教学法”的推广与应用研究》。

② 郭汉民：《研讨式教学与大学生科研能力培养》，《吉首大学学报》1999 年第 4 期。

③ 马敏：《序一》，第 2 页，郭汉民主编：《走向创新教育——“研讨式五步教学法”的推广与应用研究》。

而且也锻炼了他们的口语表达能力、自信心等诸多方面的能力。“研讨式五步教学法”充分调动了学生们的积极性，如在大学思政课中的推广与应用，“增强了‘两课’的实效性、感染力和吸引力，是‘两课’教学改革的成功范例”①，使学生们形成了科学的价值观、人生观、世界观。

虽然教学的目的存在着一定的差异性，但是实质性的教育目的在于授予学生能力和方法。这也就是“研讨式五步教学法”在教学目标上的突破，它“变‘授人以鱼’为‘授人以渔’，注重方法的传授，让学生学会自己动手去‘捕鱼’的本领，成为能自主自立的未来的教师”②。学生们通过参与研讨式教学，获得了寻找资料、总结提高、进行论文写作等技巧。因为学生在学校的主要目的是为了习得更好的发现问题、处理问题的能力，“学校最重要的职能是传授怎样获得知识而不是传授知识”③，是知识与学习技能培养的综合性机构。在第一步教学过程中，学生们不但能够获得基本的知识，而且能获得收集资料的方法；在第二步独立思考阶段，不但能培养学生们独立思考的能力，而且能培养他们解决问题的能力；在第三步小组交流中，学生们不但能展示自我，而且也能提高自我的表达能力；在第四步大班讲评时，学生们更能相互学习、取长补短；在最后总结提高阶段，学生们能提高自我认识，总结经验

① 郭汉民主编：《走向创新教育——“研讨式五步教学法”的推广与应用研究》，第151页。

② 马敏：《序一》，第1—2页，郭汉民主编：《走向创新教育——“研讨式五步教学法”的推广与应用研究》。

③ 汪丁丁：《知识印象》，中信出版社2003年版，第81页。

教训，完善自己。

总之，“研讨式五步教学法”是顺应新时代素质型人才培养的一种创举之一，是一种将科研与教学、高校教师与研究生助教及大中专学生有机地结合起来的新型教学模式。它重师生双方能力和学生主体性、主动性的发挥，主要目的在于将“授人以鱼”改造为“授人以渔”。它不仅有益于我国高校素质型人才的培养，而且也给了研究生助教一个教学实践锻炼的机会，还给了大中专学生们一个自我展示潜能的平台。但是，“研讨式五步教学法”仍有一定的不足，有待于在教研实践中进一步地完善。

我在中小学教学中对郭氏“五步教学法”的应用

陈海燕*

郭汉民教授的“研讨式五步教学法”诞生于20世纪90年代中期，是郭汉民老师多年从教生涯中摸索出来的针对大学生和研究生的一种全新式教学方法，对提高大学生的自学能力、创新能力、科研能力、教学能力等具有显著的促进作用。该教学模式一经诞生，便引起了很大的社会反响。

郭汉民教授的“研讨式五步教学法”与传统教学方法相比，重在传授方法、培养能力和发挥学生的主体作用，指导学生自己去探索新知识，具体操作过程共分五步，因此又简称为“五步教学法”。作为郭老师在湘潭大学任教时的学生，我有幸聆听了老师的教诲，并亲身感受到了“五步教学法”的魅力。

毕业后，我回到原籍从事中小学教育工作，先后在怀化大鑫艺术高中、怀化文武学校、怀化树仁教育中心、洪江市芙蓉中学担任过多年级、多科目的教学活动。在长期

---

* 陈海燕，女，湖南怀化人，史学硕士。曾在怀化地区多所中小学任教，现在洪江市食品药品工商质量监督管理局工作。

的教学工作中，我便产生了将郭老师的“五步教学法”应用到中小学教学中来的想法，并在实践中进行了探索。

中小学时期正是人的童年时期和青少年时期，学生习惯于遇到不懂的问题就向老师和家长请教，因此，如何培养他们独立自主的思考问题的能力，如何培养他们集体协作解决问题的能力，都是值得我们在具体的教学活动中引起注意的。针对中小学学生的心理特点，对于不同年级的学生我对“五步教学法”的相关环节进行了适当的调整。

首先，面对高中生，我采取了启示的方式，用以前自己讲课的实例来启发学生对自己要讲的内容做一个提纲。高中生动手能力较强，因此，我鼓励他们从课外书本和网上查找自己所需要的资料。如在教授“伟大的抗日战争”这一课时：

第一步，教学示范和布置任务。在前一节课下课前 5 分钟，我先让学生对“伟大的抗日战争”这一课程的概貌和线索做一个简单的交代，再回顾了一下以前讲授过的“鸦片战争”作为示范；然后公布下节课的教学计划和实施方案，将全班学生按座位分成 5 ~6 个小组，并规定每组研讨的内容。最后，向学生传授查找资料、运用资料及撰写提纲的方法，让学生分头准备。

第二步，学生查找资料，撰写提纲。学生根据我传授的方法，自己到图书馆和网上去查找资料并撰写 100 字左右的提纲。

第三步，小组讨论。学生在小组内展开讨论，同组同学就其教学内容及粉笔字书写水平等加以评价，推选其中最优秀的一位同学代表自己小组到讲台上讲课。

第四步，学生讲课。我和其他组学生进行评论，最后由我做一个全面的总结。各组推选的代表逐个在班上讲课，每人分别讲述抗日战争爆发的原因、战争的发展经过（分成三部分，即防御、相持和反攻）、战争的结果和抗战胜利的意义等一个方面的问题，时间为 5 分钟左右，师生共同听课并加以评论。在每一问题讲述完毕以后，我就该问题做一个简要的系统性阐述。

第五步，单元总结。每个学生根据切身体会任选一个课题写一篇学习心得，作为单元测试成绩的一个部分。

其次，面对初中生，我主要采用诱导式的教学方式。初中生的阅读面积虽较宽，但动手能力较弱，因此，在具体教学中，我省略了提纲这一要求，一般让他们采取陈述的方式。如在讲“原始社会”时，学生可以用自己喜欢的方式来表达自己对问题的看法，在实践中，绝大多数的同学采取的是讲故事的方式，然后由我从中抽象出她们所讲的要点，采用追问的方式诱导他们形成问题的答案。

最后，面对小学生，我主要采取激发的方式。如在讲奥数的时候，我会先系统全面地讲解一个例题，让他们进行观察和模仿，再和他们一起解答新的题目。在进行逻辑分析的过程中，我要求他们找出新题目中的已知条件，然后与例题进行比较，让他们自己说出两道题中已知条件的相同点和不同点，然后针对不同的地方，激发他们去探讨如何将不同的数字转化为和例题中的数字一样的形式。最后，他们经过不同尝试，终于得到了一条正确的解答途径。

一次成功的尝试会让学生兴奋不已。这时，我要求他们将自己做题的经过总结出来，在总结的时候学生们都感到非常自豪，从而对学习奥数充满浓厚兴趣，而他们的思维也在这一不断探讨和尝试解题过程中得到磨炼和提高。

郭汉民老师的“研讨式五步教学法”较为充分地实现了教师的主导作用和学生的主体作用在互动中的有机结合，因而能取得良好的成效。学生们都非常喜欢我的课程，每次哪怕只是路过他们的教室门口，学生们也会热情地叫我，使我成了学校最受学生欢迎的老师之一。而在这种教学模式下，有的高中生考上了“985”和“211”学校后，还对我念念不忘，甚至一位学生已经快厦门大学本科毕业的时候，还提出要我辅导她考研。而这一切，都归功于郭老师的“五步教学法”在中小学教育中的应用。

当然，由于研究生三年的时间毕竟太短，而郭汉民老师的“研讨式五步教学法”的精髓也还有许多需要我继续去研究和发现，再加上中小学的学生的心理素质和个人能力的特殊性，因此，要想使“五步教法学”在中小学教育中取得长足深远的成功，还需要广大的中小学教师一起参加进来对郭汉民教授的“研讨式五步教学法”进行共同摸索和实践。

五步研讨式教学改革有感

易伟新*

很感谢湘潭大学历史系给我们一次这么好的机会，见到了这么多的老师和同学，一切都记忆犹新，仿佛回到了昨日。

对于“研讨式五步教学法”，我印象非常深刻。1996年，作为郭老师的硕士研究生，我有幸参与了研讨式教学的改革。其“五步”不是指一堂课而言，而是贯穿于一门课的始终。教学期间，我曾给本科生上了一堂课以抛砖引玉，还协助指导学生课外查找资料等，在学生自己上完课后给他们做一些点评。在教学改革的过程中，我也做了一些调研，就研讨式教学的特色与师生关系撰写并发表了两篇论文。而当时有关这次改革编写的两本小册子——《群言》我至今都还保存着。

---

* 易伟新，女，湖南长沙人，博士，长沙学院教授。湖南省高校旅游管理学科带头人培养对象，湖南省高校青年骨干教师，湖南省特聘高级导游员，湖南省青年社会科学委员会委员，长沙市第八届社科先进工作者、长沙学院第四届“教学十佳”获得者。主持省级科研课题4项，出版专著1部，在省级以上刊物发表学术论文30余篇，主编、副主编教材4部，曾主讲由省委宣传部主办的第29期“三湘论坛”。

郭老师的“五步研讨式教学法”给了我很多启迪。这种教学方法不同于传统的“一言堂”，而是“教师搭台，学生唱戏，师生共同听戏评戏”，因而这对于学生能力的培养有莫大的益处，调动了学生学习的主动性，学习效果也很令人满意。我记得当时学生都纷纷发表感言，极为欢迎这种教学，并称它“令人神往”。由于在整个教学过程中，师生联系十分紧密，经常在一起商讨，因而师生关系也很和谐。

郭老师将这种教学改革从师大到湘大，前后进行了十余年，成果丰硕。作为一位在专业领域颇有建树的名教授，能把如此多的精力投入到本科教学上，将创新教学模式当作一种事业，坚持以学生发展为本，这种精神让人敬佩，也值得我们学习！

友朋交谊

教书育人：回归大学精神的典范

——在“郭汉民《文集》出版暨从教45周年座谈会”上的发言

谢　放*

汉民兄和各位师友：

有幸受邀出席“郭汉民《文集》出版暨从教45周年座谈会”，我万分感谢、感佩和感动！

湘大师友给我提供了一次难得的学习机会，今天聆听了众多师友的致辞、发言，谈到了汉民兄的人品、学问，以及汉民兄的答谢辞，皆为由衷之辞、肺腑之言，感人至深，受益匪浅，所以我首先要向湘大和汉民兄表示万分感谢！

我和汉民兄是认识30多年的老朋友了。1983年汉民兄硕士毕业，我刚好考上研究生一年，所以汉民兄是我的学长。这年夏天，我与同门何一民、王笛、王永年，随业师隗瀛涛先生来湖南师大拜师会友，旁听了汉民兄的硕士论文答辩；两年后林增平先生又千里迢迢来川大担任我们四

---

* 谢放，男，1950年生，四川大竹人。华南师范大学历史文化学院教授、博士生导师。长期从事中国近代区域史、中国近代人物与思想研究，著有《中体西用之梦——张之洞传》等；合著有《四川近代史稿》《辛亥革命与四川社会》《中国近代不同类型城市综合研究》等；参编《近代重庆城市史》等。曾任四川大学历史文化学院教授、博士生导师。

位硕士生的论文答辩委员会主席，使我们亲聆了林先生的教诲，从此视林先生为恩师，与汉民兄等林门弟子成为同道好友，所以我和林门弟子有很深的渊源，关系十分密切。

汉民兄是中国近代史学界的知名学者，治学严谨，功力深厚，成就斐然，在中国近代社会思潮、近代人物和史事研究、辛亥革命史、湖湘文化研究等诸多领域都有开拓创新之作；汉民兄为人真诚，热情豪爽，学界有口皆碑。我有三点非常敬佩汉民兄：第一，汉民兄在协助恩师做好博士点和学科建设、推动湖南近代史学界的学术活动等方面做了很多学术性、事务性工作，任劳任怨，无私奉献。第二，汉民兄在湖南师大和湘潭大学任教期间，独创“研讨式五步教学法”，对高校的教学改革和创新做了有益探索；教书育人，为人师表，培养了众多人才，堪称吾辈楷模，不愧为全国优秀教师。第三，汉民兄继承和发扬了中国传统文化，有士人的风格，也算是一位名士。作为士人，他有他的担当，现在回到河南平顶山为家乡做贡献，也是体现了士人风格。所以我万分感佩！

湘大历史系为一位退休老教授（指我们这一辈的学者）隆重出版文集，举行盛大座谈会，在学界开创了一个了不起的先例！刚才我在下面还和很多师友说，这可能是我们中国近代史学界为改革开放后培养的学者第一次开这样一场座谈会，这在全国高校和学术界带了一个很好的头，不仅大大弘扬了尊师重教的优良传统，更是体现了以崇尚教书育人为宗旨的大学精神的回归！大学精神就是以学生为主，把培养人才作为第一要务。和汉民兄独创并推广的

"研讨式五步教学法"一样，湘大历史系举办这次座谈会也可以说是一种独创，也希望能够不仅在湘大而且在全国高校得到推广。所以我万分感动！

谢谢大家！

三十余载莫逆　亦师亦友之间

迟云飞*

要论和郭汉民老师相知、熟悉、相处得久，我恐怕是在座中最主要的一个。从 1982 年初认识，至今已 33 年有余。这三十多年，我们同窗求学，而后又是同事。三十年风风雨雨，我们肝胆相照、患难相扶，学问上则互相砥砺。人生有几个三十年？这三十年的大幸之一，就是有郭老师这样的莫逆之交。

想当初，我们结识的契机就是做恩师林增平先生的研究生。郭老师来自海南，我来自黑龙江，真正是天南海北。他是 80 级研究生，我是 81 级。但我们入学相差一年半，81 级的研究生因为多是 1977 级大学生，入学晚半年，毕业也晚半年，读硕也晚半年。在读硕时，我习惯称他为“老郭”（近些年我们都老了，我又常称他“郭兄”）。他在同学中很有号召力和凝聚力。那时湖南师大的食堂很少座位，

---

* 迟云飞，男，1957 年生，黑龙江海伦人，首都师范大学历史学院教授、博士生导师。主要从事中国近现代史、20 世纪中国的政治发展，尤其是清末民初的政治史研究。著有《清末预备立宪研究》《晚清改革与革命》《宋教仁与中国民主宪政》《宋教仁思想研究》等；编著《清通鉴》（合作）、《清史编年》等；参编《中国近代史实正误》等多部。

我们打了饭常去汉民的宿舍吃。大家交流很多，从学问到时事，再到个人生活和家长里短，什么都谈。那时候我们都很年轻，那时就知道郭老师是个很有凝聚力、很有能力的人，我常跟我同级的同学说，老郭有做校长的才干。虽然后来他没有做校长，但我认为他有这个能力。

毕业后我们都留校工作，名义上是师兄弟，实际上亦师亦友。他对我们这些师弟一方面是言传身教，一方面是具体的帮助。言传身教我举两个例子。郭老师对人非常热情，我和爱人、孩子在郭老师家吃饭很多，他们家做菜兼有福建、广东、河南的特色。我们很喜欢吃，尤其是我的女儿。吃饭归吃饭，我们两个只要到了一起，谈三句话以后就会谈到学术。他的这种执著对我们小师弟的言传身教是非常重要的。除了老师的引导和熏陶，我们师门的大师兄远在四川，在身边的大师兄就是郭汉民老师，这种身教对我们的影响很大。另一件事。上世纪八九十年代，广东和海南一带经济发展很快，生活水平比湖南高很多。有人到广东去，回来说中山市的人抽屉一拉开全都是十元的大票（那时还没有百元大票）。海南有一所高校邀请郭老师去工作，给了很优厚的条件。郭老师很犹豫，他的儿女支持他过去。那时教师待遇非常低，生活清苦，海南为吸引人才，提供的待遇很好，但做学术研究的基础和条件差得多。他的儿子说："到海南去吧，教授教授，越教越瘦。"郭老师略为思考一下，说道："人生总要有所追求吧！"这句话看似简单，却意味深长。海南的经济条件很好，而且郭老师他们家还有很多亲戚在海南，但是郭老师还是为了学术留在了生活条件较差的长沙。这对我们较小的师弟影响很大。

再说郭老师对朋友、学生的帮助。他对我的帮助很大，我只说一件事。进入90年代初，湖南师大大量引进人才，对博士的待遇很高，逼着我们年轻教师去考博士。那时我的导师林先生已经去世，郭老师也还不是博士生导师。我当时思索以后，决定考北京的中国人民大学。那时人大的戴逸老师有一段时间身体不太好，住进了医院。我就有点犹豫。还有戴逸老师虽然知道我的名字，但是对我并不太了解。我也担心读博后万一导师身体有个三长两短，我就成了“没娘的孩子”。正好郭老师当时去北京。他和戴逸老师、李文海老师、龚书铎老师、苑书义老师等老一辈很熟，我就让他到北京帮我“侦察”一下戴逸老师的身体到底如何。他回来后告诉我戴老师身体很好，让我放心考博。他还向戴老师介绍了我，重点介绍我的为人和品质，戴老师当时就拍板同意招收我。所以在我考博这方面，郭老师给了我很大帮助。他对朋友的关心和帮助，我们都点滴记在心。

现在，略说一下郭老师的学术。按说作为师弟，我不好褒扬师兄，因为那有自吹之嫌，但我还是想把我们的成长历程与各位分享。郭老师在学界初露头角是参加1981年长沙举行的辛亥革命70周年青年学术讨论会，郭老师的论文在会议上获奖。参加那次讨论会的很多人后来成为知名学者和本单位的学术骨干（有人戏称叫“长沙帮”），郭老师自是其中一位。那时我尚在读大学，没有机会和资格参加这次讨论会，但是这次讨论会的论文集我读研时反复读过，深为这些长者（一般大我十多岁）的学识折服，再往后我有幸认识了其中的大部分学者。我所知郭老师的第二个有分量和影响的成果是他的硕士论文《论康梁异同》。在搜集资料和撰写过程中，郭老师就常把他的见解和发现与我们师弟分享。熟悉中国近代史学术史的都知道，“文革”及“文革”以前，学界对所谓“资产阶级”维新派基本是“立足于批”，即便肯定的，后面也一定加个“但是”如何如何。郭老师的研究发现，维新派不仅对维新改革和甲午以后的思想解放做出卓越贡献，而且即使维新变法失败以后，他们在宣传新观念新思想的启蒙过程中，仍然起到了巨大的作用，与革命党人相比并不逊色。而梁启超，在维新运动失败后，思想有巨大的变化，并逐步与其师康有为的思想行事有了巨大的区别，此后才真正开启了思想界巨人梁启超的时代。这在今天看似理所当然，但在当时却是大大突破了旧的观念。硕士论文写作和思考的最大影响，是郭老师由此走上了研究近代思想史和社会思潮的治学之路。耿云志先生（当时还年轻，最多四十出头而已）读到这篇论文，觉得是好文章，便推荐刊登在《近代史研究》的“人物专辑”发表，由此我也知道了耿云志老师的品德（后来郭老师的学生邹小站跟耿老师读博，现也是著名学者和近代史所的骨干）。我觉得这以后，郭老师就作为一个有影响的学者“闪亮登场”了。

上世纪 80 年代，是一个思想解放的时代。我在“文革”中长大，接受的是僵化的反文明的许多甚至是反人类那一套东西，我这一代很多人“文革”中完全不知道世界在飞速发展，甚至进入了一个文明新时代。即使“文革”结束了，在近代史领域，还深受“文革”中形成的以阶级斗争为纲观念的束缚。读研以后，在老师引导下，我们如饥似渴地研读，关注学界新出的争论论文、台湾香港学者的著作、翻译过来的国外学者著作。每当学界有新动向，我们课上课下都会热烈讨论。在这期间，我们对洋务派、维新派、立宪派，乃至整个中国近代史的认识发生了革命性的变化。郭老师对梁启超和维新思想家的研究，也使我们打开了更广的视野。带着旧的包袱，从“文革”的蒙昧、封闭、僵化中走出来，我们真的很不容易。将来的历史学家会研究我们这一代学人的心路历程。今天，到了 21 世纪，史学界又发生了翻天覆地的变化，有的我们可能跟不上了，但是有一点是我们始终坚持的，也是当年我们的老师教导我们的，那就是允许不同的思想、不同的方法自由研究、平等讨论，对待学生的研究如此，对待学界年青一代的研究也如此。

我不敢说我们师兄弟取得了多了不起的成就，但我完全可以说，林先生当年教导我们的潜心学问，求索真知，教书育人，为人类文明进步做点力所能及的贡献，我们没有忘，并且一直践行着。

郭老师的一生自上大学以后可以说是历尽坎坷，不过这些坎坷也成就了一位优秀教师，一位出色的学者。他有时会跟我讲很多他过去的事，我也曾和他一起拜访他当年读大学时的好友。我自己是在“文革”中长大的，对“文革”史本就很感兴趣，他的经历是我了解“文革”的一个侧面。在80年代末，我曾经发动湖南师大历史系几个同龄教师——同样在“文革”中长大，了解“文革”，但没有“文革”中的恩恩怨怨——想搞一系列的“文革”讲座，作为一门选修课，就是“文革”史，后来上头不让讲，1989年以后就完全作罢了，但是我的兴趣一直保持。我曾经建议郭老师将自己的经历写下来，作为个人的经历，也作为历史的见证。郭老师已经70高龄，建议他将学术放一放，将个人的经历写出来，一个普通人的经历也是一部生动的中国现代史。

谢谢大家！

亦师亦兄

——在“郭汉民《文集》出版暨从教45周年座谈会”上的发言

梁景和*

今天能够到湘潭大学参加“郭汉民《文集》出版暨从教45周年座谈会”，我感到非常荣幸和喜悦！湘潭大学能组织这么一次尊师重教的特别活动，在国内不多见，这更让人感到由衷地钦慕和敬佩！首先我向湘潭大学和郭汉民老师表示敬意，祝贺“郭汉民《文集》出版暨从教45周年座谈会”隆重召开！

今天在湘潭大学我见到了林师母，回想起当年我在林先生门下求学的日日夜夜，不禁感怀万千！

今天我又见到了那么多前辈学者和史学界同仁，见到了那么多同门师兄师弟，这真是一次难得的聚会和联欢，所以也让我有些激动和感怀！

---

* 梁景和，男，1956年生，山东蓬莱人，首都师范大学历史学院教授、博士生导师。主要从事中国近现代社会文化史的理论与实证研究。著有《现代中国社会文化嬗变研究》《清末国民意识与参政意识研究》《中国近代史基本线索的论辩》等，主持编辑《中国社会文化史的理论与实践》《中国近代史基本理论问题文献汇编》《社会·文化与历史的思想交汇》等多部。曾任首都师范大学学术学位评定委员会委员兼秘书长、社会科学处处长、新农村社会与文化建设研究中心主任。

我第一次与郭老师见面是在1991年，当年我报考了林增平先生的博士生，5月份专程到湖南师范大学参加博士生考试，有幸见到了郭老师。在我原来的想象中郭老师是一位年长的学者，可一见面，让我感到惊讶，看上去他也就是40来岁的一位青年学者。这大概与我之前阅读过林增平先生和郭老师编写的《辛亥革命》以及郭老师等主编的《中国近代史实正误》有关，所以我才误以为郭老师是一位年长的学者。

我在湖南师大求学三年，同郭老师有了亲密的交往。他在我心中有一种亦师亦兄的感觉。在学业上他是我的老师，在同门里他又是我的兄长。郭老师、余老师夫妇二人性情豪爽、慷慨大方、热情好客，我与其他同门一样，经常到他家里吃饭聊天，每每回想起这些，就让我感念不已！那真是一段欣喜和快乐的时光！

郭老师主要从事中国近代政治史、辛亥革命史、思潮史、思想史的研究，取得了丰厚的研究成果，他的专著《晚清社会思潮研究》《中国近代史事探索》《中国近代思想与思潮》等在学界产生了重要影响。

郭老师从教45周年，他在潜心科研的同时，更加投入教书育人的工作，他坚持教学改革，创造出的“研讨式五步教学法”，是一项大学历史学科本科教学的有益尝试，是培养史学专业人才的重要方法，深受学生欢迎，被视为“大学教学的创举”，是“一个可资借鉴的成功教学模式”。

1996年10月我到首都师范大学历史系工作，系里让我负责中国近现代史学科的建设工作，目标就是获批中国近现代史学科的博士学位授予权，那么学科队伍建设就是一项首要工作。我决意引进郭汉民老师作为我们的学科带头人，我的这一提议得到学校和历史系的赞同，接下来我们开展了一系列的工作，包括住房和相应的待遇，学校给予了全力支持，并专门派首都师大人事处处长和历史系党总支书记到湖南师大进行磋商。最终因湖南师大张楚廷校长爱才而不能同意放走郭老师，这事儿未成正果，当然我们也能理解作为校长的决定。首都师大历史系中国近现代史学科是2003年获得博士学位授予权的，如果郭老师1997年能够来到首都师大工作，我们有信心在2000年获批博士学位授予权。

林门是国内中国近现代史学界的一支劲旅。郭老师是林门第二代的一面旗帜，希望在郭老师的带领下，让林门学术薪火相传，让林门学风发扬光大。

预祝“郭汉民《文集》出版暨从教45周年座谈会”圆满成功！

最后我希望在明年适当的时间，郭老师夫妇能够陪同林师母等到北京小住一段时间，在北京的迟云飞、郑大华、欧阳哲生等林门弟子都在期待着这一天！

谢谢湘潭大学！谢谢各位同仁！谢谢郭老师！

郭老师治学、爱生、育才的点点滴滴

莫志斌*

各位到会的专家学者：

大家下午好！

首先要感谢湘大、郭老师给我们这样一个学习机会，大家聚到一起开这样一个非常有意义的座谈会。

其次，对这次座谈会的召开，我是非常受感动的。作为湘潭大学，作为湘大历史系，能办这样一件大事、好事，有意义的事，的确不容易。上午冯祖贻等老师都提到这样一种社会现象，就是“人走茶凉”。而在这里，我们体会的不是“人走茶凉”，体会的却是人情的温暖，所以我们才很受感动，湘大和湘大历史系花了这么大的人力、财力、物力，来做这样一件好事，我觉得甚是受感动。

* 莫志斌，男，1950年生，湖南益阳人。湖南师范大学历史文化学院教授、博士生导师。长期从事中国现代史与中华人民共和国史的研究工作，特别是毛泽东的生平与思想，以及湖南近现代历史人物研究。著有《毛泽东与国民党人的交往》《说不尽的世纪两伟人：邓小平与毛泽东》《青年毛泽东思想研究》《周谷城传》等；主编或参编《中国近代社会思潮（1840—1949）》《湖南教育史》《青年毛泽东与湖南思想界》等。曾任湖南师范大学历史系主任、湖南师范大学出版社总编辑、历史文化学院院长等职务。

第三点是谈谈我的一点感受。这次召开的是郭老师的文集出版和他从教45周年的座谈会，大家一起来谈谈这件事情的意义。我和郭老师是老同事，和他同事近20年。我感受到三点：一个是他的为人；一个是他的治学；第三个就是他的育人；这三点他确实做得很不错，值得我很好地学习。

第一是他的为人，他为人非常谦和，与人为善，学而不厌，诲人不倦。无论是老教师、年轻教师、博士生、硕士生，需要他帮忙的，只要他能够帮到，他就会尽力去帮。所以我感到，第一点就是要学习他的做人。

第二点就是治学，郭老师治学非常严谨。上午有很多老先生都谈到了这方面的情况。在中国近代社会思潮研究、辛亥革命史的研究、近代人物的思想研究等领域，他都是著作颇丰，的的确确是国内名副其实的研究中国近代史的著名学者。

第三点就是他的育人。他的精心育人表现在哪里？我觉得他不光是在学术研究方面开导学生，而且，特别注重抓教学改革，通过教学改革提高教学质量，帮助学生成长、成才，这一点我觉得在当前来讲也是难能可贵的。郭老师当时实施教学改革，搞“五步教学法”，恰好我在文学院管教学，那个时候他的改革就是重点搞“五步教学法”。当时整理的“五步教学法”的成果编成了一本小册子，“序言”就是我写的。我作为管教学的副院长，是非常支持这件事的。我觉得这件事在当时做起来，是非常不容易的。郭老师任务繁重，还带了硕士生和博士生，付出那么多精力来搞教学改革，我是很赞佩的。他三番五次地喊我去听他的课，一起来审核检查学生的课堂发言材料，讨论具体的实施办法，这在当时和现在，的确没有太多的人能这么做，所以，是很了不起的。当时，郭老师花这么多时间和精力搞教学改革，搞“五步教学法”，最后，他拿到了国家的重点研究课题。后来还出版了著作，其成果获得了老师们和学界的肯定。当然，他也并不是为了要搞个什么课题，获个什么奖，关键的是他自己要来推动一把教学改革，能在教书育人方面起到一个示范的作用。所以，郭老师的为人、治学、育人都是值得我们学习的。

今天大家有幸聚在一起，一起来交流一下，学习郭老师的做人、治学、育人的精神，湘潭大学和湘大历史系花这么大的精力来开这样一个会，尊师重教，值得学习。我就讲这几句，下面，我们就一起围绕主题来座谈吧。谢谢大家。

亦师亦友亦兄长
——我心目中的郭汉民老师

梁小进*

我认识郭汉民老师已经30多年了。

1978—1982年，我在湖南师范学院历史系读书。那个时候，国家刚刚从“文化大革命”的动乱中走出来，人心思治，社会风气日益好转，充满了积极向上的气象。当时，学校学术风气很活跃，同学们学习都很刻苦。我和七八个同学一道成立了一个中国近代史学习小组，并承担了《湖南省志·人物志》的部分撰写任务，从而得以认识了刘泱泱老师，认识了郭老师。郭老师当时是我们历史系的研究生，随林增平先生钻研中国近代史。那时，我们就已认识，虽过从不多，但耳濡目染的我，于汉民兄充满了敬重之情。

毕业以后，我被分配到长沙湘江师范学校教书，后来

---

* 梁小进，男，1949年生，湖南长沙人，1982年毕业于湖南师范大学历史系，长沙市政协文教卫体和文史委员会副主任，湖南省文史研究馆馆员。谨遵“读书不为科名”的祖训，潜心学问，主要从事中国近代史和湖南地方史的研究。著作有《郴州史话》《辛亥风云人物钩奇》《左宗棠逸事汇编》《左宗棠研究著作述要》《1938“11·13”长沙大火》《历代湖湘饮食诗词联赋》《百年长沙》等，并致力于古籍整理，参编《左宗棠未刊奏折》《左宗棠全集》《曾国藩全集》《彭毓麟集》，主编《曾国荃集》（6册）、《郭嵩焘全集》（15册）。

调长沙市政协，从事文史工作。由于自己对专业的兴趣尚浓，离校以后，一直没有舍弃学术工作，仍然与汉民兄保持着密切的联系，一起参加学术活动。当时，郭老师已毕业，并留校工作，是我们尊敬的导师林增平先生的重要助手。记得在那几年，我和郭老师一起参加了在长沙举办的左宗棠研究学术讨论会、在武汉举行的辛亥革命研究学术讨论会、在长沙举行的黄兴研究学术讨论会等，并都参加了会议的筹备工作。

对郭老师，我首先是以师事之。他虽然年龄只比我大几岁，但他是研究生，学问比我要高得多。其次是以兄视之，以友视之。汉民兄为人友好、宽厚，毫无城府，待人诚恳、坦率。他的人品、学品都非常好，是一位敢于担当、勇于负责的大丈夫。现在，有一些学者、一些文化人，在金钱功利的侵袭下，已经把自己修炼成精致的利己主义者，甚至放弃了知识分子的底线。而郭老师，是一位利他主义者。他从来不心疼自己，但心疼别人。他带动了很多人，包括我，去做学问，如开展清史研究、辛亥革命人物研究、编撰清史人物传等，做了很多事情。

由于郭老师在史学界的声望和地位，1995 年长沙市成立了一个长沙市历史文化名城建设推动委员会，由市政协出面，邀请部分著名专家教授作为委员，郭教授就是被聘请的委员之一。在这以后，他不管多忙，都积极地参加我们组织的各种会议或活动，为长沙历史文化名城的保护、宣传和利用建言献策，发挥了重要的作用。

本世纪初的 2001 年，他为尽朋友之道，协助在长沙接待一个韩国的半官方代表团。原来在抗日战争时期，韩国著名社会活动家金九先生曾率领韩国临时政府和一批爱国志士来到长沙，从事抗日复国斗争。毫无疑问，这无论是在中外关系史，还是长沙城市史上，都是一件非同小可的事件。可是，这在当时的湖南学术界却是一无所知，而长沙市政府的领导及其外事部门更是毫不知情。韩国的国家稽勋处为调查这一情况，了解当时在湖南从事抗日救国活动而英勇牺牲的韩国志士，组织一批韩国学者来到长沙。他们和郭老师取得联系以后，郭老师认为这是一个非常重要的历史事件，开展对这个事件的研究，对于加强中、韩两国的友谊，提升长沙的影响，发展长沙的旅游业，都具有十分重要的意义。于是，郭老师打电话与我，希望长沙市政协出面，并提供帮助。市政协领导同意了这一建议，并派我出面接洽。就是这样，我们才知道这一件天大的事件，一个外国的流亡政府和他的领袖居然曾驻节长沙，在这里从事艰苦卓绝的斗争。而这一惊人的秘闻，却在郭老师的帮助下，在长沙揭开了。我记得那几天，郭老师陪着韩国代表团的几位教授、官员，在长沙钻图书馆，拜访有关人士，甚至前往湘南山区的桂东县，查阅历史档案，忙了七八天，从此揭开了长沙历史上的一件大事。此后，他还带着他的学生开始了韩国抗日志士在湘抗战史事的研究，而且卓有成果，编辑了《湖南地方报刊中的韩国独立运动史料》一书，其助手李永春教授还在《近代史研究》发表了有关论文。长沙市政府对此也高度重视，修复了长沙市楠木厅 6 号公馆——当年韩国国民党等三党合一会议及金九先生活动旧址，加强了与韩国有关方面的友好往来。直到今天，几乎每天都有韩国的旅游团队前来长沙，并无一例外地来到楠木厅6号公馆参观。

郭老师《文集》的出版和发行，这个座谈会的召开是很有意义的，是很有必要的。

这表明湘潭大学对于教师的尊重，对于学术的尊重，不愧为是一个“学问之大”的大学。这在当下的今天，实属难能可贵。可以说汉民兄不负湘潭大学，湘潭大学也不负郭老师。

我今天参加这个座谈会，浮想联翩，感慨殊深，其中最重要的就是对这个事情本身意义的感想。因为汉民兄从来不宣传自己，不像有些人一见面就说自己在一级杂志、二级杂志上发表了什么文章，最近写了什么书，最近哪位领导又接见了他，等等。拿出来的名片，一溜排下来，密密麻麻，尽是一些显耀的头衔，什么理事长、教授、顾问，甚至添上一些令人肉麻的什么级别。可是，郭老师他从来不讲这些东西，简简单单，清清白白。现在湘潭大学帮他宣传，我觉得非常值得。这可以说是石破天惊。一个大学为一位退休已经三年的、从不宣传自己的教师举行这么隆重的活动，真的不是小事情。

我们大家都知道，解放以前，甚至“文化大革命”以前，一个地方、一个街坊有一个中学老师都不得了，如果出了一位教授，那更是满街都荣耀的事情。可是，到了这21世纪初，一个大学教授并不稀奇了。这是什么原因呢？因为近十几年来，腐败的风气已经传到教育领域，由于种种原因，教授的含金量已经没有那么高了。但是郭老师始终保持着谦谦君子的风范，一位大学教授的品位。湘潭大学认识到了这一点，主动地为他宣传，恢复了一个真正的君子、既为人师又为经师的教授的身份和地位。所以今天这个事情本身已经产生了一定的冲击波，在我们心中引起了震撼。我们这个社会还是应该像这样尊师重教，敬畏学术。湘潭大学的这个举动，使历史走向了它的本原，恢复了教师的尊严，我再一次为之叫好。

我衷心地希望，这个事迹能够在湘潭、在湖南得到宣传，得到光大。

谢谢！

同行前辈　同乡先贤

——我所认识的郭汉民老师

郭双林*

我今天的发言主要有两点：第一个我是来祝贺的，第二个我是来学习的。为什么要祝贺呢？郭老师是我们的同行前辈，也是我的同乡先贤，是河南的，而且我们还是同宗，我也姓郭。我本科是 1980 年读的，硕士是 1984 年读的，1985 年在张家界和郭老师见过，但印象不深，真正认识是 1986 年在重庆师院。吴雁南先生、杜文铎先生，还有郭老师、荣铁生先生在一起讨论修订《近代中国史纲》，我那时候作为硕士生跟着去了。那次见面以后，我就问郭老师硕士毕业论文做的什么，郭老师说是《论康梁异同》，在《近代史研究》专刊上发表了。我说能否让我看看。他说可以。我回去没有多久，他就把文章的抽样寄过去了。自那

---

* 郭双林，男，1960 年生，河南林州人。中国人民大学历史系中国近现代史教研室主任，教授、博士生导师。长期从事中国近现代思想文化史、中西文化交流史、中国近现代社会史研究，著有《八十年代以来的文化论争》《西潮激荡下的晚清地理学》；合著有《中国政治制度史》《中共情报首脑李克农》《中国赌博史》等；参编《中华民国史・志・思想文化志》《中华文化劫难录》《中国社会通史・民国卷》等。兼任中国义和团运动研究会理事、当代北京史研究会理事等。

以后我们俩就成老熟人了。1993 年我从北京师范大学博士研究生毕业分到中国人民大学，1997、1998 年我开始在教育部高等学校历史学科教学指导委员会担任秘书，那时候李文海先生是主任委员，郭老师是教指委委员。我在担任秘书的 8 年中参与组织了 7 次教指委年会和全国历史系主任联席会议，所以基本上每年都能见一次。尤其是他的“五步教学法”在会上介绍过后，还曾经印在教指委的《委员通讯》上，向全国历史系推荐过。

今天来到这里以后，我只能说是和郭老师相识，不能说是相知。为什么？在座的诸位中，和郭老师交往很深的大有人在。尽管我和郭老师认识 30 年了，但是交往都是蜻蜓点水式的，甚至没有在一起开过学术讨论会，故不能说相知，只能说相识。这次一接到会议通知我就想，我一定要来祝贺，这不仅是湘潭大学的好事，也是近代史学界的好事，这是一个标杆。湘潭大学在这一点上做得特别好，继平校长这事做得实在漂亮，人人都说好。做这件事是嘉惠学界、嘉惠后人的事。这对郭老师、对我们大家、对其他人、对学生、对学科发展都是好事，所以我今天一定要来祝贺。

为什么说是来学习的呢？郭老师当年就把他的硕士论文给我寄过去了，我看过现在已经记不太清。我当年也做过毕业论文，但没有做康梁。这次接到通知以后，我就从清华知网上下载了他的文章，又看了一遍。我觉得郭老师除了在思潮史研究上占有举足轻重的地位外，在政治史研究上有几篇文章也是我们不得不看的。比如说《太平天国与晚清政治》《辛亥革命时期湖南会党的性质和作用》等。我觉得我们可能都搞学术搞了一辈子，能够改写教科书的文章有几篇？不敢说。近代史教材中，影响最大的是中华书局出版的《中国近代史》，前后修订四次，发行上百万册。第四版是龚书铎先生负责修订的。修订再版以后，那时担任我们教研室主任的马金科教授专门找王汝丰先生给我们教研室老师讲过一次，主要是讲哪些修订了哪些没有修订，修订的根据是什么。我觉得书中有些观点和郭老师的研究有关系。我以前学得不认真，回去以后还会继续学习。来到这里以后发现要学习的不仅是知识，还有做人，还有感动。像郭老师对林先生的感情，就很让我感动。我也曾写文章纪念过我的硕士生导师胡思庸先生和博士生导师龚书铎先生。文章放到网上后，有人说我回忆恩师的文字，“句句读来皆是缅怀”，但是我没有郭老师做得好。

郭老师做事做人和在对待学生上都很值得我学习，我该怎么做？对我的前辈、同行、同年龄段的人我该怎么做？他们这些人在对待老师的问题上做得特别到位。这些人我可能认不全，但印象中有郭汉民老师、郑永福老师、李喜所老师、宝成关老师、邱捷老师、熊月之老师、谢俊美老师、罗福惠老师，这是我开会时见的比较多的。这些老师比我们高出一代，是处于老一代学者和我们中间的一代人，他们每个人都有自己的一段故事，所以我说我做得不够。今天来这里一方面是学习知识，另一方面也是学习做人，回去我要好好反思。谢谢！

感念师友情

罗衡林*

我首先对《郭汉民文集》出版和郭汉民老师从教45周年圆满退休表示祝贺，其次对湘潭大学历史系举办这次座谈会及邀请我参加表示感谢。

1985年我自湖南师大毕业留校不久就和郭老师相识了。郭老师是1983年研究生毕业留在湖南师范大学历史系的，比我早两年。那时郭老师大概是四十岁左右，比我年长，我的感觉是郭老师在很多方面非常关心我们青年老师，他的夫人余老师也是如此。他们夫妇俩每次碰到我，都要对我嘘寒问暖，从生活上和工作上给予建议和指导。从一开始我就觉得这两个老师和蔼可亲。后来我的工作职位进行了调整，由政治辅导员转为历史系党总支秘书兼组织人

---

* 罗衡林，女，1964年生，湖南常德人，武汉大学历史学博士。学术主攻方向为世界现代史、德国史、宗教文化史等。著有《通向死亡之路——纳粹统治时期德意志犹太人的生存状况》《基督教会制度史》，译著《盖世太保——一部希特勒的秘密警察史》。现为湖南师范大学教授、博士生导师，德国柏林洪堡大学高级研究学者，德国美因兹欧洲历史研究所研究学者，中国德国史研究会常务理事，中国世界现代史研究会理事，湖南师范大学历史文化学院世界现代史教研室主任。

事干事，这样跟系里的老师接触就更多了。在我的印象中，郭老师是一个为人非常正直诚恳，学术上非常勤奋努力钻研的人，对系里的工作他也很热心。所以当时历史系党总支的雷培滔书记就经常跟我说郭老师人品很不错，业务水平高，我们系里的中国近代史专业又是学校的重点学科，郭老师在同专业的老师中是出类拔萃的。

其实，我跟郭汉民老师联系比较多，还源于另一层关系。1992 年，我的硕士生导师刘明瀚老师调到湖南师范大学来了，郭老师家和刘老师家的住址隔得不远，而且都在上游村居住。按常理说，刘老师的学科是世界史，郭老师的学科是中国近代史，他们两个走得很近，我当时也不理解。后来，我发现这两个老师在为人、处世、做学问方面有很多共同的东西，可能这样才使他们两个走得很近。在学术上他们互相敬佩，在生活上郭老师很关心刘老师，因为刘老师是只身一人到湖南长沙来工作生活，加之北方人到南方生活有一些不适应，有时候郭老师和余老师把刘老师请到他们家里去吃饭，我记得我也去过一次。那次是个五一劳动节，我和郭老师的研究生一起去郭老师家里包饺子，包好后还请刘明翰老师一起来吃，不知道郭老师还是否记得这次愉快的聚会，我对它记忆犹新。

除此之外，郭老师和刘老师还特别关心一些社会公益的事情，今天上午我听了一些老师关于郭老师从教 45 周年的报告和发言，发现大家都没有提到这一点，所以我要提一下。当时，长沙市宗教局、长沙市佛教协会准备和湖南的大学学者一起来开展佛学研究，振兴湖南省的佛教事业，刘老师和郭老师就特别热心这件事，把湖南师范大学的老师，不光是历史系的还有其他学院（有文学院的、生命科学院的等）都组织起来，利用业余时间组织佛学讨论会，大家都写文章，把长沙市佛教协会的学术活动搞得有声有色。当时佛教协会的会长博明法师，与湖南师大的老师一起在岳麓山麓山寺、长沙市开福寺等地开会，甚至还去过宁乡沩山的密印寺，组织佛学的学术讨论会，郭老师、刘老师和我等老师都一起参加了。郭老师和刘老师两位老教授热心公益，不图回报，兢兢业业地对待工作，诚恳待人，这些都对我后来为人处世和事业追求有很大的影响，我要向他们学习。

我讲的都是一些具体的事情，其他方面对郭老师的评价前面发言的同志都讲到了，我也不想重复。以后，我还会一如既往地与郭老师保持联系。最后，在今天郭汉民老师《文集》出版暨从教45周年座谈会上，我谨代表我的导师刘明瀚老师向郭汉民老师表示祝贺！谢谢大家！

中大学缘

诚挚的敬意

——在“郭汉民《文集》出版暨从教45周年座谈会”上的发言

赵立彬*

尊敬的郭老师、余老师，湘潭大学的各位领导，在座的各位老师、各位同学：

首先，我代表中山大学历史系，向《郭汉民文集》的出版表示热烈的祝贺！向郭老师表示热烈的祝贺！郭老师是我们中山大学历史系的杰出系友，在中国近代史研究领域成就斐然，也培养了一大批卓越的中青年史学人才。湘潭大学此次出版《郭汉民文集》，不但对于学术界具有重要的贡献，而且也是尊师重教的一段佳话。

为了表达祝贺，谨在此代表中山大学历史系，向郭老师、余老师奉上两件纪念品。一件是有中山大学怀士堂图形的铜盘，我相信它能够唤起郭老师、余老师对康乐校园和自己青春岁月的回忆。一件是一幅花朵图案的十字绣，这件礼品虽然普通，但是是我们一位后辈系友亲手绣的，

---

* 赵立彬，男，1967 年生，历史学博士，教授、博士生导师，中山大学历史系中国近现代史教研室主任，中山大学历史系党总支书记，中山大学孙中山研究所副所长，广东中共党史学会常务理事。著有《民族立场与现代追求：20 世纪 20—40 年代全盘西化思潮研究》等，主编《中国近代思想家文库 · 黄文山卷》。

我告诉她，她的这件作品将献给我们一位德高望重的前辈系友，这位年轻的同学十分高兴，觉得自己很荣幸。

但是，我今天在这里，更多的是作为郭老师的一名学生，向老师表达诚挚的敬意。在来湘潭之前，我回想起许多当年受教于郭老师的情形。郭老师只拿一支粉笔，为我们四个研究生上课，所有史料随口而出，偶尔在黑板或桌面上写几个字，字体流畅有力。我们感佩的不仅是知识的渊博，更是一种风度、一种精神。巧的是，我和当时上课的几位同学，现在也都当了老师，我想我们心中都有一个老师的楷模，虽然学不到郭老师的“功夫”，但应该都始终受到一种情怀的激励。在座的小站同学，和众多的郭老师的及门弟子，相信会有更多和更深的体会。

当年我们毕业之际，正是社会涌动着浮躁不安、不良风气盛行的90年代初。我们对于校园外的一切，也充满着迷惘、焦虑和稍稍的恐惧，不知道如何才能够应对。来自各方的互相矛盾的“指导”，不过是增添了我们的烦恼和困惑，增添了无所适从。记得有一位其他专业的同学，就受到要向某用人单位的主管领导送点礼的“忠告”。我们在向郭老师的一次倾诉中，谈到了这件事情，郭老师只是轻声地，但却是严肃和严厉地说了一句：“为什么要送礼给他！”当时这位同学并不在场，而就这轻轻的一句话，在我听来却是那么清晰坚定！我非常感谢郭老师，这一句并非直接对我说的话，但使我在走出校门前，在自己心中坚定地预存了一个对许多迷惘问题的答案。这个答案指导我在需要进行人格与利益之间的选择时，能够做到不失自我。毕业以来，我们经历了许多困难，受到许多诱惑，面对过一些三岔路口，然而检讨自己走过的路，因为有着这样一个预存的答案，有郭老师以及和郭老师一样亲切正直的前辈的关怀和帮助，我们尽管走得不够远，不一定能够达到老师的期望，但能够聊感自慰的是，始终是直立地行走着！

幸运的是，毕业以后，还能够经常在学术会议、校友活动等场合见到郭老师、余老师。除了关心我们的学业，郭老师、余老师还给了我们巨大的精神鼓舞，和生活上的细致关怀。郭老师来广州的日子，就是我们的节日！在此，我衷心地祝愿郭老师、余老师健康长寿！万事如意！祝愿我们能够有更多的机会和老师在一起！祝愿在老师身上体现的“师道”，能够得到更好的发扬和传承！祝愿在座的老师和同学们学有所成，前程万里！

谢谢各位！

自强自励　不改初心　辛勤耕耘　惠及后人

——贺“郭汉民《文集》出版暨从教45周年座谈会”

中山大学历史系老五届同学联谊会

获悉湘潭大学为郭汉民教授召开“郭汉民《文集》出版暨从教45周年座谈会”，我们中山大学历史系老五届同学联谊会的校友们，感到异常欣慰和振奋，谨此祝愿座谈会圆满成功！

郭汉民校友是中山大学历史系老五届（1966—1970）中1968届的本科毕业生。学生时代他就彰显出正直、真诚的品格；勤学、善思的精神；睿智、冷静的态度；克勤、克俭的本色。他关心国家大事，积极参加社会活动，在那“革命无罪、造反有理”的年代，他能够冷静处事，权衡利弊，顾全大局。为此，有人说他优柔寡断。其实，他是从不冲动处事，在那非常时期，十分难得地保持了对党、对国家和人民的一片赤诚之心，为同学们树立了良好的榜样。

由于特殊的历史原因和时代背景，1968年大学毕业后，郭汉民分配到7039部队农场劳动锻炼。他没有怨天尤人，而是自励自强，苦心志、劳筋骨，8个月田间劳作，种稻种蔗，成为农耕能手；8个月灶前炊事，更使他练就了一手精致的烹饪技巧，摆个十桌八桌的喜宴已是他的拿手好戏。

军垦农场劳动锻炼结束之后，他分配到海南岛五指山最南端的保亭黎族苗族自治县，在边远山区的加茂小学任教，担任戴帽初中的语文课教学工作。由于各方面表现都很优秀，还曾在《南方日报》发表文章，他先后被调到县教育局和县委宣传部工作。1977 年，他光荣加入中国共产党，并担任主办干事。

郭汉民不管走到哪里，不管遇到什么困难，都会牢牢记住：我是农民的儿子，是祖国、是人民、是党培养了我，我任何时候、在任何地方都要以积极的态度去工作，争取做到最好，为祖国服务，为人民服务，为党的事业而努力奋斗！这是他的初心，他始终不曾忘记。他以积极认真的态度，兢兢业业地勤奋工作，干一行爱一行，精益求精；他求知若渴，坚持不懈地刻苦学习，充实自己、丰富自己。他经历了怎样的磨砺，受过多少挫折，的确不难想象。

郭汉民是经历过磨难的人。对于寻常人来说，磨难是绊脚石，磨难让人颓废、沉沦。但对郭汉民来说，磨难是炼金炉里的精炭，是淬剑池里的清水，经历了磨难，炼成了真金，铸就了宝剑！

我们高兴地了解到，1980 年郭汉民考上了研究生，得以受教于著名史学家林增平先生门下，从此开启了他精研学术、教书育人的光辉历程：1989 年开始带研究生；1994 年晋升教授；1996 年担任博士生导师。

在学术方面，他积极做好学科建设，大力开展学术交流，潜心进行学术研究，为我国近现代史学做出了杰出的贡献；在教学育人方面，他坚持教学改革，开创了“指导选题”“独立探索”“小组交流”“大班讲评”“总结提高”的“研讨式五步教学法”的教学模式，受到教育界的广泛认同和学生们的崇敬、爱戴。

2001 年他荣获“全国优秀教师”和“湖南省普通高校优秀共产党员”光荣称号。2002 年他调到湘潭大学工作，任历史文化学院院长，并荣任教育部高等学校历史学科教学指导委员会委员，多次获得省级教学科研奖。

而今，郭汉民著述超百篇，桃李满天下。他取得的成绩足以告慰同窗，是我们老五届校友的楷模。对他自己来说，亦可谓无愧此生！我们以他为荣，为他骄傲！

《郭汉民文集》的出版，必将在一定程度上促进中国近现代史研究的发展，惠及学界后来人。值此“郭汉民《文集》出版暨从教 45 周年座谈会”召开之际，中山大学历史系老五届同学联谊会的全体校友们，特向郭汉民校友送上衷心的祝福：健康长寿，永葆青春；笔耕不止，奉献不停。祝愿他为中国史学研究做出更多贡献！

“双重校友”眼中的郭汉民

陈宗瑜*

各位专家学者：

大家下午好！

首先要说明一下，我不是搞近代史的，我对汉民说我要“混进来”参加今天的座谈会，因为我和汉民有非常特殊的关系，是“双重校友”，有五十多年的交往。

1961 年我从中国人民大学毕业，分配到广州中山大学，在马列主义教研室任教。因为暂时没有房子，就和学生住在一起。1963 年汉民考入中山大学历史系，正好和我住在一栋楼，慢慢地就熟悉起来了。因此，我和汉民是正宗的中大校友。

1976 年我调回刚复校不久的湘潭大学，在哲学系任教。汉民 1980 年从海南考到湖南师范学院读研究生，在林增平先生门下。最近十多年，他又调来湘大，而且又是同

---

* 陈宗瑜，男，1935 年生，湖南双峰人。1976 年从中山大学调湘潭大学哲学系担任哲学、政治学、政治管理学、马列原著等课程的教学和研究，历任副系主任、政治学教研室主任、系主任等职，应聘讲师、副教授、教授职务。主要从事国际共运史、马列原著的教学，1964 年转教哲学。著有《政治学概论》《婚姻家庭制度论》和《廉政建设论》（与章育良合著）等。

住在北斗村3栋，他在三单元三楼，我在二单元二楼，我们又成为湘大校友。因此，我们两人就有了“双重校友”的关系。

由于我们是中大校友，他在那里读书，我在那里教书，所以他老是喊我老师。他调到湘大以后，关系完全倒过来了，我反而当了他的学生。为什么我这么老，反倒当了他的学生呢？这是因为我常去听他的课。

汉民来湘大之前我就退休了。退休之后被学校聘请为教学督导，参加研究生教学督导团，经常去各个院系听教师给研究生讲的课。汉民在历史文化学院当院长，又带研究生，为研究生开课，所以我们多次去听汉民的课，也算是他的学生。汉民为湘大历史系研究生学位点的建设和研究生培养是出了大力的，他的课也讲得很好，我们那个督导团六七个人都有一种感觉，汉民同志的课，讲得很到位，讲到点子上，该讲的讲，不该讲的没讲。大家都赞扬汉民同志的课讲得好，讲得深刻，清楚明白。所以他来湘大，我们成为又一重校友，我感到很荣幸。

今天我想讲的有这么几点。一个是汉民的待人为人，很正直厚道。我这里不讲别的，就讲“文化革命”烽火连天的混乱时期，他在学生中的威信就很高，他在大会上一讲话，大家都注意听，因为他很正直，对我们的事业、对国家、对党都很忠诚。同时信仰很坚定，分析问题、处理问题很好，学生们对他评价很高。这是在当学生的时候。后来到海南工作，我听那里的同志介绍说他在那里搞得很好，他离开时那里挽留他的那份真情着实令人感动。因为他要出来读书，所以那边才罢手。他到了湖南师大，在林增平先生那里当助手，又表现得非常不错，不仅业务很拔尖，待人更很让人感动。他对师执弟子礼，也执父子礼，他对导师的这种态度是中国的传统文化，很值得推崇和弘扬。

在学术方面，汉民是林增平先生的传人，有继承、有发展，得到林先生的看重，在师大算是一个标杆性的人物。到湘大十年，一心一意做学问，研究成果有相当高的水平。我不搞近代史，不能具体评论，但能有这么多的专家学者从四面八方赶来参加座谈会，说明汉民同志在近代史领域享有一定的地位，这也使我非常感动和高兴。

汉民在教学方面的经验，特别是培养研究生方面的经验值得研究。总之，汉民同志在为人、为学和教学方面都是值得我们尊敬和学习的。

最后说一句，湘潭大学为退休了的汉民同志出版《文集》和召开座谈会，我感到很高兴，很激动，希望汉民同志继续为湘大做贡献。

郭汉民同学的学品与人品

曾庆榴*

接到湘潭大学历史系的邀请，前来参加《郭汉民文集》出版暨郭教授从教45周年座谈会，我很高兴。谨对湘大历史系表示感谢，对郭教授表示祝贺。

以上许多先生的讲话，已对汉民学兄在教学、科研上所取得的成绩，做了很高而又恰如其分的评价。认为汉民兄学有专攻，在学术上取得了多方面的成绩；在讲坛上树立了高尚的师德、感人的师风；在教学方法上也有独创，也就是创立了“研讨式五步教学法”，教书育人，桃李满天下。作为汉民兄的同学，我为他在学术研究和教书育人所取得的成就，深感钦佩。这是他数十年如一日勤奋工作、刻苦钻研的结果，也是他本人一以贯之的对师、对友、对

---

* 曾庆榴，男，1945年生，1970年毕业于中山大学历史系。中共广东省委党校（广东行政学院）原巡视员，曾任中共广东省委党校副校长、省委党史研究室主任，历史学、党史学教授。主要从事中共党史、中国近现代史、广东地方史研究。主要著作有《国共合作与国民革命》《广州国民政府》《走出历史的困谷——广东一二九青年的群体走向与党组织的重建》等，主编《中国社会主义的历史道路》《广东革命史辞典》等书籍，兼任广东省中共党史学会会长、广东省历史学会副会长。

学生的挚爱精神的体现。

我赞成这样的评价，郭教授是中国近代史著名学者，是湖南师大、湘大的名师。这两个称号，汉民兄当之无愧。

郭教授的史学研究很深入，很前沿，眼光博大，是开拓性的，史料工作也很扎实，对林增平先生的学识、学风，多有承传。尤其是对湖湘近代人物和重大史事，有很多发明。这许多话，以上的发言者都讲过了，时间不多，我不再重复。

郭教授能取得今天的成就，不是偶然的。还在中山大学历史系当学生时，汉民在我们这群同学的心目中，用今天的话来说，就是学霸式的人物。天分很高，悟性很高，而且很勤奋，很虚心，口才好，文笔也好。不但如此，还热情待人，勤于任事。上世纪 70 年代，他在海南岛工作，我在广州，听到海南保亭来的人士说，汉民在当地（海南保亭），群众对他评价很好，赞誉很多。这说明无论在什么样的环境中，他都有满腔的热情，以他的学识，特别是全心全意为群众服务的态度，赢得了社会的好评。他之所以能走到这一步，是他这种为人处事风格一步步发展的结果。

这些年来，我也与汉民在师大、湘大的学生，或与他共事过的人，有过一些接触，几乎众口一词，称赞他的人品、文品和师德。所谓“桃李不言，下自成蹊”，这也是汉民兄当之无愧的。

中大老五届的楷模

——记学友郭汉民教授

李鸿生 *

诸位朋友：

下午好！

我来自广东。在座大概跟汉民教授最早认识的应该是我。我和他是同学。1963 年他考进中山大学历史系时，我比他高一个年级。当时他担任班长，我是系学生会学习部副部长。因为工作关系，交往也比较多，彼此较熟悉。上个月，我们中山大学历史系老五届联谊会（就是 1961 年、1962 年、1963 年、1964 年和 1965 年考进中山大学历史系，并且“文化大革命”期间都在中山大学历史系度过的五个年级，称之为中山大学历史系老五届）回母校聚会。当时汉民携夫人与会。会上他提到这次座谈会，并且邀请了我，给了我这次到贵校学习的好机会。

这次到贵校来参会，收获很大。今天上午，我的老朋

---

* 李鸿生，1945 年生，广东汕头人，中山大学教授、研究员。主要从事广东近现代人物、中国学术团体史研究。主编《广东百科全书》《丘逢甲研究》等。广东省社科联原党组成员、主席团委员；中国史学会理事，广东历史学会常务副会长，广东丘逢甲研究会副会长，广东省广府文化研究会副会长，广东老教授协会常务副会长；曾任广东社会科学大学教务长、副校长。

友冯祖贻先生说湘潭大学开了一个先河。确实是开了一个好头，开了一个为退休多年的教授出版文集并举办学术讨论会的好先例。过去我们中山大学历史系也曾为陈寅恪、梁方仲、刘节等著名学者出文集、办研讨会，但为退休的教授出文集和举办这么隆重的一个会，可以说在史学界据我所知应该是首次，所以说湘潭大学开了一个好头。这是值得大家学习的。希望自此以后，各个高校都能这样做。这对于发扬我们尊师重教的优良传统是一个很好的开端。

汉民在中山大学历史系读书时，学制五年。五个年级，每个年级一个班，三十多位同学。入学后，前三年学基础课。到了四年级才分专门化。有中国古代史、中国近现代史和东南亚史三个专门化班。1966 年汉民读三年级，还没有分专门化，所以，他们那个年级依然是一个班，汉民是班长。他来自农村，家庭比较贫穷，他读书很刻苦，学习成绩在他们年级是佼佼者。在座如果有年轻学生，你们都应该向汉民教授学习。我总觉得现在的一些年轻人读书没那么刻苦，比较浮躁，应该学习汉民教授刻苦读书的精神。

另外，我认为汉民作为一名教师，一位学者，一个很大的特点就是求真务实。咱们中国史学界办了许多研讨会，其中有很多是纪念活动。我们广东史学界就做了很多。比如中国近代史开端 150 周年学术研讨会、太平天国与洪秀全学术研讨会、康有为梁启超与戊戌变法学术研讨会及孙中山与辛亥革命等近代著名人物与历史事件等等，我称其为“纪念史学”。1984 年广东开了一个全国的先河，召开了一个纪念丘逢甲 120 周年诞辰学术研讨会。丘逢甲在台湾影响很大，而在大陆因受极左思潮影响，对其评价不公正。当时我给汉民写信，邀请他参加。汉民写了一篇文章与会。当时我们基本上在做“纪念史学”，一大特点是对于被纪念的人只说好话，不说坏话，只有拔高不会贬低。汉民写的跟人家不大一样。当时说丘逢甲是资产阶级民主革命派等等的文章特别多，唯一就是汉民说丘逢甲在辛亥革命前夕还是立宪派。在会上汉民是少数派。但是他讲的是有道理的，因为人的思想转变总要有个过程。丘逢甲本身就是封建士大夫，不可能在短时间内一下子就转变为资产阶级民主革命派了。当时多数人的评价实际是拔高了的。其实丘逢甲的一生，应该更多的是属于立宪派。最后由于这个学术研讨会的纪念性质，汉民的这篇文章就没有收进论文集。后来我写信告知他，他一点都不介意，仍一直坚持自己的观点。这次，他的《文集》中收了一篇文章，是对徐博东、黄志萍《丘逢甲传》的评论，发表在《近代史研究》上面。正因为汉民的评价更符合实际，故该书作者对汉民的文章也进行了认真的研究和细读，承认第一版对丘逢甲的评价确实有点拔高。在修订版中根据汉民的意见做了一些修改，最终将晚年的丘逢甲作为资产阶级民主革命派来论述。

汉民教授的又一个特点是认真细致的研究方法。我们做史学研究最怕就是孤证。有一句史料就把它作为一个依据，确立一个观点，这是不可靠的。我们的老师梁方仲教授曾多次告诫我们要慎用口碑材料。野史材料可以用，口头材料可以用、民间传说也可以用，但是一定要有文献记载做基础。对于孤证，更不要轻率下结论。汉民在这方面能够坚持求真务实，不随波逐流，这是很值得我们学习的。做学问就在于学无止境，精益求精。这方面的事例，由于时间关系，不再赘述。

明年我们将在广东潮州的韩山师范学院，再开一次有关丘逢甲的学术研讨会。欢迎在座有兴趣的学者前往参加。

最后，祝诸位身体健康，家庭幸福。

谢谢大家！

师生情深

岁月不居　师恩难忘

胡长明*

各位老师、各位学者：

大家好！

这次参加这个会议，感觉非常感动。因为郭老师已经退休几年了，湘大还能为他办这么一次盛大的座谈会，体现了湘大对名师对教育的重视和敬重，所以我非常感动。

我1998—2001年跟着郭老师读了三年的博士，期间多次到他家里吃饭，多次交流讨论，他给我的教诲非常多。今天我看到郭老师的《文集》里收录了他为我的博士论文写的序言，我百感交集，非常感动，当年向他求学的情景宛在眼前。郭老师一生活动的范围在河南、广东和湖南，可以说郭老师是中国文化、岭南文化、湖湘文化的一个结合体。他的特点就是知识广博、思维敏捷、包容性强。在我们讨论问题的时候，有很多问题他不一定同意我的观点，

---

* 胡长明，男，1965年生，湖南澧县人，湖南师范大学中国近现代史硕士、博士，湖南教育出版社《书屋》杂志执行主编，长期从事中国近现代史研究，尤其是毛泽东、周恩来生平研究，著有《毛泽东与周恩来比较研究》《毛泽东评点历代王朝》《大智周恩来》《毛泽东故土情》等。

但是他表示了对我的观点的包容。他的这种宽容和对我的爱护让我很感动。作为一个中国近代史领域的著名学者，郭老师出版了很多著作，而且在《历史研究》《近代史研究》等顶尖杂志上发表了很多文章，成果非常丰硕，作为学生我感到非常骄傲、自豪。老师的这些成果和能力我达不到，但是他对学术的执著、严谨和创新的精神值得我们所有人学习。

最后我向大家发出一个邀请，目前我在《书屋》杂志工作，我们的杂志在学界还是有一点影响力的，希望在座的老师多向我们杂志赐稿，谢谢大家！

为郭师的人品点赞

杨代春*

暑假期间，湘大出版社的师弟暴宏博打电话给我，希望我将去年11月份在座谈会上的发言录音修整一下，以便今年出版。当时的发言以几件小事为线索，谈的是郭师对我的关心、支持和爱护，展现的是郭师与学生之间的关系，并未涉及郭师的其他方面。修改稿完成并发给宏博后，心里总感觉到意犹未尽，觉得我应该将我与郭师交往过程中所经历及了解的一些人和事写出来，以便大家对郭师的为人、为学有更进一步的认识。

犹记去年座谈会召开之时，众多的专家、学者欢聚一堂，畅谈与郭师交往的点点滴滴。看到如此场景，当时我就在想，郭师只是一位普通的教师，且已经退休了，为什么能有如此魅力？几经思索，我终于找到了答案：这既是

* 杨代春，湖南泸溪人，历史学博士。现为湖南大学岳麓书院副教授。从事中国近代史及中西文化交流史的教学与研究。专著《〈万国公报〉与晚清中西文化交流》获第五届湖南省优秀社会科学学术著作出版资助。近年来承担国家社科基金项目，湖南省社科基金重点项目、一般项目等3项；在《光明日报》等刊物上发表论文多篇。获第十三届湖南省社会科学优秀成果三等奖；2013年获评湖南大学“我心目中最敬爱的老师”、湖南大学优秀教师。

郭师为学的结果，更是郭师为人的结果，是郭师人品的大展示，是各位专家、学者、朋友、学生对郭师人品的肯定和称赞。

郭师的人品，体现于坚持正气，追求公平公正。

郭师的人品，大家是一致称赞的。而坚持正气，追求公平公正，则为其人品中最为耀眼之处。1997 年，我即将研究生毕业。是找工作还是继续读博，我选择了后者，报考了郭师的博士。当时湖南师大历史文化学院里也有一位世界史专业的青年教师报考。他很优秀，科研成果比较突出，且已经评上了副教授。他的妻子是河南人，和郭师是老乡，当时在校医院工作，对郭师很好。考试成绩出来后，我的成绩还不错，英语及专业课的分数加起来比那位青年教师高出了近 30 分。看到这种情况，那位考生亲自登门造访郭师，表达了跟随郭师读博的愿望，希望郭师能够先录取他。郭师说："你和小杨的成绩都过了线，录取你，或录取小杨，都没问题，但现在只有一个名额。手心手背都是肉，你的科研成果多，较小杨有优势。如果小杨的考试成绩只比你高出 10 分之内，我肯定会录取你。但他的成绩比你高出了近 30 分，如果不录取小杨，恐怕有失公平、公正。"也正是基于这一原则，郭师最后录取了我，而那位青年教师则离开了湖南师大，就职于南方的一所学校。

郭师在学界有很大的影响，口碑甚好，担任湖南省社会科学成果评审委员会委员，还多次担任历史学科成果评审专家组组长。在担任评委期间，郭师不以关系亲疏而有别，而以成果的学术水平高低为判。经他之手评出的获湖南省哲学社会科学成果一等奖的学术作品有邓洪波教授的《中国书院制度研究》、陈戍国教授的《中国礼制史》、李育民教授的《中国废约史》。为此，郭师也得罪了一些人。有些与他交往甚久且关系甚好之人，因为没有达到心中的理想结果，不惜写信责骂郭师。郭师心里很难受，但他认为自己坚守住了底线，就不怕别人如何议论。

郭师的人品也体现在淡泊致远，不争名利。

郭师上世纪 80 年代考入湖南师范大学，跟随林增平先生攻读中国近现代史专业的研究生。毕业后留校任教，协助林先生开展工作，为湖南师大中国近现代史学科的建设付出了很多心血，一直到 1994 年才解决教授职称。此时的郭师已 51 岁了。1996 年，当时的历史系及文学院推荐郭师参加博士生导师资格的遴选，郭师却希望院系能够先考虑韦杰廷教授，认为自己可以缓一段时间。

郭师评上教授后，时值其学术发展的黄金时段。在 1994 年至 1995 年两年时间里，郭师发表了一系列学术论文，反响很大，多篇为人大报刊复印资料转载，其中同一期就转载了两篇。就在此时，郭师同贵州师大的吴雁南教授、贵州社科院的冯祖贻研究员、华中师范大学的苏中立教授合作，开始“中国近代社会思潮研究”课题的研究。该课题一直到 1998 年才最终完成，由湖南教育出版社出版。期间郭师负责第三、四卷的统稿，从体例的统一、文字的润色、注释的核对到稿件的催促，都亲力亲为，付出了艰辛的劳动。与此同时，郭师又在师大历史系的基地班及教育班开始“研讨式五步教学法”的探索。这种探索花去了郭师太多太多的宝贵时间，从他 52 岁时起，直到 62 岁，整整十个年头。这本是一个史学工作者最好的年华。如果不是淡泊名利，谁又愿意如此？试看当今高校，又有几位教授能够将课堂作为自己的安身立命之所？在今天这个处处奉行“精致利己主义”的时代，用十年之力去从事教学改革，凸显的是一位大学教授的远见卓识，一位“全国优秀教师”的高度责任感！“研讨式五步教学法”一改过去单向的讲授式教学，使之变为研究与讨论相结合的教学，允许学生在课题的选择上有一定的自由度，尽可能地满足学生的兴趣，使学生由“要我学”变“我要学”，体现了对学生兴趣各异的尊重。可以想象，这种老师搭台、学生唱戏的教学法，不仅有助于培养学生的综合能力，也有助于进一步改变教学过程中的师生关系，必将在中国高等教育的教学改革中占据相当的地位。

郭师入湖南师大攻读硕士研究生之前，曾在海南保亭县当过中学老师，也在县教育局和县委宣传部工作过。以郭师的经历及其能力，他是完全可以胜任相应的领导职务的。但不论在师大，还是在湘大，郭师除了担任一段时间的中国近代史研究室主任、三年的院长外，其他时间均是一位普通的教师。其出任院长，不是因为院长这一职务能为他带来什么好处，而是受命于危难之时，是因为学科建设的迫切需要。郭师出任湘潭大学历史文化学院院长时，湘潭大学历史文化学院正从文、史、哲三系合并的人文学院恢复独立建制，人才流失，专业单一，发展极为不利。几年下来，经过郭师等人的努力，学院得到发展。本科专业在原来的历史学和中共党史两个基础学科外增加了文化产业管理专业，取得了中共党史学科博士学位授予权，硕士学位授予权涵括了历史学学科门类的主要二级学科。更为重要的是，引进了一批具有博士学位的青年教师，为历史学学科的发展奠定了基础。

燃烧自己、照亮别人为郭师人品的另一维度。

郭师在教育战线上辛勤耕耘了45年，也无私奉献了45年。他在学生及后辈心目中的名望很高。作为长者，郭师培育青年，提携后学，不遗余力。他联络省内其他知名学者，利用近代湖湘人物辈出的优势及能够获得的资源，先后在浏阳、邵阳、湘阴召开了数次国际、国内学术研讨会，为青年学者及学生参与学术会议牵线搭桥，提供便利。有位师姐在参加一次学术研讨会后，心里非常高兴，觉得找到了为学的一些门径。青年学者的学术成果出版后，郭师总是通过不同方式力予推荐。这从郭师《文集》中收录的近20篇序言及书评得以反映。未入郭门之前，我因报考中山大学历史系中国近现代史专业的研究生，希望得到郭师的推荐。（郭师曾为我们历史系89级讲授“中国近代思想史”，那时知道郭师是中山大学历史系毕业的。）当我怀着忐忑不安的心情去拜访郭师时，郭师不仅非常爽快地答应，并当即给邱捷先生写了一封信。每逢学生外出查资料或找工作，郭师总是让后辈享尽他的所有资源。1999年，我到上海、北京等地调研、访学，郭师推荐了上海社科院的熊月之先生，让我得与熊先生联系，并聆听其教诲；2000年博士毕业时，郭师得知我想到中国社科院近代史所做博士后，便亲自联系耿云志先生。后因我的问题，博士后未能如愿，郭师又亲自出马，先打电话给时任湖南师大出版社总编辑的莫志斌老师，后又联系湖南大学岳麓书院的朱汉民老师，直到我的工作落实。

郭师在座谈会上的答谢词曾讲到：人是应该有点精神和追求的。他所坚守并努力躬行的中国文化精神，即诚、信、勤、俭、恕、慎、谦、和、公、廉十个字。正是因为如此，郭师的人品才能得到大家的认可及称赞。

成长路上的师恩

袁洪亮*

大家好！在座的大多是郭老师的师友，作为郭老师的学生，刚才听了各位前辈的发言很感动。我想从学生的角度谈一下作为一个年轻人有幸碰到一个好老师会怎样影响他的一生。

我 1997 年在湖南师大硕士毕业后到青岛工作，工作不久后决定考博，想投奔郭老师门下。首先，郭老师在史学界地位很高，很有影响力，在师大读过书的很多学生都很仰慕他。他的研究方向，尤其是学术成就对我非常有吸引力。前面几位老师谈到了郭老师发表在《历史研究》上的关于太平天国与晚清政治的文章，我就是看了这篇文章后，下决心跟着郭老师。我觉得这篇文章对中国近代史的研究起了非常重要的作用。另外，刚才小站师兄讲到郭老师以及余师母对学生非常关爱宽容，他对学生给予学术的指导，

---

* 袁洪亮，男，1971 年生，山东曹县人，历史学博士，现为中山大学马克思主义学院教授、博士生导师。主要研究领域为中国近现代思想史。代表性成果有《人的现代化——中国近代国民性改造思想研究》《中国近代人学思想史》等，在《哲学研究》等刊物发表学术论文 50 余篇。

但是不会让学生感受很大的压力。

我非常荣幸能够跟着郭老师读书，但在做博士论文的过程中碰到很多的困惑，比如刚开始不知道该选什么题目。在我读研究生时，罗荣渠先生的《现代化新论》一书对我影响很大，那时现代化史观刚刚兴起，我对此很有兴趣。我的硕士论文就是这方面的内容。在读博后我和郭老师表达了想做“人的现代化”研究相关问题的意向。人从传统到现代的变迁有很多的内容，在切入点上我一直很迷惑，郭老师让我定期去他家里汇报交流读书报告和思索进展。郭老师每次都很认真地听我讲，在最关键的时候给我方向性指导。郭老师认可人的现代化研究这个选题，他建议思想史的研究最好就集中探讨近代国民性改造问题。郭老师就这样把我带到了一个更高的学术平台上，直到现在我还在做国民性改造相关问题的研究。

还有一个印象很深的是郭老师特别注重集思广益，让我去向别的老师请教。他还搞了一个读书会，让我们博士生做研究报告，谈自己看了什么书、对论文选题有什么思考、困惑，所有的郭门师兄弟和其他同学们都可以发言、提问、交流，这个读书会让我受益良多。郭老师在本科生教育方面提出了“研讨式五步教学法”，在对硕士生和博士生指导方面其实也有独到的方法。

我 2001 年到中山大学工作，至今已经 15 年了，在这些年中郭老师对我的指导和帮助也没有间断过。这些年我们打电话比较多，见面的机会也不少。每次见面郭老师都会叮嘱我安心教书做科研，心无旁骛地做学问。2006 年我有一个转去广东省委搞行政的机会，当时我犹豫不决，征求了郭老师的意见。令我感动的是，郭老师并没有鼓励我去搞行政，可能他考虑到我性格内向，鼓励我继续做学问。2010 年评教授，我的材料明显强过另一个老师，结果却是我没有评上，我感到不公正，心中很委屈，郭老师知道后用他自己的经历劝慰我，反正还年轻，晚一年未必就是坏事，这件事后更要静下心来把学问做得更好，并且一定要和同事搞好关系。现在回过头来再看，我深切感受到恩师的智慧和用心良苦的教导。在生活方面，郭老师对学生的关照爱护更是让我们感动，1998 年 9 月份我开始跟着郭老师读博，年底就结婚了，我妻子当时在湖南师大英语系读研。当时郭老师给了我们 600 块钱的贺礼，这应当差不多是郭老师半个月的工资了。郭老师当时的经济状况并不好，住的房子也很小，但是他对学生从来都是无尽的关爱，常常慷慨相助。

我就是非常幸运地遇到了郭老师从而改变了自己的命运，从一个山区中学老师走到中山大学的讲台上教书育人。郭老师学术上的巨大成就，崇高的道德品行，深深地影响着我们这些他的学生的人生，我们在工作和为人上可能达不到那种至高的境界，但我们都会以我们的老师为榜样，尽量朝这个方向去努力。谢谢各位师友！

一个外系"旁听生"的感念
——在郭老师座谈会上的发言

蒋海松*

郭老师好！各位前辈好！

在座的绝大部分是郭老师的学生和朋友，而对大家来说，我应该是一个陌生人，这里绝大多数人都不会认识我。我是湖南大学法学院的青年教师，大家或许觉得很奇怪，你一个法律系的人怎么"穿越"到这个史学界的会议上来，到了郭老师师门聚会上了？这对我来说确实也是一种"穿越"。

我之所以来，因为我是郭老师课堂上的旁听生，虽然旁听的课也不多，但是那几次课对我的人生发生了很重要的一些改变。有这个机会能够当面向郭老师表达谢意，我觉得非常荣幸。多年以来，这份谢意埋藏于心。

一、一个旁听生的感恩

我是 1999 年到 2003 年在湘潭大学念法律系本科，快

---

* 蒋海松，男，1983 年生，湖南永州人，法学博士，湖南大学法学院副教授，《岳麓法学评论》集刊主编，湖湘人文读书会会长，春风助学公益行动发起人，"湖南大学首届青年教师教书育人模范"，所讲授的课程被评为湖南大学法学院"名师名课"。

毕业之前，郭老师从湖南师范大学调入湘潭大学历史系，开了“湖南近代人物研究”课程，我对这个课程很感兴趣，就去旁听了几次。我当时在主编法学院学生学术杂志《湘江法苑》，便邀请郭老师为我们的学生杂志赐稿鼓励。在这个过程当中，为了“套近乎”，便冒昧把我关于湖湘文化的思考写的一些习作，如《湖湘赋》，大胆地送给郭老师指正。郭老师很热心，结合他“五步教学法”的理念，从师生互动、教学相长的角度赐文鼓励我们办刊，也热烈鼓励我自己。后来法学院让我写文回忆大学岁月，我还在中间开了个玩笑说：“我的诗歌没有骗到漂亮的女生，但赢得了白发先生的鼓励，好歹也是一份青春记忆。”于是有了这样一种半师生的情分。后来毕业时一次偶然的机会得知，郭老师曾经希望我保研去历史系跟随他治学。那时候我没有手机，一直也不知道这个消息。等我知道的时候，已经毕业了，人生已做了另外的安排。我后来去了西南政法大学读硕士和博士，但是郭老师这样的一份热心，对我作为一个外系旁听的学生的宽容与关爱，我一直感念在心。

几年后，我博士毕业的时候，就跟郭老师汇报了我这些年的学习情况，并送上已经通过答辩的博士论文，郭老师动手翻了一下，很高兴，对我表示了热烈祝贺，他对我读博期间关心社会公益，发起春风助学公益行动，提倡以大爱心、做小事情尤表赞许。其间谈到了我可能有意回家乡湖南工作。他说他的师弟陈宇翔教授在湖南大学法学院。陈老师是在座的很多老师的老朋友，刚刚这位李雅兴老师也提到了，现任湖南大学马克思主义学院院长，当时任湖南大学法学院党委书记。郭老师热心地把我推荐给了陈老师。因为这样的一个缘分，我就来到湖南大学法学院。郭老师却对我说："主要是你自己做得优秀"。

我跟陈老师本素不相识，李雅兴老师应知道，湖南大学有各种非常苛刻的进人条件，我毕业的两个母校——湘潭大学和西南政法大学，都不是所谓的"985""211"，不符合湖南大学的进人要求。陈宇翔老师和其他院领导为了能引进我，向学校做了很多破格的争取和努力。其实之前我们确实素不相识，唯一的机缘就是郭老师给他打了一个电话。我知道，陈老师之所以为我这个陌生年轻人而费心，有为学院发展的公心，也有郭老师所托的私谊。这本身也可看出，郭老师的品德威望为同道所重，一个电话很管用。李白有句诗："生不愿封万户侯，但愿一识韩荆州。"古人又说："得黄金百斤，不如得季布一诺。"所谓一诺千金，我觉得用在郭老师身上特别适合。

刚刚许多老师发言的时候谈到郭老师身上有这样一种侠义之风，这样一种古人的风范，我非常认同。对郭老师来说，我只是他课堂上旁听过几节课的外系学生而已，他却不遗余力地提携和关爱，套句网络语言："让人感到这个薄情世界中的深情。"而且，听了大家介绍的故事，郭老师终生报答恩师林增平先生的教化之恩，尊师如父，甚至把厅堂里挂父母照片的地方，挂上老师的照片，同时也表达对某些不敬师道的抗议。这让我感受到一种非常罕见的侠气和情怀，简直是《世说新语》中的故事。

二、“大道至简”的“五步教学法”

郭老师一直在推行“五步教学法”，变老师单一地填鸭式教学为学生自主学习、研讨性教学，具体分为“指导选题”“独立探索”“小组交流”“大班讲评”“总结提高”五个阶段，这在教育界有很大的影响，甚至谈到“研讨式教学”都会想到郭老师。百度百科的“研讨式教学”词条都是这样写的：“研讨式教学法源于早期的德国大学，现已成为西方发达国家高校中的一种主要教学方法。1997 年湖南师范大学文学院博士生导师郭汉民教授为探索在高校实施素质教育的途径，也大胆进行教改实践，创造了全新的研讨式教学模式。此后，国内多位学者从不同侧面对研讨式教学提出自己的观点和看法”。也有些文章考证：“研讨式教学在我国教育界自谢平仄首次提出（1988）到 1997 年郭汉民系统完善（1997）”。甚至我还观察到，在我们法学界，有人谈及民法的教学、物权法的教学都引用过郭老师的这个“研讨式教学法”。我自己在教学中也努力进行推广。

但坦率说，这应该说不上是一种全新的创造，而是古已有之。孔子的教学就是跟学生对话、启发性教学，苏格拉底更是辩论性教学。西方的 seminar 学习方式源远流长，费孝通《留英记》还将其翻译为“席明纳”：“席”，大家围坐一团讨论问题；“明”，把问题讲明白、听明白、弄明白；“纳”，有所收获。我记得郭老师主编反映“五步教学法”的文集就叫《群言》，通过这种方式让学生发声。

我觉得郭老师的贡献是把这些思想做成了一个更具有操作性的系统，提炼非常体系化，并且大力推广，也方便我们后来者积极进行借鉴。这个功劳是非常大的。特别是对当下教学改革来说，我有几个务实的体会。比如说，这个名字，“研讨式五步教学法”，你说它有多漂亮、多创新，真的说不上。它很质朴、简洁，像郭老师的为人一样。但是我倒是觉得今天很多教学改革的弊端就是太绚烂太华丽，动不动就什么创新型的、卓越型的，各种各样的教学改革的名目。在座的可能都知道教务部门总组织大家搞各种各样的教学改革，其实有很多东西是多余的。一个教学的规律就是像郭老师讲的其实很简单，老师好好教，把学生组织起来自由讨论，这样的五步式分解，它没有那么复杂的一个东西，不需要那些噱头。道可道，非常道，名可名，非常名。我相信，大道至简，教学也是这样，能做到这基本的五步，其实就是非常负责了，就是对学生肯定有启发的教学。这对于当下花样翻新的所谓教育改革不乏启示。真正的教学改革并非盲目求新、求变，而在于普遍化的大学教育规律的遵守与落实，那种动辄提出新战略、一年半载就要新跨越的做法，大多是非理性的盲动或者政绩工程的冲动。我记得郭老师在赠送我的一本书上题写个八个字“脚踏实地 自强不息”，这也是他教学方式的写照。

知易行难，说起来简单，但是要真正把它做到位，很难，很耗时间。有些人搞研讨性教学完全是为了偷懒，自己不备课，让学生在哪里乱讲。而真正要做到位，其实很耗费时间。老师要先规划好，确定选题，推荐资料，确定学生的分组，及时引导学生学习并监督检查，待学生学习到一定程度，再上台分享，老师讲评，再总结提高。这一过程事实上把老师填鸭式的一节课变成了漫长的一个流程，实际上加大了老师的工作量，如果这个老师负责的话。

现在的大学都已异化为科研单位，科研考核至上，教学几乎无人重视。课教得再烂，只要能发文章，搞项目，一样是大学的赢家，一切资源通吃。在这种背景下，郭老师十几年如一日，全身心投入教学改革，一心一意带学生，简直让我觉得是个神话。这太难得了。

三、言传身教的教学风格

郭老师把林增平老师的照片一直挂在自己家里，这个故事带给我们一种传统意义上“一日为师，终身为父”的震撼。这是郭老师对自己恩师的感恩。郭老师将五千多册全部藏书捐赠给历史系，每年捐出部退休金两万元，设历史系的“系主任（院长）奖”和全校“研讨式教学奖”，帮助下一辈教师和学生，这是郭老师对学生的爱心。尤其是历史系相对是一个偏冷的学科，要做这些，更不容易。对老师、对学生，郭老师都在传递一种爱。

年终大家都忙着开会，但这个会绝对是最温情的一个。大家说起来不少都是郭老师的门下或者林先生的门下。但今天的座谈会并非是简单的自然意义的师门聚会，而是一种价值共同体、精神共同体。这又让人引起怀想。孔子的三千弟子七十二贤人是师徒式的，学生去世，孔子都有那种痛不欲生的感慨。柏拉图学园里也是师徒性的，柏拉图所有的著作都以苏格拉底作为言说者，哲人的理性之后也有浓浓的激情。

从林老师到郭老师，从郭老师到我们，也是这样。这不但是一种言传，更多的是一种身教。不但是学问的、知识的一种传递，更是人格魅力的感染，是生命之道、为人处世各方面的传承。这样一种言传身教的教学风格，在我们今天盛行的体制化的普遍式的教育方式的反衬之下更显得弥足珍贵。西方有句教育名言："美德不可教育，但可模仿。"很大意义上，真正的教育不在知识上，而在这种朝夕相处的感染，在这些精神的示范与引领。

我说一个例子。郭老师与师母伉俪情深。一位学者有一位好的伴侣，不但是这位学者的幸运，在我看来，更是这位学者学生的幸运。跟在座的很多人一样，我也极为感恩师母。刚有老师回忆，在校期间经常去郭老师家里吃饭，脚受伤了，懂点医的师母还亲自为学生按摩、疗伤，让人感动得潸然泪下。我与师母仅有一两面之缘，若干年前参加陈宇翔老师组织的一次历史学会议上重逢，师母说的第一句话是"海松你那时候真瘦啊"。师母还记得我这个一两面之缘的旁听生，这是多好的记性呐。师母开口叫我"蒋老师"，我大感惭愧，坚决拒绝："我是郭老师未入门的学生，师母怎么能叫我老师呢？绝对不可以。"但师母却坚持说："你已经走上教书育人的岗位，也就是老师啦。"这场称呼之战虽经我极力"抗命"最终回复到师母叫我的名字，但是让我感慨，感慨的不仅是师母的礼节与修养，而且是她对人的尊重，对教师这个职业的尊重。我想，有这么一位老师与师母是我们共同的幸福。这种言传身教让我知道什么叫教养。

但在大学普遍扩招的背景下，对我们今天的大部分学生来说，已经没有这种机缘了。哪怕是博士生、硕士生，学生跟老师在很多地方已经简化为老板和员工的关系了。郭老师这样一种老一辈教育家身上有一种特别可贵的教育的传统和理念，充满温情，充满个性化。这是我作为一个大学青年教师特别向往的。我也想借这个机会表达对郭老师他们这种纯朴教育方式的敬意。

四、历史人学的建构与大写的人

关于学术研究，郭老师是中国近代史和中国近代社会思潮专家，我这个史学的外行不敢妄作评价。就我对郭老师著作有限的了解中，我最感兴趣的是郭老师对近代许多习以为常的所谓通说进行了解构，对一些常见误读进行了正本清源。这些尤见于郭老师与迟云飞老师主编的《中国近代史实正误》一书中。这部书被学界誉为第一本有关近代史从鸦片战争到民国初期史事考订重要成果的汇集，对诸多陈陈相因的谬说做了去伪存真的工作。

我是学习法律的，郭老师对近代社会思潮的很多研究成果对我也有很多启发。比如一般认为严复思想有前期激进、晚年倒退这样的划分，但郭老师经过考证指出，严复信守和坚持了以“天演进化论”为基础的自由理念，说严复自由思想前期激进、中期保守、晚年倒退，不符合严复的思想实际。我在毕业论文中专门引用过此说。再如郭老师关于曾国藩、蔡锷、宋教仁这些近代湖南人的研究对我学习他们的法政思想有很大的帮助。

在郭老师的著作中，有篇与学生合作的文章或许并不引人注目，但我非常感兴趣。题目是《论历史人学的建构》，在我看来，这或许是解读郭老师为人为学的“阿里阿德涅线团”①。

历史的本质是什么？学历史研究历史到底是为了什么？大概这是历史学的元问题之一。郭老师在这篇文章中指出：“我们寄希望于历史人学的研究能克服哲学人学和传统史学的偏颇，从抽象的理念思辨和急切、浮躁的制度变迁中挣脱出来，把研究的视角转向作为历史的本质的个人，通过对他们的具体的存在状态的历史考察，揭示个体人的一般发展规律，使人真正走向人的自觉，达到人的真正解放。”

在很大意义上，历史学的研究对象是人，是关于人的学问，是关于人性自我认知的一个过程。在历史中，我们不但了解过去，更重要的是认识人性。科林伍德有言：“严格说来，没有人性这种东西，这一名词所指称的，确切地

---

① “阿里阿德涅线团”或者“阿里阿德涅的线”是西方的一句习语。阿里阿德涅（Ariadne）是希腊古典神话中克里特岛国王米诺斯的女儿。她的母亲生下了一个牛头人身怪物弥诺陶罗斯，被幽禁在一座迷宫里。这座迷宫为杰出建筑师代达罗斯所造，进去之后便无法走出。希腊必须每一年（一说三年）进贡七对童男童女作为它的食物。童男忒修斯作为贡品来到克里特，阿里阿德涅对他一见钟情，她给忒修斯一个线团和一把利剑，教他把线团的一端拴在迷宫的入口，然后跟着滚动的线团一直往前走，直到进入迷宫杀死怪物弥诺陶罗斯，然后循线而返。走出迷宫之后，忒修斯带着阿里阿德涅逃离克里特岛。后来，“阿里阿德涅线团”常被用来表示脱出困境的办法，比喻解决复杂问题的方法和线索。

说，不是人类的本性而是人类的历史。”人的一切特性、本质只有在历史过程中才能得到具体的说明，抽象的人性只有诉诸栩栩如生的历史才能得以认识。黑格尔称历史是精神的舞台，德国哲学家狄尔泰说过“人是什么，只有人的历史才会说清楚”。郭老师则将历史人学定位于“一门通过对个体人在不同历史发展阶段的具体存在状况及相关思想的考察来揭示人的一般发展规律的学说”。人，就其实质而言，只是一种历史存在。离开了历史的考察，缺乏对人的发展的具体历史现象的细致研究，关于人性、人本质的所有讨论都是空中楼阁。

我完全同意郭老师的判断，“历史学要成为人学，使人成为有血有肉的生命活体，舍此别无出路。”事实上，这本身是中国史学的传统。我们过去都是纪传体史学，所谓二十四史，都是纪传体。虽然只是帝王的家谱，但终归是定位于人的故事。

搞历史的人容易给人一种不食人间烟火的冰冷形象，但其实本不应该如此。据说王国维的自杀有各种原因，有政治的、文化的、心理上的等等，但也有人推测过，从生活状态而言，可能也与他沉迷于甲骨文等历史的考证而隔膜于现实生活有关。此说未必准确，但应有一点道理。布洛赫曾讲了一个故事：有位历史学家到斯德哥尔摩旅游，他第一个参观的是市政大厅。为了打消同伴的疑虑，他说：“如果我是个文物收藏家，眼睛就会盯着那些古老的东西，可我是个历史学家，因此我热爱生活。”布洛赫由此得出结论，渴望理解生活，是历史学家最主要的素质。

我希望历史研究者首先就是一个大写的人，一个有血有肉的人。在这方面，我觉得郭老师就是一个典范，老师总是精气神十足，处处洋溢着生命激情与爱心。郭老师对学术研究爱得忘我，对教学改革爱得痴迷，对老师、对学生、对师母则爱得让人感动。郭老师刚刚也说，人总是要有点精神的。听郭老师讲话，基本都是中气十足，掷地有声，走起路来，虎虎生风。我不懂曾国藩的所谓冰鉴相面之术，但是凭感觉，郭老师的面相大异于一般斯斯文文白面书生的学者，更接近一位雄赳赳的豪侠雄杰之士。我还记得上一次重逢，与郭老师和师母同游南岳衡山。从南天门到祝融峰，郭老师健步如飞，把不少年轻人甩在身后，一路上更是引吭高歌飚豫剧，在海拔 1000 多米的南岳之上，真是有气壮山河之感。

那就让我们一起祝愿，老师学术之树常青，生命之树常青！

永恒的记忆　深远的影响

李雅兴*

我是郭老师的本科生，我今天要借这个机会表达两层意思。

一是郭老师给我留下的印象。我是湖南师大历史系84级的本科生，郭老师留校以后给我们班上了两门关于中国近代史方面的课程，我到现在还记得非常清楚，郭老师上课的情景还历历在目。郭老师人长得高大帅，上课非常认真，声音洪亮，个性鲜明，有激情，极富感染力。他上课期间用手撩头发的那个潇洒自如的动作，给我留下了非常深刻的印象。我后来上课的激情和感染力从一定程度上受郭老师的影响。由于大学期间跟郭老师接触较多（我曾参与我们班给郭老师搬家活动），毕业的时候，郭老师两个小孩还给我留言并送照片纪念，到现在还珍藏着。

---

* 李雅兴，女，1966年生，湖南隆回人。1988年毕业于湖南师范大学历史系。湘潭大学马克思主义学院教授，马克思主义中国化硕士点负责人，政治系副主任，湖南省理论服务体系首批专家，湖南省毛泽东思想和中国特色社会主义理论体系概论课教学研究会副会长，“毛泽东思想和中国特色社会主义理论体系概论”课程负责人，湘潭市社会科学界联合会第八届委员会委员，湘潭市第十届政协委员。

二是郭老师对我的影响。郭老师是大学期间对我影响最大的老师之一。莫志斌老师刚才已经总结得非常到位了，郭老师无论是做人还是做学问，都堪称楷模，值得我们学习。郭老师既是我的老师，也是我人生的导师。我 1988 年大学毕业后就分配到中学去了，那个时候联系极不方便，既没电话，更没手机，加上其他原因，我跟大学老师基本上没联系了。直到 2002 年，我调到湘潭大学马克思主义学院工作，郭老师也从湖南师大调来湘大哲史学院工作，当时我特别高兴，终于可以再见到印象深刻的大学老师了。从此以后，我成了郭老师、余老师家的常客。首先是在工作上，大约是 2004 年，我非常荣幸地参加了郭老师主持的全国教育科学“十五”规划重点课题、国家社科基金一般课题“‘研讨式五步教学法’的推广与应用研究”，郭老师让我主持子课题“‘研讨式五步教学法’在高校思想政治理论课中的推广应用研究”。郭老师是“研讨式五步教学法”的首创者，在国内同行中影响极大，为支持郭老师的课题，教务处特许参与郭老师“研讨式五步教学法”的学生可以不参加期末统一考试。也是从那时起，我开始了真正意义上的教学科研（我之前也搞教学改革，但那最多是一种教学实践活动）。12 年来，我和李益顺老师（郭老师的硕士研究生，也是我的老乡和同事）一直坚持教学改革并进行创造性发展，从郭老师的“研讨式五步教学法”受到启发，衍生出“开放式建构教学法”和“体验式教学法”等，先后成功申报了湖南省的“十一五”教育科学规划课题、湖南省教育厅教学改革课题、湘潭大学教学改革课题等 10 余项课题。我还把改革的经验在湖南省科研骨干培训班和湖南省概论学会的年会上做了介绍，并与省内外同行交流，得到与会人员和同行的一致肯定。

其次是生活上，2002 年调入湘大时，我举目无亲，人生正处于低谷时期，遇事没有商量和请教的地方，郭老师和余老师的到来，对于我来说好比久旱逢甘霖。加上郭老师的孙子郭加谊跟我儿子是同学加好友，我把郭老师和余老师当作导师和亲人，生活上有任何困难，都去跟他们汇报，他们俩都会非常热心地给我指点迷津，给我力量和信心。每次跟他们聊天以后，我都有一种说不出的兴奋和感激，从他们那里我得到了精神力量，从他们身上我学到了很多东西。郭老师和余老师还关心我女儿和儿子的成长，鼓励他们进步，余老师知道我儿子喜欢吃粽子，还亲自包了粽子送给我，让我们全家非常感动。我把郭老师的《文集》推荐给他们看，相信他们也会受到启发和影响。我目睹郭老师和余老师来湘大后对学生的关心，也见证了学生对他们俩人的尊敬，我参加了郭老师 70 岁生日的盛会，与其说那是一次生日宴会，还不如说是一次感恩的会聚。

今天这样的活动我是非参加不可的，本来今天是我母亲 92 岁生日，为参加郭老师这个盛会，我提前两天就回去给老母亲祝寿了，因为这种机会是千载难逢。今天上午的会议，我自始至终在认真地听，有时候真的很感动，眼泪都在眼眶里打转。并一边思考，如果每个人都能像郭老师那样爱岗敬业，我们的社会就不再需要进行职业道德教育了；如果每一位老师都能像郭老师和余老师那么关心学生，我们的社会就不会出现师生关系的异化与冲突现象；如果每个老师都能像郭老师、余老师那样得到那么多学生的喜爱，每天被学生的爱簇拥和包围，那老师的确会是太阳底下最光辉的事业，教师的幸福指数会成倍增长……总之，如果能像郭老师那样，人生就无遗憾了。当然，我的人生能遇上郭老师、余老师这样的好老师，此生知足了。此时此刻，我无法用言语来表达对郭老师、余老师的感激之情，只能借这个机会在这里表达我衷心的感谢和崇高的敬意！

最后，祝郭老师、余老师健康长寿，生活愉快！谢谢，谢谢大家！

岳麓山下求学琐忆

贺金林*

长沙岳麓山下的湖南师范大学，是我学术追求道路上的第一站，是我人生道路中充满美好回忆的地方。我与导师郭汉民教授的师生之缘，是我这段求学经历中最美好的回忆。我想之所以能够在学术追求道路上走到今天，主要得益于先生当年的悉心教诲。

我是1998年的秋天到湖南师范大学历史系求学的，在此之前已在中小学工作了9年的我，算得上是一位“大龄研究生”了。由于我们这批人在上个世纪80年代初中毕业之后读的是中等师范学校，1989年参加工作后没有接受过系统的高等教育，刚刚进入湖南师大校门时心中不免有些忐忑不安。记得开学不久，那时我们还没有分配导师，由于在此之前已经和郭老师认识，因此便向他咨询首先该看

---

* 贺金林，男，1972年生，湖南石门人。历史学博士，桂林电子科技大学社会科学部教授。主要从事中国近现代史的教学与研究。1989年6月毕业于湖南省桃源师范学校，此后从事中小学教学工作长达9年，2001年6月获历史学硕士学位。发表论文20余篇，出版专著2部，主持国家社科基金西部项目1项，主持完成教育部人文社会科学研究一般项目1项，广西高等教育教学改革工程A类项目1项，“十一五”广西教育科学研究B类项目1项。

些什么书。先生开出了一个书单，其中除了林增平先生与林言椒先生合编的《中国近代史研究入门》等一些基础性的必读书目外，还有一本印象最深的是茅海建先生 1995 年出版的《天朝的崩溃》。一个月后，《天朝的崩溃》看完的时候，有了一点关于晚年林则徐与神光寺事件的想法，于是向先生寻求指导。先生认为这个想法不错，可以尝试把整个过程做一个更为清晰的考察。先生的此番话，对于一个刚刚进入校门不久的老学生来说，真是带来了莫大的鼓舞。

也就是在此时，历史系开始酝酿我们这批学生的导师分配事宜，采用学生与导师的双向选择的办法。先生那时早已是博士生导师，又是全国知名的学者，历史系那一届中国近现代史专业有 14 名学生，想进入先生门下的人很多。而这时先生已经带了 3 名博士生和 6 名硕士生，因此系里那年只给先生分配了一名硕士生指导名额。当时我虽然非常希望先生作为我的指导老师，但对先生能否挑选我这么一个非正途出身且年纪已经偏大的学生，内心还是充满了忐忑的。让我喜出望外的是，先生让我进入郭门，这对我来说真是莫大的荣幸。多年后，从与先生在一次闲谈中得知：当年他之所以选了我，主要是看到我进校之后，在比较短的时间内就有了一些想法。在他看来，这是一种比较难得的追求学问的敏锐视角。而对我来说，这次经历让我明白了学问是在不断交流的过程中才得以进一步弘扬，而前辈的点拨更是得以获得较大进步的关键所在。

正式进入郭门后，压力骤然增大。先生在此后一年开始提出硕士论文选题的方向问题。当时他的想法是，让一批研究生以晚清政府的某一项政策为方向，来一个较为全面的晚清政府政策方面的研究。此前的师兄师姐们已经在这个领域开展了相应的工作，当时给我分配的是关于晚清留学政策的问题。接到这一方向性的指令后，开始查阅这方面的资料，并在1999年底基本上完成了论文的第一部分（这一部分论及甲午战前的晚清留学政策，此文经先生修改后，发表在《常德师范学院学报》2000年第三期）。也就是在同年，郭嵩焘学术思想研讨会将在岳阳召开，奉命撰写一篇郭嵩焘考察西方教育的论文。没想到此后又出现了一个意外情况。在查阅有关郭嵩焘的资料时，发现了一个更有意思的选题，那就是晚清湖湘名士王闿运。那段时间几乎天天在湖南师大图书馆翻阅整套的王闿运日记与文集，而且还发现了一个过去文献中有关王氏何时考中举人的错误。在先生的鼓励与推荐下写出了一篇有关王氏何时中举的小文，在《船山学刊》2000年第一期发表，此文同年还被人大复印资料《中国近代史》全文转载。

虽然在学术追求道路上小试其锋，但接下来的事情却让我头痛不已。有关晚清留学政策的毕业论文资料准备基本充分，不过自己一直觉得无法在这个问题上取得大的突破。而也就是在此时，有关晚清时期教育团体的设想一直在脑海中无法忘怀。在一次给先生汇报的过程中，我委婉地提出了这个困惑。没想到先生立即对我的新设想加以肯定。想起当时的感觉，真是久雨之后逢甘霖一般畅快惬意。多年后想起这段往事，我仍然为先生当年的鼓励与提携感到莫大的荣幸。此后在撰写有关清末教育团体毕业论文的过程中，得益于先生的悉心指导，在有惊无险中完成了。记得在论文答辩的时候，先生特别介绍我的论文虽然只有2.5万字，但内容丰富、条理清晰，得到了他的肯定。后来在硕士论文的基础上，将之拆分成了几篇论文发表，其中有一篇还被人大复印资料全文转载。而在此基础上扩展的有关清末僧教育会的小文，还有幸被《安徽史学》看中，在学界产生了一定的反响。

有一件事情一直感觉到对不住先生，那就是没有机会跟随他继续攻读博士学位。早在1999年我在看有关王闿运的资料时，先生便鼓励我这是一个博士论文的好选题，鼓励我继续在他的门下完成这一选题。但当临近毕业时，因为小孩子已经4岁，家庭的拖累需要我尽快找到一份养家糊口的工作，因之在2001年6月毕业之后，选择来到桂林的一所学校再执教鞭。此后虽然也曾在2003年回到湖南师大，想在先生门下再续前缘，不过由于湖南师大历史系那边人事方面的矛盾，这个愿望最终没有实现。一年后，我只好南下广州，在先生的同学周兴樑先生门下攻读学位。此后与先生相聚的时间较少，每隔几年才能见上一回。来到广西后，由于自己开始变得有些疏懒，在学术追求的道路上一直成绩平平。每每想起先生当年的教诲，和师母余老师的慈母心肠，总觉得对他们有所亏欠。

自1998年进入郭门，一晃过去了近20年。回忆起当年在岳麓山下求学的那段经历，感到三生有幸的是能够进入郭老师的门下。10多年的学术追求道路虽然不太平坦，取得的成绩也不多，但每当想起先生的教诲，内心总是充满着无比的感动。先生高尚的学术道德与学术水平，是我这一生在学术追求道路上的目标。

三件小事见证郭老师的学术、道德与人格

吴仰湘*

各位老师好!

我不是郭老师门下的研究生，但从我的个人经历可以证明，今天我们在这里给郭老师召开隆重的《文集》出版和从教45周年的座谈会，是非常应该的。

我在湖南师大历史系读硕士的时候，读的是中国古代史专业，没有机会听郭老师讲课。后来我虽然读了近代史的博士，也没有和郭老师有很多课堂上的接触，聆听他的教诲。我硕士毕业后留系任教，和郭老师在一起的日子就非常多，尤其是1999年开始我和郭老师住在同一栋楼，基本天天见面，受他影响非常多，所以我在这里报告三件小

* 吴仰湘，男，1970年生，湖南溆浦人。湖南师范大学中国古代史硕士、中国近现代史博士。湖南大学岳麓书院教授、博士生导师，主要从事清代以来的经学史研究及湘籍学者著述的整理与研究。在《历史研究》《近代史研究》《中国哲学史》等刊物发表论文40余篇。主持国家社科基金项目、国家清史纂修工程文献整理类项目、教育部人文社科基金项目、全国高校古籍整理与研究项目等多项。出版有《通经致用一代师：皮锡瑞生平和思想研究》《皮锡瑞的经学成就与经学思想》《中国近代国防理论的奠基：蒋百里思想研究》等专著，合译《从礼仪化到世俗化：〈诗经〉的形成》，整理《湖湘文库·皮锡瑞集》《中国近代思想家文库·皮锡瑞卷》《皮锡瑞全集》等。

事情，算是我和郭老师的亲密接触。

第一件事就是我在住筒子楼时，到郭老师家里去，看到郭老师在客厅做事，客厅中有很小的茶几，沙发上和茶几上都堆满了书。我就很奇怪，郭老师说他基本在茶几上看书，甚至有些论文都是在茶几上写的，因为书房让给女儿读书去了，这件事让我很受感动。郭老师的著作有那么多，但住宿环境却如此简陋。所以我以后自己看书时都不要求非要在书房里，郭老师就是在有一本书 个地方的条件下就可以做学问，这一点让我很受启发。

第二件就是1999年我小孩出生的时候，我和郭老师还没住在同一栋楼里，我住的条件很不好，他和余师母一起来看我的小孩，还特意带了一只土鸡过来。可见郭老师和师母在小事上对我们这些晚辈的关怀。

第三个事情是在2002年春节过后我出差，我的工作还没有着落，郭老师当时也要离开师大，有一次他特意找到我让我跟他一起来湘大这边。当时我去向不定，郭老师主动找到我让我十分感动。后来岳麓书院那边给我的回应也比较快，所以错失了和郭老师来湘大的机会。

我说这三件小事情就是说明，在学派上来讲我和郭老师没有师生之谊，我对他的了解都是通过他的研究和文章，对他非常佩服。通过平时日常小事的接触，更感受到了他人格的魅力。特别是听周秋光老师说到和郭老师在一起的亲密合作和奋斗，我也感受到了他们深厚的情谊。我的博士生导师麻天祥老师跟郭老师非常要好，因为这两位老师的原因，郭老师对我也另眼相看。虽然我没入郭老师师门，但是在郭老师眼中，我也是一个非常能让人信任的、看得起的学生。所以我一听说有这个会议的时候，就请王校长务必给我发邀请函，以我个人非常细微的事例来见证一下郭老师的学术、道德、人格。

谢谢！

关怀与感谢

李传斌*

今天上午听到很多老师的发言，感触很深。作为学生，我在很多方面得到了郭老师的关心和帮助。在攻读硕士学位的时候，我曾上过郭老师讲授的“中国近代思想史”“中国近代思想家著作导读”的研究生课程，收获很多；在学习过程中，在硕士论文答辩时，郭老师都给予我很多的鼓励。考取博士研究生后，我还到郭老师家中请教过有关博士论文选题的事情，同样得到了郭老师的鼓励。工作以后，我和妻子李群每次遇到郭老师，郭老师都会鼓励我们。余老师也给我们很多关心，每次遇到我们，都会问我们的情况怎么样，包括我们家小孩的成长，真的很感谢！现在，我们还受到郭老师的影响。前天，在为第二天要上的课程备课时，我还拿出了《清末社会思潮》一书，以补充教学

---

* 李传斌，男，1973 年生，湖北老河口人，湖南师范大学硕士、苏州大学博士，湖南师范大学历史文化学院教授、博士生导师。研究方向为中国近现政治与对外关系史。目前承担国家社科基金课题 1 项，其他课题多项，在《世界宗教研究》《光明日报》等刊物发表论文 30 余篇，出版《条约特权制度下的医疗事业：基督教在华医疗事业研究》《基督教与近代中国的不平等条约》等专著，合著《近代中外条约研究综述》。

内容。这本书还是我作为研究生上课时，郭老师赠送给我的。

其实，正如很多老师所说的，郭老师对青年人是很关心的。不仅仅是我和李群，还有很多人都是如此。我的师弟孙宝根、陈光明在学习和工作过程中，都得到了郭老师的鼓励和关心。师妹李斌也是一样。谢谢郭老师！

衷心感谢　郑重邀请

廖雅琴*

大家好，我是郭老师的学生。因为时间关系，我就讲两层意思，一是衷心感谢，二是郑重邀请。

首先，我要感谢我亲爱的师母余老师。我们绝大多数学生都认为，郭老师的军功章里有余老师的一大半。记得我还是大一新生时，第一次去图书馆，根本不知道怎么查资料，是在图书馆工作的余老师看出了我的胆怯和无助，主动询问我情况并手把手地教我怎么去查资料。那一刻，师母的高大形象就深深定格在我年轻的心里了。师母，我想告诉您，您教给我的不仅仅是查阅资料的方法，而且是给了我这个刚从偏远县城迈入大学的青涩女孩以后再次进入图书馆的勇气和学习的自信！

其次，我还要感谢我敬爱的郭老师。感谢您作为博导，还那么尽心地给我们本科生上课；感谢您在带队实习时用自己的行动告诉我们今后该怎样做一个合格的教师；感谢

---

* 廖雅琴，女，1971年生，湖南道县人，湖南科技学院马克思主义学院教授、院长。主要从事高校思想政治理论课的教学与研究。主持湖南省社科基金课题等多项。曾获湖南省思想政治教育研究先进个人等荣誉称号。

您在我评副教授时给予的无私的指导和帮助！

在这里，我想郑重邀请郭老师到湖南科技学院马克思主义学院讲学。我院正在推动思政课教学改革，希望您能以“十年磨一剑，我与‘研讨式五步式教学法’”为题给我们做一个讲座，把您多年来教学改革的丰富经验和坎坷经历跟我院教师好好讲一讲，去指导一下我们的教师，感染一下我们的教师，帮助我们更深入地推进思政课教学改革好不好？您一定要答应啊，我先代我校的教师和学生谢谢您啦！

（**编者跋** 当时在场的郭汉民教授立即站起来说：“我答应你，明年一定去，具体时间由你定。”2016 年 6 月中旬，郭汉民教授专程到永州，湖南科技学院教务处组织全院各院系师生代表听取了郭教授的报告。郭教授还与马克思主义学院全体教师座谈研讨式教学改革，受到热烈欢迎。）

永生难忘师生情

李　斌*

郭老师、师母好！

非常高兴，也很荣幸能参加这个座谈会。

十多年前，我报考了湖南师范大学历史系中国近现代史专业硕士研究生，之前一直与郭老师有联系，非常想做郭老师的弟子。虽然最后没能做郭老师的硕士生，但是一直把郭老师当作我的恩师。在我读硕士的三年中，郭老师和师母非常关心我，曾给予我很多帮助，我也曾很多次到郭老师家吃饭、请教、汇报思想状况。我对郭老师和师母的感激之情无法用语言表达，也是永生难忘的。

今天，在会场看到字幕落款有湖南省湘学研究基地，这也让我很激动，想起了郭老师的诸多科研成果。郭老师在湖南地方史、湖南历史人物研究方面有很多成果，可以说是湘学研究专家。我每年负责编辑《湘学年鉴》，需要搜

---

* 李斌，女，博士，湖南省社会科学院图书馆副馆长、副研究员。主要从事历史学、历史文献研究，侧重于中国近现代对外关系史、民国政治史、湖湘文化等研究。出版专著《废约运动与民国政治（1919—1931）》，参著10多部。在《中共党史研究》《党的文献》等发表学术论文40多篇。主持国家、省级社科规划课题4项。成果获得国家级、省部级优秀成果奖3项。

集各方面的相关资料，今天的座谈会就是一个很好的素材。我在参与湖南省重大社科基金课题“改革开放以来湖南史学研究概述”时，非常认真地学习过郭老师那些关于近代史研究和湘学人物研究的成果。此刻，更是感慨郭老师在湘学研究方面的突出的贡献。

郭老师辛勤耕耘数十载，收获满满。无论是为人处世还是治学教学，都堪称楷模，值得我们学习。在此，我再次感谢郭老师，感谢师母给予我的关心和帮助！祝郭老师和师母身体健康、万事如意！

深深的敬意

刘大禹*

我从湖南科技大学过来，当面向郭老师表示深深的敬意。

早在1993年，我在一所乡村中学做历史老师，月薪很低，除了教材以外，基本没有任何资料。但学校要求每年至少订30元钱的报纸杂志。当别人订《爱情 婚姻 家庭》等杂志时，我就订了《历史研究》《近代史研究》。然后一篇篇文章咀嚼。我清楚地记得教太平天国运动时，读到了郭老师在《历史研究》上发的一篇太平天国运动的文章。读完后，才知道太平天国运动与晚清政治的逻辑关系，至今还记忆深刻。凭着读这些学术杂志，我后来开始有了追求学术的想法。从治学的角度来说，郭老师大概就是我的领路人了。

---

* 刘大禹，男，1972年生，历史学博士，湖南科技大学马克思主义学院副院长、教授。湖南新世纪“121”人才第三层次人选，湖南省青年骨干教师培养对象。主要从事中国近现代政治制度史、中共党史、国共关系史等方面的研究。主持国家社科基金项目2项，省社科基金项目1项，在《中共党史研究》《抗日战争研究》等刊物发表学术论文30余篇，出版专著《蒋介石与中国集权政治研究（1931—1937）》。

2000 年我在湖南师范大学历史系读研究生时，郭老师虽然不是我的直接指导老师，没教过我的课，但名声响亮。郭老师常常来看他带的研究生，我们也沾光不少，郭老师常给我们输送精神粮食和物质粮食。尤其在夏天，郭老师每次到我们宿舍时，总是摇着那把大蒲扇，穿一个背心，非常随意而慈祥，论学术，谈人生，不时伴随爽朗的笑声。我们在师大读研究生时，正是受到郭老师等诸位师长的熏陶，不断奠定了未来的学术基础。

2003 年我在湖南科技大学教书时，郭老师调到了湘潭大学。刚来湘潭，听闻满怀敬意的老师就在旁边，我怀着非常激动的心情，去看望郭老师。郭老师当时给我的启发非常深刻，鼓励我去考博士，说要充分利用时间从事学术研究，要有稳定的研究方向等。后来，我读了博士，去年在这个会议室参加答辩，评上了教授，终于初步实现了人生的夙愿。

此后，我长期在忙自己的事情，没有专程拜访郭老师，但常常和同学聊郭老师的近况。今天看到的郭老师，依然笑声爽朗，依然精神矍铄，依然平易近人。在此，我再次向郭老师表示深深的敬意与衷心的祝福，祝您健康长寿，万事顺意。

曾记郭师谆谆语　肯把金针度与人

李中平*

郭老师：

您好！

莫（志斌）老师和罗（衡林）老师对我今天的发言可能颇感意外。因为在座的各位要么是郭老师的师友和同事，要么就是郭老师的学生，我这几种身份似乎都谈不上。

我今天发言的目的何在呢？一是要感谢郭老师，另一方面我要向郭老师道歉。

为什么要感谢，又为什么要道歉呢？这个得从2005年说起。不知道郭老师还有没有印象，您那时主政湘潭大学历史文化学院，在2005年4月的一天，一个小伙子在历史文化学院外面等了1个多小时，干什么呢？是为了他的求学之路而来，想进入湘潭大学读研究生。因为那时候考研究生的成绩出来了，我报考的是中国人民大学，总分差一分（但上了国家控制线），所以我想调剂到湘潭大学。我记得很清楚，李永春老师发现我在等候，便询问我，我做了

* 李中平，男，1983年生，湖南师范大学历史文化学院教师。主要从事中国近代史的研究与教学。

汇报，然后郭老师就出现了，郭老师给予了我热情的接待，我将情况向他做了汇报，他肯定我完全符合要求，表示热烈欢迎，他当即做出指示，安排人帮我登记相关信息。整个过程，郭老师耐心，细致，循循善诱。但后来，我面临三个选择：一是到湘大，二是到中央民族大学（我已将材料邮寄给了民大，民大已通知我复试），三是到湖南师范大学。最终我选择了离家近的湖南师范大学，师从郑大华老师。在这个过程中我十分感谢郭老师，但面对郭老师的满腔热情，我却食言了，所以，我也在这里说一声抱歉，因为当时选择了师大，所以没有来到您门下读书。

今天我是一方面陪罗老师来，罗老师是我爱人的硕导；另一方面，我还有一个小小心愿，想见一下郭老师，当面感谢。对一个素不相识、萍水相逢的我，郭老师对晚辈的那种关爱，对后生的提携奖掖，对我来说，可谓猥承嘉与，我感动莫名，再次谢谢郭老师。

最后，我觉得郭老师《文集》的出版以及45周年的执教，让我们深切地感受到郭老师是一个有为的人、一个幸福的人、一个有福之人，所以我在这里衷心祝愿郭老师寿比南山，福如东海！谢谢。

身受教诲　如沐春风

孙存昌

在座的前辈们，郭老师、余老师：

大家下午好！

很感谢有这样一个学习的机会。我叫孙存昌，现在广西大学工作。从参会至今我说一下自己的感受。

第一就是比较震撼，很震撼。我是学高等教育学的，在历史学面前是个门外汉，对历史学的研究范式一点都不懂。2013 年认识郭老师和余老师以后，第一感觉郭老师是一个好人，是位朴实善良的长辈。在接下来的交往过程中，通过相互交流及对他资料的深入拜读，使得我对郭老师的为人、治学等很是钦佩。我作为一个后生晚学，在感受了他的整个的治学、做人的经历之后，结合昨天及今天诸位师友的分享，又一次觉得心灵受到洗涤与震撼。在昨晚散步回去住处的路上我跟郭老师的门生芮红磊说，我也想做像郭老师这样的老师，严谨治学、宽人律己、友善为人，我会努力去做。

第二个感触就是传承与创新。无论是历史学、教育学、政治学、法学等所有学科其实都有它的自身逻辑，都需要在自身的学科范式下发展和传播。这种传播的载体就是学科门类下一个一个的具体个体以及凝结起来的团队。比如说郭老师所受教的林门后辈们，能够把林老师在历史学领域的研究内容、研究方法、研究精神转化成实际传承的行动，把这门学科的内容以学术研究的形式薪火相传，传承着我们今天上午所说的“古风”这样一种东西。在传承学术的过程中，郭老师有了对教学方法进行变革的思考及亲身所为的实验尝试，这就是“研讨式五步教学法”。其实不是高校所有的老师都会像郭老师这样敢去做、愿意去做改变。我们作为理论研究者，希望所有的高校老师们都能够像郭老师这样去学习、探索、践行解决教学问题的方法。无论是欧洲中世纪的大学还是我们中国古代游学、讲学和书院教育，其实都是研讨式的。建国以后，书院式的教学模式被束之高阁，十多年前，郭老师等人又把它给捡了回来，并通过历史的研究范式把这种传统进行了传承和发扬。它会比其他方法得到更多的认可和复现。

第三是谦虚。认识郭老师以后，他专门问我要了我们高等教育学领域一些专家学者的地址，把他的“研讨式五步教学法”的书籍寄给他们看，请他们提出建议和意见，后来，这些高等教育学领域的学者给出了很高的评价。比如说潘懋元先生，他说郭老师所做的是一个真正的教学改革的实验。像南京师范大学的胡建华教授，还有华中科技大学的张应强教授，都对郭老师的教学的实践和实验给了很中肯的评价，没有恭维。因为这是我们作为高等教育学学者所想看到的教育实践与改革。我们所进行的理论研究和引导，需要像郭老师这样一线课堂教学提供实践的验证。郭老师的教学方法的改革使得高等教育学的研究有了基础，有了土壤，有了活灵活现的素材。从我们学科的角度来看，我想郭老师的“五步教学法”一定会在我们中国的高等教育领域中间、在我们实际课堂教育中间得到更多的认可和施行。我本身也是这种教学方法的一个践行者，包括刚才发言的许多老师，也都是这样的一个一个的践行者，因为我们的课堂，我们的高等教育的教学，它需要这种原生态的、鲜活的、师生互动的形式。

最后，我最深刻的感受是很感动。记得刚认识郭老师的时候，他不以长者的身份自居，很随和地跟我交流，他没有架子，是一个平易近人的老师，又像父亲一样来关爱我们。我在心里面认为郭老师也是我的导师，从我见过郭老师第一面开始到现在我一直这样认为。一个月前我知道要开这个研讨会的时候心中就一直想要来参加，没有想到郭老师真的邀请我来了，有了这个学习、聆听和表达的机会，这种感动无以言表。

最后，祝郭老师、余老师身体健康、幸福快乐；也祝诸位前辈、专家、同行快乐开心，谢谢大家。

未曾追忆，因为从未忘记

姚丽君*

人生两大幸事可遇不可求：一遇人生知己；二遇人生恩师。我有幸，二者皆遇。人生知己已随风西逝，过往之事，心触泪来，不愿提及；所幸人生恩师——郭老师与余老师二位师长，仍鹤发童颜，健硕如初，古稀之年，仍笔耕不辍，奉献学术，成果喜人。在郭老师桃李满天下的学生中，我或许是最不起眼的一位，中学教师，本科学历，命运多舛，但是郭老师与余老师对于学生我十多年的关爱与照顾，不关乎学术未来、不关乎名誉地位，不为功利，不求回报，就是师者对学生最纯真最诚挚的关爱。郭老师的学识与眼光、教育理念和对我的职业影响，让我常常敬仰在心；郭老师与余老师对于我家庭给予的深厚关爱，让我时时心怀感恩、永生感念！

---

* 姚丽君，女，中学历史高级教师，湖南省历史学会会员。现任长沙同升湖国际实验学校高中部主任。1999 年毕业于湖南师大历史系基地班，一直从事初高历史教学，多次获得全国和湖南省教学比赛一等奖。教学论文《中学历史多媒体教学之管窥》获得常德市论文评比二等奖；撰写的《高三历史课堂教学中的“感知—探究—运用”模式初探》在长沙市教育学会论文评选中获得一等奖，并刊登在国家级刊物《中国科教创新导刊》上。

我和我先生都是湖南师大历史系95级基地班学生。大三时，郭老师开设了一门选修课“近代湘籍名人研究”。因为自己一直更喜欢中国古代史，所以一开始我并没有选修这门课程。但是一次偶然的旁听，开启了我与郭老师的缘分。旁听这门课程，我深深地被吸引了，因为郭老师用了一种全新的方式来教授，不，说教授不合适，应该说是来组织这门课程。每个同学选择一个湖湘名人，然后自己通过查资料来研究此人的思想，写成论文或讲义。每堂课由一名同学来主讲一个人物的思想，然后由同学讨论探究，最后才由郭老师点评。当时还是上世纪90年代，几乎所有的大中小学的课堂都是“一言堂”“满堂灌”，特别是大学课堂，都是老师从头讲到尾，学生做笔记做到手抽筋，课堂上只有老师的声音，没有学生的声音。郭老师这种“老师搭台、学生唱戏”的方式，十分创新，正是这种创新的课堂吸引了我，我认为也可以试一试自己做研究，主宰自己的观点，自己可以掌控课堂，在课堂中和同学、老师进行思想的对话，对自己是一个机会，也是一个挑战，于是，我申请补选这门课程，郭老师很爽快地就答应了我的请求。

或许直到现在还会有人认为大学老师的价值体现在学术，但是我认为，无论是哪个阶段的老师，作为老师最本真的价值还是应该来自于学生。郭老师的教学方法就是体现了对学生的尊重与培养，是一种真正着眼于学生长远发展的教学理念，后来我们这个班的学生，果真出现了数位在学术研究上有所建树的同学，如清华大学的戴佳博士、上海师大的彭善民博士和湖大的陶贤都博士等等，我想这些与在大学本科期间研究能力得到培养有着或多或少的关系。包括我这种仅读完本科就走上基础教育岗位的，也不得不佩服郭老师的前瞻性。毕业两年后，国家开始推行新课程改革，新的教育理念铺天盖地席卷而来："研究性学习""自主、探究、合作""高效课堂""先学后教、多学少教"……无论是哪种教学方式，都可以在上个世纪郭老师的"五步教学法"中找到影子。郭老师的教学方法对我的中学课堂也产生了深刻的影响，我在郭老师的课堂中就深知：学生是课堂的主体，需要得到老师的尊重，需要老师给予思考和展示的机会，平等的课堂才是学生喜欢的课堂。所以，我把这些理念用于自己中学的课堂，同样受到学生的欢迎和学校的认可。刚毕业一年，我在教学比武中一路过关斩将，从市直中学一直比到全国，都获得了一等奖，成为最年轻的全国一等奖获得者，我想，这些教学比武胜在理念，而理念的形成源于大学时郭老师的影响。三流的老师教学生知识，二流的老师教学生做人，一流的老师影响学生人生，感谢、感激郭老师对我的影响。

郭老师对于我个人的影响又何止在于教学？在我和我先生的生活中，点点滴滴，都受到郭老师、余老师的关照，时时想起，感激之至。

2002 年，先生周益师大研究生毕业，那年和郭老师一同来到湘大任教。郭老师和余老师对我们这对小情侣关爱有加，结婚生子、工作生活，处处关照，每逢节日，余老师亲手烹饪的"大餐"成为我们这对贫寒小夫妻最温暖的向往。最让人永生难忘的是我先生周益走完最后人生的那段日子，余老师本来就癌症刚愈，听到周益罹患癌症的消息，老两口来到长沙附二医院，见到躺在病床上的周益，老泪纵横，情深如探视亲子一般。余老师不断地给周益按摩双腿，给他减少病痛，不肯停歇。当时的我几欲崩溃，余老师如同母亲一般，给了我很多温暖的告诫和安慰。

先生走后，一个人带着女儿，孤儿寡母，生活一度过得忙碌而艰难。去湘大的次数也越来越少，和外界的联系也不多。二老回河南，特意打个电话告知我，让我很感动，郭老师、余老师的学生那么多，我是那么平凡的一个，他们却如此把我惦记，这是老师人性的光辉，对我的关爱，无求无欲。再后来，我电话丢失，里面的号码全丢了，包括郭老师，很久没有联系，直到有一天，我接到一个河南电话，心想是不是郭老师？一听果然是余老师亲切的声音，余老师、郭老师关心我的近况，问我过得好不好，我的眼眶不自觉地湿润，如此老师，叫我怎能不感恩？

时光荏苒、岁月如梭，成为郭老师的学生不知不觉已20年。20年间，和其他同学每每谈及郭老师，对郭老师的学术、人品无不敬仰有加。郭老师对我们这些学生，就如同阳光雨露的滋养，虽无迹无痕，但影响深远。师恩浩瀚，无以为报，此时此刻，我只想对我最尊敬的郭老师和余老师说：愿二老身体健康、百岁平安！

梦绕魂牵　师恩难忘

张跃安*

尊敬的郭老师、余老师，各位前辈和朋友们：

大家好！

我读研时，郭老师、余老师没少为我的学习和生活操心，现在看到二老身体都很好，非常高兴。在这里，我特别想谈三个感受。

第一个是感到很荣幸。首先，能够成为郭老师的学生是我平生之大幸。郭老师刚来湘大，又是博士生导师，德高望重，却愿意带我这个愚钝木讷的人为学生；我生平能够遇到郭老师这样的史学界泰斗，亲切和蔼、诲人不倦的老师，三生之幸！再者，今天我能够来参加这次盛会，与各位老师、师兄弟姐妹相聚一堂，促膝相谈，使我眼界大开，受益良多，也是莫大的荣幸。

第二个是深表感激、感动。一方面，是郭老师对我学

---

* 张跃安，男，1971 年生，湖南桃江人，1993 年毕业于湖南师范大学中文系，担任高中语文教师 9 年，2002 年就读于湘潭大学历史文化学院，师从郭汉民教授研究中国近现代史，2006 年获硕士学位，到湘潭史志办工作，参与编撰《湘潭市志》《中国共产党湘潭历史》等著作。潜心史志研究，发表文章 20 余万字，2015 年被评为“湘潭市优秀专家和专业技术骨干人才”。

业的教诲孜孜不倦。三年中，郭老师告诉我怎么查资料，怎么做研究，怎么构架文章，春风化雨，令我受益终生。特别记得郭老师教我们研究某个领域要先做综述，并尽量研读原著的办法。参加工作后，我一直用这种办法进行探讨和研究，先了解领域研究现状，再撰写论文，尽量不人云亦云，使观点新颖独特，效果很好。虽然我们史志单位学术研究氛围不浓厚，我也发表了近20万字的史志研究心得。今年被评为了湘潭市第六批技术骨干人才之一，非常感谢郭老师的言传身教！再一方面，是郭老师、余老师对我和我的家人生活上的爱护和关怀。记得那一年，我爱人怀上小孩，余老师一再叮嘱我们什么可以吃，什么不能吃，还有很多平常注意事项；听说我胃寒，又给了我一大包从海南带来的胡椒。老师、师母经常叫我们这些学生到他们家里去改善生活。我个子小饭量不小，一到郭老师家，香喷喷的饭菜勾出我的馋虫，就更能吃了，不怕大家笑话，四碗饭还是意犹未尽。每次我去，老师都要跟师母说："小张来了，多煮点饭。"我大快朵颐，吃得不亦乐乎，一旁老师、师母总是笑眯眯的，像慈父慈母一般，那慈爱关怀的眼神，令我永远难忘。

第二个是仰慕。郭老师严谨治学，扎实研究，道德如山，文章似海。我想每一个学生应该都会受到潜移默化的影响。看郭老师的《文集》，被深深震撼，一个人能有如此多、如此高的学术成就，能如此受人尊敬，夫复何求！郭老师是我们每一个学生的人生楷模，虽然无法企及，却是目标和努力的方向。老师的品格和精神，我得一辈子去感受、去学习、去努力。

在此，想起了那天到长沙去见老师，70 多岁的老师步行近一公里亲自迎出来的情景，感慨万千，草诗一首，不成敬意：

麓山巍峻日飞扬，又见恩师菊正香。
伫立金风华发动，频询家业语声长。
三年教诲平生幸，万卷雄文史学彰。
最喜二老身康健，田园闻种菜蔬忙。

借此祝愿敬爱的老师、师母健康长寿，快乐幸福！

谢谢大家！

郭汉民：一个具有符号意义的师者

芮红磊*

不好意思莫老师，我来抢话筒了。

上一次是在 2012 年，我们一群弟子为郭老师祝贺 70 大寿，也搞了个座谈会，当时因为太激动了，我基本上没讲什么东西。今天又有了这么个机会，一定要讲两句。

今天宋老师（编者注：指湘潭大学历史系宋银桂教授）在致词中说参会者南至广西南宁，指的就是我，还有我的大学同学，广西大学教育学院的孙存昌老师。

今天这个会，会议的氛围和场景，跟 2012 年感觉一样，带给我很多感动。这里面有个插曲，在组织会议的过程中，我就问会务的联络人暴宏博师弟，大概有多少人参加这个会议。因为按照我们以往的经验，来参加这种会议，一般就是自己的挚友、弟子、再传弟子，不会有很大规模。暴老师说，预计 50 人左右，当时我还觉得，有 50 个人已

* 芮红磊，男，1980 年生，河南漯河人。2003 年考取湘潭大学历史文化学院专门史专业，师从郭汉民教授，从事湖湘文化、近代湘籍人物学习研究。2006 年硕士毕业入广西财经学院工作，一直从事“中国近现代史纲要”教学，现任广西财经学院经济与贸易学院党委副书记。

经很不错了。会前我又给暴老师打电话的时候，说估计要到100人，今天来到才知道，竟有120多人，所以搞得这次住宿都很紧张，本来是很多专家该住单间的都住了标间，两个人一起住。中间听说有推掉其他事情专门赶来的，有不请自来的，有拖家带口来的。我跟孙老师私下开玩笑说，真是该来的都来了，“不该来的”也来了，大家都是愿意来。

一转眼，毕业快十年了，这些年中，承蒙不弃，我跟郭老师一直保持着较为紧密的联系。2012年庆祝郭老师70大寿，那天也正好是我女儿农历1周岁生日，但是，我还是去了长沙。从2012年之后这几年每年我都能见到郭老师一到两次，最长的一次郭老师、余老师专程去南宁看我们几个弟子，在我家里住了一个礼拜。接触越多，受教育越多。

我们搞教育的经常讲，授人以鱼不如授人以渔。我认为授人以渔还不如感人以“质”。我说的“质”就是品质的意思，事实上通过大家的发言我们都能够感觉得到。我自认为我个人的品质是受郭老师影响很大的，尽管只是学到了一些皮毛或者说理解得不一定准确，但我跟熟悉的领导、同事、朋友、校友都会讲我这个观点，我说自己成长成现在这个样子，在个人价值追求、为人做事、教书育人等方面都受郭老师的影响很大。这种影响是一种骨子里的东西，就是品质的东西，不管自己顺利也好，不顺也好，处在顺境也好，逆境也罢，我一直都在坚持。这些东西可能只能意会，很难言传，同时肯定不能做到那么好，但我一直是在效仿，在追随。

今天跟我同来的，开玩笑说也是一个“不该来的”人，孙存昌博士，我的大学同学，苏州大学教育学博士毕业，现任广西大学教育学院硕士生导师，副教授。他是跟着我来的，但又可以说是我陪他来的。2013 年郭老师去南宁的时候，他跟我一起陪郭老师聊天，就迅速成了郭老师的“粉丝”。他对“研讨式五步教学法”也是推崇备至，尤其是其中的以学生为主体的一些精髓的东西。我跟他说今天有这个会，他就一定要来，并且为会议提交了一篇 9000 多字的论文，主要阐述郭老师的“研讨式五步教学法”。

我是“研讨式五步教学法”的实际参与者，在读研究生时候做了郭老师两年的助教，协助课堂的组织，也参与写过一篇论文。参与中我就觉得，“研讨式五步教学法”是一种质朴的教学方法，就像郭老师的为人一样，简单、纯净。形容一个人水平很高，有人会说他高深莫测、深不见底，但郭老师是你一眼就能看到底的那种真正的高人，他不高深莫测，但是纯净得让你感动。就像这个“五步教学法”是一样的。在 2014 年 3 月的时候，郭老师曾经给我现在的师兄，湘潭大学校长办公室的肖志伟老师写了一封信，在我们这个会议资料里面也专门收入，而且是手写的影印版在里面。拿到会议资料之后，我就特意推荐孙博士认真读一下。这封信刚刚公开的时候，暴老师就拍出来发给我，我读的时候特别感动，信中提到的三件事情，可能很多人也知道，我就不复述了。

我现在在学校是做宣传工作的，我就说像郭老师这样的人物，如果我们学校有这样一个典型，我一定至少要在《中国教育报》发一下他的典型事迹和介绍。我认为郭老师有这个资格，我把他评价为是“郭汉民现象”或者是“郭汉民符号”，我认为郭老师是有符号价值的，从我们大家的发言中就足以证明这一点。去年我陪郭老师、余老师去广西巴马，长寿之乡，在路上开车三四个小时，聊了一路，我说郭老师您要保重身体，像您这样的大家，在中国的学界走一位就少一位，真的是这样的。相信我想表达的意思大家也都懂，不是每个学生，在每个学校、每个时期都能遇到这样的老师。

我觉得我们可以宣传一下，我在媒体界也有一些朋友，我也曾专门找过中国教育报驻广西记者站，写了一个小东西给他，然后把所有郭老师的一些材料都交给他。我说，希望在《教育报》上发一下，一定要发一下，这是我的一个心愿。所以我觉得特别遗憾，就是说我觉得郭老师是有符号价值的一位学者。

我的妻子田丹，现在广西财经学院马克思主义学院任教，是我大学的同学，后来也是读郭老师的硕士。郭老师在 2012 年 70 大寿座谈会上，动情地说他 2007 年的时候生病，余老师身在美国，全靠当时在校的几个学生轮流照顾，其中就点名说到了我妻子田丹，说在医院里像亲生女儿一样照顾他，送饭、洗脸、擦汗。一般来说，学生待师如父的背后，往往是老师的爱生如子。

我在这里说一个事例是关于我们的师母余老师的。我也跟很多朋友讲过，2004 年我在湘潭大学读研究生的时候，有一次，老师打电话让我去家里吃饭，当时我打篮球扭伤了脚，但是老师有召又不能不去。到家之后，余老师看我一瘸一拐的，就问，我说是打篮球扭伤了，不要紧。余老师就说你现在把鞋子脱下来，刚打完篮球那个脚很臭，我就不敢脱，余老师就命令我脱下来。然后就去打了一盆热水，亲手给我洗脚，洗过脚就用药酒给我按摩受伤的脚，长达半个小时，当时那种感动，真是无以言表。余老师，我要给您鞠个躬。真的我每次说出来我自己都很感动。

在来的路上我又一次跟孙博士讲，他也很受触动。今天上午开完会之后，他一直在跟我说，终于找到人生的目标了，要做郭老师这样的一位老师。因为孙博士是学高等教育学的，是著名教育家潘懋元先生的再传弟子，他也很敬业，也是一位有情怀的老师。我跟他说，你学郭老师，只是找到了一个目标，方法还要探索。我说还有一个就是，一位伟大的导师背后还要有一位伟大的师母。

今天要讲的确实有很多，当然以后也会有很多机会去跟郭老师交流，我还争取以后每年能见郭老师一次，孙老师在拉我了，他急着发言，就讲这么多。谢谢！

“郭汉民《文集》出版暨从教45周年座谈会”有感

王兴龙*

值此“郭汉民《文集》出版暨从教45周年座谈会”召开之际，我本想请几天假回到母校湘潭大学的，无奈郭老师、余老师两位恩师考虑到路途较远，再加上怕影响我的工作，无论如何不予准许，且一再叮嘱说打个电话来就什么都有了，多么令人可亲可爱可敬的老师啊！任何时候都在为别人着想。思来想去，感觉有些话还是想借此机会说一说，权当是对两位老师和此次座谈会的一点祝愿吧。

初识郭汉民先生是2007年的4月份，我作为一名调剂生到湘潭大学进行硕士研究生入学复试，因为人生地不熟，很想找个老乡好有所关照，至少也能帮忙指导一下。于是就开始在百度上搜索，非常庆幸找到了河南宝丰（现划归平顶山市新华区）籍的一位教授，他就是郭汉民老师。我记得当时心中禁不住一阵狂喜，但庆幸之余，又不免生出一丝忧虑，人家这么有名望的教授，这么高的职务，能理会我这个穷书生吗？忧虑归忧虑，还是壮着胆子拨通了他

---

* 王兴龙，男，1981年生，2010年毕业于湘潭大学中国近现代史专业，获硕士学位。现任河南省沁阳市招商局局长。

的电话，没想到郭老师竟然没有半点名师的架子，全是满满的热情和真诚，让我瞬间打消了所有的顾虑。如今想来，能结识一位这样好的老师，不仅非常难得，而且很幸运，这也让我第一次对湘潭大学增添了更多的向往和期待，并有幸成为该校哲史学院 2007 级中国近现代史专业的一名学生。

在校学习的三年间，逢年过节，郭老师、余老师都会盛情邀请我到他家里做客，一碗粥一餐饭，饱含的是道不尽的深情，让我在找到家的感觉的同时，也感受到了郭老师、余老师那襟怀宽广、为人忠厚、无私无欲、高尚正直的人品。更让我感动的是，每年春节放假前，两位老师都会提前为我的孩子准备好压岁钱，甚至还为孩子准备好一些衣服，以及郭老师在外出差时带回来的稀缺药品等等。除此之外，从我第一次登门拜访郭老师时，就看到他的家里，在一般家庭张挂父母遗像的位置，端挂着林增平先生的遗像，起初还以为是他的父亲，后来从同学处得知是他读硕士时的导师，即便是在河南的家里依然如此，敬重之情油然而生。每念及此，我都会心生感激、感恩、感谢，一辈子也忘不了。而今把这些感激、感恩写出来时，自己又好像一个三岁的小孩子，忍不住流下泪水。

从相识到现在的 8 年多来，我与郭老师、余老师结下了深厚的师生情谊。最近一次见到两位老师是今年的 6 月份，得知两位老人回到河南老家小住，我与爱人、孩子去家里拜访了他们，除了岁月让二老多了些许白发和皱纹之外，他们不变的依然是那样的热情，那样的真诚，那样的和蔼可亲，每次见到他们，就如同回到家里看到了自己的父母。

作为郭老师的一名学生，我对他的学问一直是打心眼里佩服的，特别是他对晚清社会思潮的研究，可以说是该领域顶级的成果，由于本人才疏学浅，所学不深，在此不敢妄加评论。除此之外，还有一点需要特别提及，那就是郭老师曾为湘潭大学历史系和历史学科的发展做出过巨大贡献，正如王继平先生为《郭汉民文集》作的序中写的那样，郭老师为湘潭大学历史学科发展的贡献是应当写入湘潭大学校史、写入现在又恢复独立建制的湘潭大学历史系系史，并存留在历史系系友心中的。

现在，郭老师、余老师均退休并回到了家乡颐养天年，但仍然一如既往地关注历史学科和学校的发展，并将全部藏书捐献给了湘潭大学，供历史系师生阅读研究，还设立了奖学金，以奖掖后学，实在可敬可佩。尤为值得欣慰的是，如今两位老人的身体都很好，衷心祝愿二老万事如意，健康长寿！衷心祝愿母校湘潭大学蒸蒸日上！

悠悠恩师情

——写在“郭汉民《文集》出版暨从教45周年座谈会”之际

段贤敏*

2007年9月，带着向往已久的梦，我跨过三道拱门，走进了湘潭大学，开始了三年的研究生学习生涯。三年，不算太长，也不算太短，在中国近现代史这个别人眼中所谓的冷门专业，我不仅学到了受用终身的知识，更领略了哲学与历史文化学院诸多恩师的风采，见识了各位恩师的人格魅力。他们博学的才识、敬业的精神、无私的关怀，让我得以顺利地、无憾地从湘潭大学毕业，这一段丰富的人生经历，也值得在我心中永远地珍藏。

对于郭汉民教授，最初的印象是学者专家，每每闻其声名，敬畏之情便油然而生。入学之初，在与郭教授见面之前，我就被其深厚的学识、高水平论著、高质量科研成果所折服。想象中，这样一位中国近代史和中国近代社会思潮研究领域的专家，应该是威严的，甚至是高高在上的。然而初次见到郭教授，才发现自己的想法有些幼稚可笑。

---

* 段贤敏，男，1983年生，湖南郴州人，中共党员，2010年毕业于湘潭大学历史系，获硕士学位。现为郴州市第三中学教师（中学一级），曾参与郴州市教育科学规划课题“如何构建高中历史各年级高效课堂教学的探索”。

年过六十耳顺之年的郭教授，头发斑白、脸色红润、精神矍铄、声音浑厚、和蔼可亲，言行举止中处处透露着北方人的豪气。

学者专家郭教授，首先是一名教师。师者，所以传道授业解惑也。从教 40 多年，郭老师从来未忘初衷。因此，较之于教授的称谓，我更愿意称之为老师。

郭老师是坦率真诚的。带着一颗尊重历史、热爱历史的心，他经常告诉我们的是，不要轻信历史是冷门专业之类的话语，历史能带给我们潜移默化的道理，能让我们受益终身。郭老师的课业中，我印象最为深刻的是他给我们上“近代湘籍名人研究”的场景。完全融入历史人物所处时代的郭老师，每当讲到湖南人物为国争光、扬眉吐气时就会流露出骄傲、自豪的神情，而讲到湖南人遭遇不幸、受到挫折时又会激愤起来，并且流露出同情之心。我们往往也被他课堂上的真性情所感染，专心听、认真记，将我们湖南人吃得苦、耐得烦、霸得蛮的精神，记在心底。

郭老师是乐于奉献的。在笔耕不辍、潜心研究学术，并将学术成就源源不断地传递给历史学专业研究生时，还坚持给本科生开选修课，让其他专业的学生了解历史，不忘历史，感受历史带来的乐趣和以史为鉴的真理。还记得，夜幕下的南山第一阶梯教室灯火通明，台上是郭老师妙语如珠、意气风发，台下是满座的学生全堂喝彩、满心惊喜。我想，应该是郭老师精彩的讲演唤醒了他们的热爱历史的心，唤醒了他们的求知欲。我也曾悄悄溜进教室聆听，尽管课堂上的内容我都听过，但依然觉得越听越想听，越听越好听。

郭老师是推陈出新的。不受限于课本，不拘泥于形式，郭老师根据多年的教学经验，首创了“研讨式五步教学法”，其精髓在于学生在老师的指导下充分发挥其主体作用，主动学习、自由探索，达到既增长知识，又提高能力素质的目的。学生时代的我，只知道这种教学与众不同，很容易接受；毕业后步入高中教师队伍的我，更深层次地懂得了其中的含义。尽管郭老师的研究初衷是针对本科生的培养，但其教学法的精髓却与当今进行得如火如荼的高中新课改的核心理念大体一致，深受其益的我将其运用到高中历史教学中，取得了较为理想的效果。郭老师不是我的导师，我们的交往也不能用密切来形容，但他对我的影响却足以在我心中留下深深的印记。

郭老师是开朗幽默的。无论是课堂上，还是生活中，其开朗乐观、诙谐幽默的性格时时感染着我。记得有次课间，郭老师用电脑给我们展示他赴美拍的一些关于女儿女婿一家的照片。当他谈到在美国的感想时说道：“我原以为我的肚子很大，但到美国后一比较，发现大多数美国人都比较胖，肚子非常大，比我的大多了，相比之下，我的肚子还算小的。”说完自己爽朗地笑起来，在场的我们当然更是开怀大笑起来。也正是在这种和谐的氛围中，逐步拉近了学生和老师之间的距离。

时至今日，告别湘潭大学已五年有余。五年多的时间，并没有磨灭我对湘潭大学及郭老师等各位恩师的种种美好的回忆。然而由于忙于奔波生活，我始终未能重返湘潭大学，再拜访对自己影响深远的郭老师及众多恩师，有的只是在教师节发一个微不足道的问候的短信，或者默默地打开湘潭大学的网站看看关于母校、关于恩师们的信息。今天，借母校编辑出版《郭汉民文集》的这个机会，我有幸再一次与久别的各位恩师重逢了，这是一件多么美好的事情啊！在此，学生衷心祝愿湘潭大学越办越好，祝愿郭汉民等各位恩师，工作顺利、家庭幸福、万事如意！

庆祝“郭汉民《文集》出版暨从教45周年座谈会”

王玉科*

欣闻《郭汉民文集》出版暨郭老师从教45周年座谈会将在湘大召开，我原想请假到场参与，但学校没有允许，致电郭老师，郭老师一再和我说路途遥远，工作重要，心意到就好。闻此我内心久久不能平静，郭老师总是那么为他人着想，对学生永远那么关爱，跟随郭老师学习的一幕幕就浮现在脑海之中。

2005年9月，我进入湘潭大学历史学专业学习，郭老师时任历史文化学院院长，在新生见面会上，我第一次见到郭老师，郭老师给我的第一印象是睿智与慈祥。尔后与郭老师接触并不多。

2007年，大三选学年论文指导老师时，我毅然选择郭老师，也是从那时候起才开始慢慢了解郭老师，他是那般平易近人，给予学生无限的关爱，让我备感温暖，特别是得知郭老师曾经在海南工作过，每年都会回海南过冬，让海南籍的我有了更加亲近的感觉，再加上余老师的关怀，

---

* 王玉科，女，1985年生，海南海口人，2005—2012年就读湘潭大学历史系，先后获历史学学士、硕士学位。现为海南师范大学附属中学历史教师。

让远在外地求学的我感受到家庭般的温暖。随后的本科毕业论文指导，郭老师的学识和治学态度深深震撼了我，让我了解作为一个历史学专业学生所应该具备的素养。

2009 年，我留校攻读硕士研究生，有幸继续跟随郭老师学习。研究生三年，逢年过节，郭老师和余老师都会把师门的学生喊到家里边去，有时还会喊上其他师门的学生，郭老师和余老师对学生的爱是我这辈子最大的收获。他们受到众多学生的爱戴和尊敬，而正是这种爱戴与尊敬让我感受到作为一个老师的光荣，让我坚定地选择教师这一行业。现在常有学生问我："老师，你为什么会选择当老师，我觉得老师好辛苦!"我总是和他们说："因为我读书的时候遇到一个好老师，他让我感受到当一个老师是如此的光荣，让我知道一个人可以得到其他人的爱戴和尊敬是何等的高兴。"我现在所任教的学校是全封闭式寄宿学校，学生在周末才能外出，高中生升学压力大，有时我会叫上一些学生到宿舍给他们做余老师曾经给我们煮的拿手的"十全十美粥"，后来有个家长和我说，非常感谢我对孩子做的一切，常常给他们煮吃的，孩子常常念叨着。闻此，我倍感欣慰，体会到付出所带来的收获和幸福。

在跟随郭老师学习的几年时间里，郭老师一直坚守在教学第一线，给研究生、本科都开设课程，并坚持用"研讨式五步教学法"授课。他面对繁重的教学任务，没有感到丝毫劳累，反而乐在其中，为了让更多的学生能展示自己的成果，常常延长教学时间。这种精神在不少高校教师以科研为主，不重教育教学，追求眼前实利的情形下更显得难能可贵。

在开始工作的那一年，我所在的学校要求很高，对老师管理严格甚至有些苛刻，这让我无所适从，而后两位老师都非常关心我工作和生活，常在电话里开导我，给我出主意，让我能更好适应工作。回想到此，对两位老师的感激无以言表！

在此衷心祝贺座谈会圆满成功，祝愿两位老师身体健康！

会议综述

治学为人　卓然自雄

——“郭汉民《文集》出版暨从教45周年座谈会”综述

孙存昌　芮红磊

2015年11月14日，在湘潭大学逸夫楼报告厅内，洋溢着浓浓的学术探讨风气，来自全国史学界、教育界及相关学科的120多位学人相聚一起，庆祝《郭汉民文集》出版，并对郭汉民教授从教45年来学术及教学思想进行座谈，对其在史学、高等教育学等学科领域的学术建树进行讨论，对其敦厚为人的品质大加赞赏。与会专家、师友真切回忆、热情探讨，梳理他们的言论，有关郭汉民教授的为人为学为师之道及其思想可概述如下。

一、薪尽火传　林风郭继

林增平先生是中国当代著名史学家、史学巨擘，有联赞誉：“育三千高足继扬声志，著百万宏文享誉中西，教学科研两顶峰，是杏坛大师，史家巨擘；历十年坎坷穷不怨尤，居九职尊荣达无慢薄，情操道德双臻极，为士林典范，后学楷模。”（尹旦侯撰）林增平先生是中国近代史研究的开拓者之一，治学严谨，实事求是；谦虚谨慎，淡泊名利。郭汉民教授师从林增平先生，随林先生治学、执教，深得林先生真传。在林先生1992年谢世后，责无旁贷地接起研究重任，使得林门学术薪火相传。

（一）传承学术

郭汉民教授在其治学为人上始终秉持林增平先生风范，在林门学生中被誉为“掌门师兄”，在林先生后期学术事务中负责相关组织、协调工作，起到举足轻重的作用。贵州省社会科学院原副院长冯祖贻教授称：林先生去世后，郭汉民教授继续坚持实事求是的治学态度，组织编辑《林增平先生纪念集》，把对林先生的追忆、评述等文章集结成书，并要求每年新入门的研究生必读该书，做到了学术传承，使得门系后生能够全面了解林增平先生的生平事迹、道德文章、学术贡献、治学思想、社会影响等，并要求研究生阅读后写一篇读后感，把林门学术思想植根于求学之初，扩大中国近代史研究的影响力，把林先生开创的中国近代史研究的学科传承光大。

门生在研读过《林增平先生纪念集》后，崇敬之心、自豪之感、思齐之念油然而生，一座道德文章丰碑耸立在面前，一个高大的学者人格形象印在心头。这种入学教育被林门弟子称为“泪光中的第一课”。对林门学子坚定学习信念，尊崇师门风范起到了引航示范的作用。“以林先生为楷模，走好人生之路”成为林门学子共同心愿，学术传承之火熊熊燃烧，照亮后来者之路。足见传承的力量在学术道路上的作用。

（二）严谨治学

郭汉民教授受教于林先生，不仅在中国近代史专业内继承林先生衣钵，并且有新的建树及创新。林先生注重史料、重视考证，严格遵循“有一份证据说一分话”的治学方针，强调历史研究要下苦功夫。郭汉民教授也认为史学研究最应注重史实考证，重视第一手资料的使用，近代史研究尤其如此。上海师范大学邵雍教授撰文称：郭汉民教授通过缜密考证，辨析史料正误，对中国近代史领域史实、史料进行了认真、细致、广泛的考辨，并与迟云飞合作编成《中国近代史实正误》，辑录有关鸦片战争、太平天国、洋务运动、戊戌变法、义和团和辛亥革命等专题重要考证文章 30 余篇。其文《同盟会非“团体联合”史实考》在扎实的史料基础上，通过严密逻辑论证，指出“团体联合说”缺乏历史根据。郭汉民教授认为史学考证，最重史料和逻辑，史料不扎实、论证不严密则不能“考死”，“考不死”就不会产生影响。首都师范大学梁景和教授、华东师范大学谢俊美教授等人在发言中均称道：郭汉民教授做学问一丝不苟，态度极其认真，文、史、评具有思辨特色。文笔亦言之有物、字斟句酌、引经据典、富于文采，体现其治学之严谨，态度之谨慎。

在郭汉民教授进行研讨式教学改革的关键年份 1998 年，他和吴雁南、冯祖贻、苏中立合作主编的四卷本《中国近代社会思潮（1840—1949）》正进入最后交稿阶段，又指导着 3 个博士生和 8 个硕士生的学习，兼任着学校学术委员会委员和教学委员会委员，事务繁忙，但他仍然坚持在两个本科班进行教学改革，无私地投入了大量时间和精力，一丝不苟、迎难而上，最终使得研讨式教学改革取得了享誉全国的丰硕成果。广东省委党校原副校长曾庆榴教授评价道：“郭汉民所取得的成就不是偶然的，是他几十年勤奋工作、努力学习的结果。”

（三）淡泊名利

郭汉民教授既学习林增平先生严谨治学，弘扬林门学术，又谨守林门学者谦谦君子之风。林先生被赞为“坐冷板凳，过清贫生活；做硬功夫，养浩然正气”。他曾任湖南师大校长，但从未沾染官场习气，俨然书生本色，与世无争。“凡凑热闹的活动，他尽量婉拒；凡涉及辩驳争论，他保持缄默；于与人合作的成果，他不计排名次序……”郭汉民教授亦保持着与林先生高度一致的风格。在林先生晚年患病期间，郭汉民教授为学科延续殚精竭虑，不辞辛苦寻觅贤哲担当学科带头人，虽未如愿，但也反映出郭汉民教授超然脱俗、毫无利己之心的君子之风。郭汉民教授担任湘潭大学历史文化学院院长期间，潜心推动学院发展，专心探讨教学方法的改革和推广，以此为业、乐此不疲。国家清史编纂委员会传记项目组组长潘振平教授道：“郭汉民教授做事认真，不计得失，重义气，讲情分，有古人之风。”武汉大学麻天祥教授撰联称：“不计科名读史，何妨扪虱谈玄。”华中师范大学严昌洪教授赞称：“郭汉民教授是全国优秀教师，在湖南师范大学和湘潭大学任教期间，为人师表，言传身教，培养了众多优秀人才，实为我辈楷模。”他把精力和热情奉献给了学科发展，奉献给了学生成长。

二、杏坛躬耕　创新教法

郭汉民教授任教后，坚持为本科生开课，坚持上好每一门课、每一节课，直到退休。他的教学工作量常年都在基本要求 3 倍以上。朋友劝他少搞些教学，多搞些科研，以便上职称，但他却一直不愿意放弃教学工作。他乐于跟学生相处，乐于和莘莘学子打交道，因此深得学生厚爱，诸多学生社团邀请其担任指导，他都欣然应允，总是抽空参加，加以指导，热情鼓励。他人忙于官位权势、职称晋级、评优获奖的时候，郭汉民教授孜孜不倦地坚守三尺讲台，探讨改变传统大学课堂教学“填鸭式”教学模式。1997 年开始，郭汉民教授在湖南师范大学开始进行研讨式教学改革，从根本上改变了以往传统的教师讲、学生记的课堂教学方法。此后，他在湘潭大学坚持使用研讨式教学方法，并在思想政治理论课、政治学、行政管理学、国际关系学等课程教学中加以推广、实验，取得了很好的教学效果。这种历时 10 多年的教学改革，形成了一套称之为“研讨式五步教学法”的教学模式。此教学法在教学过程中分为指导选题、独立探索、小组交流、大班讲评、总结提高五个步骤，凝合了探究、讨论、提升等教学行为。湖南社会主义学院院长雷鸣强教授赞誉道：郭汉民教授是“五步教学法”的开创者、实践者、推广者，其教学改革提供了一个可资借鉴的成功教学模式，解决了学生不喜欢学的问题。广西大学教育学院孙存昌在提交给会议的论文中详细论述了郭汉民教授教学方法的创新及其与高校教学质量的关系。

（一）“研讨式五步教学法”的探索历程

“研讨式五步教学法”大致经历了初步尝试、扩大实验、完善改进、成熟应用、推而广之等阶段。山东师范大学田海林教授称：郭汉民教授用“大道”指导自己的教学，把学习知识变成“知道”的过程。

1. 初步尝试

郭汉民教授从1997年9月给湖南师范大学历史系基地班的学生上“近代湘籍名人研究”课时，进行教学方法改革的尝试。在系统讲解湖南历史人物的状况、近代人才蔚起及其原因和近代湖南人文精神之后，改变了原计划中逐一讲解的做法，列出近代湘籍著名人物20余人，要求学生自选其中一人物作为研究对象，并在一个月的时间内写出一篇4000字左右的文章，然后逐个走上讲台，就自己的研究成果讲一堂课，时间不少于30分钟。明确各自的任务和要求之后，学生利用这门课的上课时间和其他自习时间纷纷到图书馆和资料室找资料，努力做好自己的研究工作。一个月后学生分别上台讲课，郭汉民教授则坐在下面认真地听，组织学生提问题、提意见，然后逐个对学生的讲解进行点评，有错的加以纠正，不足的提出补充。由学生上台讲课，报告自己的研究成果，还要规范地加以板书，对于本科生来说是一种新的尝试。

2. 扩大实验

1998年下学期，郭汉民同时担任历史系96级本科生两门课程：一是历史基地班的“近代湘籍名人研究”，二是历史教育班的“中国近代思想史”。开学伊始，他就和研究生一起在前一年历史基地班教学方法改革的基础上先后分别制定了在两门课程中进行教学改革的计划，沿着素质教育和体现教师主导、学生主体两个作用的方向前进，提出了“研讨式教学”的新概念，指出研讨式教学改革所研究的问题不是如何上好一堂课，而是如何改革一门课的教学，其目标是打破“填鸭式”和“满堂灌”，把大学的课堂教学从重知识传承转移到重方法传授、重能力培养、重学生主体性发挥的轨道上来。在具体操作上，增加小组讨论的环节，采取环环相扣的五个步骤，从而有了“五步研讨式教学法”或“研讨式五步教学法”的雏形。

3. 完善改进

1999 年是研讨式教学改革关键的一年，也是“研讨式五步教学法”面世的一年。这一年年初，郭汉民教授将两年来教学改革的实践加以总结，试图从理论与实践的结合上丰富自己的认识，写成《探索研讨式教学的若干思考》一文，发表在《湖南师范大学社会科学学报》1999 年第二期上，对研讨式教学改革进行理论上的思辨和改进。2001 年，该教学改革获得湖南省高等教育教学成果二等奖，郭汉民同年又分别获得“湖南省普通高等学校优秀共产党员”和“全国优秀教师”光荣称号。这一系列荣誉激励他把研讨式教学改革的事业做好、做大、做实。他认为进行教改并非为了自己的荣誉，并不是为了出名，归根结底是为了学生的学，坚持教改也是因为学生们的支持。学生们普遍反映，研讨式教学改革使他们“受益匪浅”。他们说：“教改的真正受益者是我们学生”，“通过教改，我们搞教育实习多了几分自信，写学年论文不再像以前那样茫然”。一门课程的教改能得到这样的效果，能受到学生异口同声的好评，作为教师自然有坚持下去的动力，而头上顶着的荣誉更使郭汉民教授觉得坚持下去是一种责任。同年由于学校的推荐，郭汉民教授被聘为教育部高等学校历史学科教学指导委员会委员。这一年，在广西师范大学召开的“教育部高等学校历史学科教学指导委员会暨全国历史系主任联席会议”上，他应邀做了“研讨式教学改革”的专题发言，受到与会专家学者的好评。“研讨式五步教学法”得到进一步完善。

4. 成熟应用

到 2001 年，由于郭汉民教授坚持不懈地进行教学改革实践，在教学实践中逐步完善研讨式教学模式，使“研讨式五步教学法”经受更多的教学实践的检验。

2001 年 11 月下旬，教育部派出前西北大学校长、著名历史学家张岂之教授为组长的专家组到湖南师范大学，对该校文学院的两个文科基地（文学和历史）进行检查验收。当时，张岂之先生和浙江大学杨树标教授在校领导陪同下莅临课堂听课。在郭汉民的主导下，先由学生杨霞用 30 分钟时间主讲郭嵩焘的外交思想，条分缕析，侃侃而谈，然后许多同学争先恐后地上台评课或提出问题，进行讨论，课堂气氛生动活跃。张岂之先生兴致勃勃地当场发表讲话，对这种教学形式和教学效果予以高度评价，并对学生如何进一步深入研究问题提出了中肯的指导性意见。

2002年上半年，郭汉民教授在湘潭大学哲史学院99级历史班和党史班开设“近代湘籍名人研究”课程，每周三个学时，采用“研讨式五步教学法”进行教学。2002年下半年，教育部对湘潭大学进行教育质量评估，11月下旬教育部评估专家组进校，25日上午评估专家、南开大学历史学院马世力教授到课堂听课。课堂当时依次进行大班交流，先由向加群同学主讲“杨度的君主立宪思想”，然后围绕这一题目进行讨论、质疑、答辩。同学们的热情讨论和争鸣极大地吸引了马教授，他改变第三节课听哲学史课的打算，继续听课，并发表热情洋溢的讲话，对“研讨式五步教学法”大加赞赏。

举办“学生学术讲座周”是展示研讨式教学效果，促进学生研讨学问的重要活动形式。2001年和2002年，郭汉民教授组织学生，分别在湖南师范大学和湘潭大学举办过“学生学术讲座周”，都相当成功。

5. 推而广之

在郭汉民教授多年如一日地努力试验、总结、完善下，2003年“‘研讨式五步教学法’的推广与应用研究”被列为全国教育科学“十五”规划重点课题，同时列为国家社科基金资助项目，类别为“国家一般课题”。开题之后，郭汉民教授主要从两个方面进行“研讨式五步教学法”的推广与应用研究。一方面，从理论上进一步揭示“研讨式五步教学法”的特色与实质。另一方面，扩大和应用“研讨式五步教学法”在历史学、管理学、思想政治教育等学科的教学试验，以解决它的适应性、时机、条件以及质量监控等问题。实践证明，“研讨式五步教学法”不仅能在历史学课程教学中获得良好的效果，其他学科同样适用，是一个值得借鉴的新的教学模式。此后，“研讨式五步教学法”在湘潭大学马克思主义学院、历史系，长沙大学、广东省第二师范学院、广西大学等部分高校、湖南省部分中小学教学中得到传播和使用，并取得了良好的教学效果。广东省社会科学院王杰研究员认为：“郭汉民长期坚持教学改革很有胆识，很有智慧，把智慧变为行动，需要勇气。一花引来百花开。”

（二）“研讨式五步教学法”的意义

广西大学副教授、教育学博士孙存昌认为，“研讨式五步教学法”改变了大班讲授的教学模式，采用师生共同探究课程内容，共同参与课程教学的全过程，是新的教学模式和教学方法，很好地体现了师生交互过程中学生的主体地位，强调自主探究和相互辩论，能很好地提升教学质量。湖南省社科联原主席郑佳明教授指出：郭汉民教授的教学改革以教学为先，以师生为先，体现了一个“师”字，做老师不易，做能够推动改革的老师更不易。湖南师大教育学专家郑和钧教授指出：郭汉民教授的教改取得了丰硕成果，令人鼓舞，体现了自我教育与协同教育相结合，调动学生自我教育的主动性，弥补了教学改革的不足。我们不仅要学习其操作方法，更要学习其教育智慧。上海师范大学邵雍教授评价道：“平心而论，在当下高校中像郭老师那样肯在本科教学方面如此下功夫的是不多的，因为它与教师考核、职称晋升基本无关。大多数教师聚精会神、孜孜以求的只有核心期刊论文。”

1. 强调学生主体地位

“研讨式五步教学法”通过学生主动查阅资料、梳理整理信息、小组讨论展示、课堂点评等教学活动，相信他们能够通过自主探究主动思考，把学生在高深知识的学习过程的主动性激发了出来，改变了传统课堂教学中教师主体、学生客体的状况，真正发挥了师生在研讨式教学中的双主体地位，使得学生在教育活动中的主体性得到实现。

2. 重视独立探究

“研讨式五步教学法”在指导学生选题后，即要求学生独立探究，改变了传统课堂教师讲、塞、填的授课方法，成为学生主动探索、主动分析、主动建构的活动。通过独立探究，学生的认知主动性得到提高，对掌握知识充满活力和激情，尤其是在遇到新的问题、新的疑惑时能够使学生找到发现问题的方法，不断扩展发现新知的视角，尽可能地掌握解决问题的线索，学习内容更加丰富，学习主动性更加高昂。

3. 体现多主体交互

“研讨式五步教学法”体现出师生交互、生生交互的教学主体交互性。“指导选题”环节，体现出教师与学生的交互性。“大班讲评”“总结提高”环节，学生展示各自的探究结果，教师作为观察者和评价者出现，对学生的疑问和困难提供解决的方法，对学生的探究结果进行评价，对学生专题探究成果的水平进行评定，体现了师生互动。“小组讨论”“大班讲评”环节，学生在小组内讨论、在全班同学面前讲述，同学们在倾听的过程中进行点评、质问，讲述者陈述知识，听者接收信息，讲评结合、相互促进，体现了生生交互学习、相互促进的特点。

4. 提升师生多元能力

实施“研讨式五步教学法”，需要教师不断钻研课程知识，提高教学指导能力，对教师教学能力提升有着促进作用。同时，“研讨式五步教学法”对学生要求更加严格，需要学生在独立完成专题探究后形成书面报告，通过小组讨论、大班讲评、总结提高等环节，提高学生的挖掘信息能力、文字撰写能力、语言表达能力、批判思维能力、合作学习能力等。“研讨式五步教学法”还能够使教师与学生都综合运用上述能力，形成更加深厚的综合能力，促进二者综合发展。

5. 有利于师德和师生情感的培养

河南大学教授张艳认为，“‘研讨式五步教学法’重视融洽的师生关系”。熊元彬博士称，实施“研讨式五步教学法”后师生互动、师生合作处处可见，变师生关系为“主—主”合作的关系，在教学过程中师生之间是平等的良师益友关系。“研讨式五步教学法”要求教师能够抽出自己的时间参加小组讨论，在台下倾听学生的发言和辩论，并对小组学习效果进行点评，“郭汉民教授坚守了这种无私奉献的师德精神”。教师不忘学生，学生在学习过程中深切地体会到教师无私的教诲，师生之间“心与心交流，最终结果必然是师生之间情与情的融合”。

湖南师大96级学生莫宏雨回忆当年参与研讨式教学改

革的情景时说："因为研究郭嵩焘，经常跑到郭老师家里去请教，热情慈爱的师母常常留我在家吃饭，离开时还让我拿一些水果。有一次聊起家人，老师和师母得知我父亲身体不好，竟让我拿一对脑白金给家中老人。在师大的读书岁月，我在学业和生活中得到了老师和师母的许多关爱，常记心中，难以忘怀。后来我毕业到广东工作，郭老师不久调往湘潭大学，我几次来湘大看郭老师，常常上湘大历史文化学院的网站看郭老师的近况。常言说，母亲在哪里，家就在哪里；我可以说，郭老师走到哪里，我的关注就跟到哪里。郭老师是引领我开始研究性学习的唯一导师，我却只是郭老师用心教授的弟子之一，郭老师对学生的全心之爱不光是给予我，他给予每个学生都是这般全然之爱，爱徒如子、爱生如己。"

三、敦厚为人　奖掖后学

治学大成之人，必具敦厚品行，学问为人双馨，郭汉民即是这样的人。出席座谈会的专家学者多达 120 余位，收到贺信 20 多封，足见其人品之佳，人格魅力之巨。河北师范大学苑书义教授在贺词中赞称："汉民先生是享誉海内外的著名学者，林增平先生的高足，才俊之士，继承和发扬了恩师的道德风范和治学精神。为人正直、豪爽、淡泊名利；为文厚积薄发，卓尔不群，精彩纷呈。"上海社会科学院熊月之研究员在贺信中称："汉民教授是我交往多年、相知很深的老朋友，也是我十分尊敬的学者、能人。在我心目中，汉民教授是位多面手的杰才，能治出色的学问，能做很好的领导，待朋友诚，待学生厚，心胸旷达，乐善好施。”郑州大学郑永福教授称赞：“汉民兄为人真诚热情，为学严谨扎实，其大作多有创新，对我们帮助不少。每次见面交流，我们也会从他那里得到许多启发和学界信息，对此，心存感激。”

郭汉民教授亦是大德之士，允公允能，无私奉献。作为林增平先生掌门门生，他事师如父，在林先生生前伴其左右，默默协助林先生工作；在先生驾鹤西去之后，秉志治业，感念师恩，在其家中供奉父母遗像的位置端挂林先生遗像，表达对恩师的朴实情怀，也感召林门再传弟子立身为人。北京大学欧阳哲生教授写道：“汉民兄作为师兄为林先生分担了许多科研和服务性工作，付出了辛勤的劳作，对此诸位同门师弟铭记在心。”在任湘潭大学历史文化学院院长期间，郭汉民教授“高度重视学科建设和青年人才培养，对院系发展起到了重要的推动作用”。四川大学何一民教授指出，目前湘潭大学历史系有中国史、世界史、政治学等 3 个一级学科硕士点和中共党史博士点，在读硕士生和博士生 200 余人，人才培养和科学研究方面都成绩显著，“这些都与汉民教授有着直接或间接的关系”。

郭汉民教授处事为人耿直热情，于师友同人和善为怀，于后学晚辈甘为人梯。河北师范大学王宏斌教授贺信道：“先生治学勤奋扎实，广为朋辈赞许。先生为人真诚热情，更为晚辈所爱戴。宏斌私淑门下，受到先生多方提携，感激不尽。”复旦大学张伟然教授贺信称：“自硕士期间幸得识荆，时蒙指点；负笈东下后，每次回湘均获接见，亲承教泽，获益良多。”郭汉民教授和夫人余幼钦女士均热情好客，他们家的大门始终都对学生们敞开，不论是研究生还是本科生，也不论是其本人的研究生还是其他老师的研究生，均一视同仁，学生到家，可以有话就说，有活就干，有饭就吃。倾注爱心，教书育人，言传身教，桃李不言，下自成蹊，这成为郭汉民教授育人的精神追求。此次座谈会，大家不约而同地怀念求学、工作期间经常在郭汉民教授家吃饭、聊天的时光，温馨情景，历历在目。有人说，退了休还有人理你，你就是幸福的。郭汉民教授退休后回到河南老家平顶山颐养天年，不时有学生远道前往探望，而他们在国内周游，无论到了哪里，凡有学生的地方，都会被幸福和快乐包围着。郭汉民教授认为：“教好学生，关爱学生，是教师职责与道德的内在要求，并不要求回报，但凡是爱我们的学生，我们都会铭记于心，心存感激的。”磊落情怀日月可鉴。96 级学生莫宏雨等人是郭汉民教授刚开始研讨式教学改革时教过的学生，他们感慨“郭老师关心学生，关心的不仅仅是顺利毕业，更是希望学生培养学习习惯，提高学习能力，这种终身学习能力有利于我们适应各种工作岗位。从这个意义上来说，郭老师既是师长，又是真心朋友。”华中师范大学罗福惠教授称郭汉民教授“为人为学一致，其学生应是有福的”。郭教授的门生贺金林撰文称：“多年后回忆求学时候的往事，仍然为郭先生当年的鼓励与提携感到莫大的荣幸。每当想起郭先生的教诲，内心总是充满着无比的感动。”芮红磊在会上深情忆及求学期间导师师母的关爱，忍不住向曾经亲手为自己按摩伤脚的师母余幼钦女士深鞠一躬。

郭汉民教授生活简朴，却不遗余力奖掖后学，对待学生和弟子关爱有加，细致入微。他在担任湘潭大学历史文化学院院长期间，就自己出资设立“院长奖”，用以资助品学兼优的学生。退休后，又将全部藏书赠给湘潭大学图书馆，统一编目后放在历史系，专门开辟为“郭汉民教授捐赠图书阅览室”供研究生使用。并每年从退休金中捐赠2万元，其中8000元用于继续在历史系设立“系主任（院长）奖”，激励历史系本科生和研究生一心向学；12000元用于在湘潭大学设立“研讨式教学奖”，吸引更多教师关注、研究和实施研讨式教学。郭汉民教授还承诺：活到80岁，汇寄20万；活到90岁，汇寄40万。赠人玫瑰，手留余香，设奖为学，善莫大焉。

郭汉民教授为人、为学、为师之道被誉为“郭汉民现象”，学为人师，行为世范，当之无愧。本次座谈会会务人员原估计参会人数在50人左右，而实际与会者竟超过120人，来自包括北京、上海、香港、广州、深圳、武汉、贵阳、南宁等17个全国大中城市的30多个高校和科研院所。其中有史学界泰斗，也有新进学者；年长者已过耄耋，年幼者不及而立，其中不乏不请自来者。除了门生故旧，还有仅仅上过课，甚至没上过课之人带妻携子自发前来，称“接受洗礼”。其中也不乏为政者、为学者、为商者，可见高尚品德的感染力是可以跨越各种社会分工、社会阶层的。芮红磊认为：“郭汉民教授的为人、为学、为师之道，在每个弟子后学心里树立了一个高大伟岸的形象，可追随、可效仿、可反思、可励志、可传世，授人以德、授人以道，乃教育的至高境界。这可以认为是一种现象：‘郭汉民现象’。具有符号意义。”此论一出，众人赞同。

“郭汉民《文集》出版暨从教45周年座谈会”综述

岳　梅*

2015年11月14日，由湘潭大学历史系主办的“郭汉民《文集》出版暨从教45周年座谈会”在湘潭大学举行。来自中共中央文献研究室、中国社会科学院、广东省社会科学院、湖南省社会科学院，以及中国人民大学、首都师范大学、华东师范大学、上海师范大学、南京大学、华中师范大学、中山大学、华南师范大学、中共广东省委党校、贵州省社会科学院、湖南大学、湖南师范大学、吉首大学、湖南省社会主义学院等各大高校、研究机构的100多名专家学者会聚湘潭大学，围绕郭汉民教授对中国近现代史研究的学术贡献，郭汉民教授对推动湖南学术交流活动的贡献，郭汉民教授坚持教育教学改革的实践和思想，郭汉民教授的尊师重教、教书育人活动及其启示等主题展开讨论。会议由湖南省重点学科湘潭大学中国史学科负责人、湖南省重点研究基地湘学研究基地首席专家王继平教授主持。湘潭大学副校长刘建平教授、历史系系主任宋银桂教授分

* 岳梅，女，湖南邵阳人，湘潭大学马克思主义学院教师，在读博士生。从事中共党史和中国近代史教学研究工作。

别致辞。郑佳明、郑和钧、雷鸣强、冯祖贻、潘振平、罗福惠、王杰、梁景和、田海林、邵雍、赵立彬、谢俊美、曾庆榴、郑大华等 14 位专家学者在大会上做了主题发言。分会场座谈会上，与会代表们分享了与郭汉民教授相处的故事，肯定了郭汉民教授的学术成就和治学精神，还深入探讨了郭汉民教授所创的“研讨式五步教学法”在高校人才培养中的重要意义。庆祝《郭汉民文集》出版暨郭汉民教授从教 45 周年，就是要学习和继承他严谨深刻、勤奋扎实的治学精神，求真务实、深入实际的教改精神和淡泊名利、无私奉献的高尚品格。

一、严谨深刻、勤奋扎实的治学精神

据统计，30 多年来，郭汉民教授独立完成学术专著 3 部，与人合作 1 部；参著 5 部；主编或参与主编、编辑各类学术著作、史料集、会议论文集等 19 部；点校古籍 4 部。以上共计 32 部 37 册。同时，发表文章 163 篇，其中独著 138 篇，与人合著 35 篇。这对秉持“文章不写半句空”的严谨的史学工作者来说，无疑是一个非常大的数字。

郭汉民教授治学严谨深刻，勤奋扎实。在其学术生涯中，对晚清社会思潮、近代革命与改革，以及近代人物研究等领域提出了很多带有开放性的思路和观点，并进行了开拓性的研究，在学术界产生了重要的影响。其主编或与人合作主编的《中国近代史实正误》《中国近代社会思潮(1840—1949)》等书，至今还是许多单位培养硕士生、博士生的重要参考书。与会代表对郭汉民教授的学术研究成果表示钦佩，肯定了郭汉民教授在中国近现代史研究上的学术贡献。代表们表示，郭汉民教授在中国近代社会思潮、辛亥革命、近代人物研究等方面成果甚丰，对推动中国近现代史研究的发展贡献良多。湖南省社会科学院刘泱泱教授指出，郭汉民教授对晚清历史人物的一些新的探索和思考，对人们认识晚清社会与历史大有帮助，对当前晚清史研究仍然具有重要意义。中国社科院近代史研究所邹小站研究员表示，从郭汉民教授的相关研究成果中深得教益，不仅学习了历史学研究方法，也感受到一个学者严谨治学的精神和品格。

二、求真务实、深入实际的教改精神

郭汉民在教学实践过程中，坚持教学改革，创新教学模式，探索出了“指导选题”“独立研究”“小组交流”“大班讲评”“总结提高”的“研讨式五步教学法”，先后两次获得湖南省高等教育教学成果二等奖。在近20年的时间里，郭汉民教授没有停止过这一改革的理论探索和教学实践，先后编辑出8册教改成果汇编。在其退休后更是每年拿出1.2万元在湘潭大学设立“研讨式教学奖”，以此来激励在职教师继续进一步研究与实践，助推高校的教学改革。

“研讨式五步教学法”重方法传授、重能力培养、重学生主动性的发挥，把指导学生研究问题和讨论交流置于全课程的中心，借以提高学生各方面的实际能力，不仅受到历届学生的热烈欢迎，也得到学术界、教育界的普遍好评，被学术界十余家刊物所推介和评论，被视为“大学教学的创举”，“一个可资借鉴的成功教学模式”，可谓口碑载道。关于郭汉民教授首创的“研讨式五步教学法”，诸多学者从不同角度予以研究和评价。湖南师范大学郑和钧教授指出，教育创新对人才培养有非常重要的作用，教育教学不改不行，培养学生的自学能力、自我锻炼能力，这是郭汉民教授教改成功的根本原因，也是郭汉民教授在教育事业上给我们最大的启迪。他详细分析了“研讨式五步教学法”在大学教改中的实用性与有效性，肯定了“研讨式五步教学法”对教学改革的意义，并倡议大家学习“研讨式五步教学法”，把它推广到大学课堂中。湖南省社会主义学院院长雷鸣强教授指出，“研讨式五步教学法”是一个可资借鉴的成功教学模式，具有十分鲜明的特点：在教学方法上，变讲授式为研讨式；在教学研讨上，变“授人以鱼”为“授人以渔”；在教学形式上，变“一言堂”为“群言堂”。他表示自己要“争做一位向汉民老师学习的、‘五步教学法’的推广者和实践者”。

“研讨式五步教学法”的亲历者分享了从接受到自觉推广“研讨式五步教学法”的过程。莫宏雨认为“研讨式五步教学法”之所以成功，关键在于它是适合的教改：适合学情，适应时代，适应终身学习之需。他还进一步指出“研讨式五步教学法”具有“六个适合”：一是“近代湘籍名人研究”的选题，适合湖南省情资源；二是个人独立研究过程，适合人文学科个人阅读写作模式的培养；三是小组研讨，适合自主、合作、探究的新课改趋势和未来人才培养；四是大班讲课，适合师范生的技能培养目标；五是在大三阶段开展，适合大三学生的知识能力基础；六是写作论文，适合大学生要具有初步科研方法与能力的需求。姚丽君、段贤敏、陈海燕等人认为“研讨式五步教学法”的精髓与当今广泛提倡的新课改的核心理念是大体一致的，他们将在“研讨式五步教学法”中获得的经验、做法与理念应用于中学课堂，取得了较为理想的效果，受到学生的欢迎和学校的认可。

三、淡泊名利、无私奉献的高尚品格

郭汉民教授是全国优秀教师，曾担任教育部高等学校历史学科教学指导委员会委员、湖南省第三届哲学社会科学成果评审委员会委员、湖南省历史学会副会长、湖南省谭嗣同研究会副会长、湖南省和平研究会副会长、湖南湖湘文化研究会副会长、中国社会科学院中国近代思想研究中心理事、湘潭大学学术委员会委员，弘儒硕学，德高望重，为高等教育事业做出了重要贡献。他不仅在学术上严谨深刻、勤奋扎实，为人爽直诚正、淡泊名利，更兼具高尚师德，作育英才，桃李满天下。与会代表分享了与郭汉民教授的交往过程，对其尊师重教、无私奉献的高尚品格表示敬重；对其淡泊名利，廿年坚持教改的实践精神表示敬仰；对其退休并返回故里后，将自己的全部藏书捐献给湘潭大学，还设立了奖学金奖掖后学的行为表示敬佩。

郭汉民教授在历史教育方面的贡献更具有良好的社会价值。一个知名学者花了将近 20 年的时间，干了一件在别人看来是费力不讨好的事情，如果没有对学生的高度责任感和深厚感情，是不可能这么做，更不可能长期这么做的。这恰恰展现了郭汉民教授作为一位老师的崇高的职业风范。与会学者认为，办好大学就要有一批郭汉民式的教育家。向郭汉民教授学习，要学习他热爱学生，热心为学生服务，自觉践行社会主义核心价值观的高尚道德，也要学习他尊重教育规律、尊重教育科学的科学育人精神。广大青年学者应当以郭汉民教授为学习榜样，为繁荣学术研究，为搞好教书育人、立德树人尽自己最大的努力！

新闻报道

编者按　“郭汉民《文集》出版暨从教45周年座谈会”召开后，引发强烈反响。人民网、新华网、凤凰网、网易、搜狐、红网、湖南教育网、湘潭大学新闻网和《湖南日报》《湘潭大学报》等10多家媒体做了报道，不少网友热烈评论。本书撷取4篇新闻报道和4则网络评论，以飨读者。

湘大为退休教师出版《郭汉民文集》

最近，湘潭大学为该校历史系退休教师郭汉民举行“郭汉民《文集》出版暨从教45周年座谈会”。来自国内各大高校、研究机构的专家学者会聚湘大，祝贺郭汉民教授从教45周年，为湘大尊师重教的传统点赞。

郭汉民长期从事中国近现代史的教学与研究，曾参与国家社科重点课题“清代人物传稿”和“中国近代社会思潮研究”。《郭汉民文集》由湘潭大学出版社出版，收入文章63篇，共80余万字，包括对中国近代史的宏观考察，对同盟会成立等近代史事的微观考证，对近代湖南历史文化的研究，对魏源、曾国藩、梁启超、宋教仁等近代名人生平思想的探讨，对晚清社会思潮的宏观与微观研究等，涵盖了郭汉民45年来治学、教学的基本领域和代表性成果，具有重要的学术价值和实践意义。

（原载《湖南日报》2015年11月17日，记者曹辉，通讯员张灿强）

《郭汉民文集》出版暨
郭汉民从教45周年座谈会举行

11月14日至15日，历史系举办《郭汉民文集》出版暨郭汉民教授从教45周年座谈会。已故著名史学家林增平的夫人李维秀，政协湖南省委常委、省社会主义学院院长雷鸣强，湖南省社科联原主席郑佳明，副校长刘建平，以及来自中共中央文献研究室、中国社会科学院、广东省社会科学院、中国人民大学、南京大学、中山大学等各大高校、研究机构的近百名专家学者会聚湘大，祝贺郭汉民教授文集出版以及从教45周年。会议由原副校长、湘学研究基地首席专家王继平教授主持。

刘建平表示，郭汉民是全国优秀教师，2002年作为学科带头人被引入湘大，并担任历史文化学院院长，在学科发展、梯队建设、对外交流及人才培养等方面做出了重要贡献。刘建平希望以郭汉民教书育人精神为榜样，打造历史系鲜明特色，办出更高水平，取得丰硕成果。

郭汉民是林增平的弟子，长期从事中国近现代史的教学与研究，曾参与国家社科重点课题“清代人物传稿”和“中国近代社会思潮研究”，出版《中国近代史实正误》《辛亥革命》等著作32部，先后在《历史研究》《光明日报》等重要报刊发表论文163篇，其中独著138篇，被

"人大复印资料"全文转载24篇。

《郭汉民文集》由湘潭大学出版社出版，共80余万字，涵盖了郭汉民45年来治学、教学的基本领域和代表性成果，具有重要的学术价值和实践意义。《文集》收录论文、书评等文章63篇，分为8组，包括对中国近代史、近代湖南历史文化的研究，对同盟会成立、晚清社会思潮等近代史事的考证与研究，对魏源、曾国藩、梁启超、宋教仁等近代名人生平思想的探讨，对国家重大文化工程"清史"编纂问题、林增平对中国近代史研究贡献的思考，以及书序、评论和"研讨式五步教学法"应用推广的论文。

郭汉民不仅学术成果丰硕，还探索出"研讨式五步教学法"，将课堂教学分为"指导选题""独立探索""小组交流""大班讲课""总结提高"5个步骤，深受学生欢迎，被学术界视为"一个可资借鉴的成功教学模式"。

退休后，郭汉民将5000多册全部藏书捐赠给历史系，专门设图书室供研究生阅读，还每年从退休金中捐出两万元，在历史系设"系主任（院长）奖"，面向全校设"研讨式教学奖"，以激励在职教师进一步研究与实践，助推高校教学改革。

座谈会上，郑佳明、雷鸣强等人先后发言，分享了与郭汉民相处的故事，肯定了郭汉民的学术成就，还深入探讨了"研讨式五步教学法"，认为该方法在高校人才培养中起到了明显效果。同时，他们认为，湘潭大学有着尊师重教的光荣传统，为退休教师出版文集，不仅是对郭汉民个人的肯定，更是体现了对教师、教学的重视。

郭汉民回顾了潜心史学研究、教书育人的人生经历，他说，人是应该有点精神和追求的，诚、信、勤、俭、恕、慎、谦、和、公、廉，这十个字是他坚守并努力躬行的传统文化精神。传统文化对人伦关系的双方都是有明确要求的，师生关系也是如此，尊师爱生是双向的。郭汉民还表达了对学校、老师、家人、朋友、学生的感谢，期望学生们“青出于蓝而胜于蓝”。

（原载《湘潭大学报》2015 年 11 月 15 日，记者张灿强）

历史系举办“郭汉民《文集》出版暨从教45周年座谈会”

11月14日上午，湘潭大学历史系在逸夫楼第一报告厅举办“郭汉民《文集》出版暨从教45周年座谈会”，湘潭大学副校长刘建平教授，湘潭大学原副校长、湖南省重点学科中国史学科负责人、湖南省重点研究基地湘学研究基地首席专家王继平教授，历史系主任宋银桂教授，湘潭大学原历史文化学院院长郭汉民教授等出席座谈会，王继平教授主持座谈会。出席本次座谈会的还有来自北京、上海、南京、广州、贵阳、济南、武汉、南宁、长沙等城市的20多所高校和科研机构的知名学者，有来自湖南省内10余所高校和社科研究机构的领导和专家。此外，大会还收到了20多封贺信。

座谈会伊始，历史系主任宋银桂教授致辞。他代表历史系对各位专家学者的到来表示热烈欢迎和衷心感谢，向为《郭汉民文集》出版提供大力支持并付出辛勤劳动的湘潭大学出版社及其相关人员表示诚挚的敬意，向郭汉民教授和其夫人余幼钦女士表示热烈的祝贺！宋主任介绍说，这次座谈会是继去年12月历史系主办的历史系建系35周年庆祝活动之后的又一次盛会。他表示，召开本次座谈会是为了彰扬和倡导郭汉民教授勤勉求实的治学风格和诲人不倦的育人精神。

湘潭大学副校长刘建平教授致辞。他向来宾介绍了《郭汉民文集》付梓的相关事宜和郭汉民教授从教45年来的光荣事迹，表彰了郭汉民教授的学术研究成果和治学精神，肯定了郭汉民教授在教学改革方面的突出贡献，对郭老为湘大学科建设和历史系繁荣发展做出的努力表示深深感谢。

郭汉民教授做了发言。他谦虚地说，学校为自己出书和举办座谈会，他感到受宠若惊。接着，他深情地回忆起从念书到教书的时光，表示有幸和新中国一起成长，经历了国家的改革，见证了祖国的变化。他对教育事业有着特殊的感情和独到的理解，他说："得天下英才而教之，可以说是太阳底下最神圣的事业。"他对老师、朋友、妻子和学生表达了自己的感谢，尤其是学生，他说："学生是教师生命的延续和价值的体现。"

接下来，湖南省社科联原主席郑佳明，湖南师范大学心理学系教授郑和钧，政协湖南省委常委、湖南省社会主义学院院长雷鸣强，贵州省社会科学院原副院长、教授冯祖贻，国家清史编纂委员会传记项目组组长潘振平，华中师范大学中国近代史研究所教授罗福惠，广东省社会科学院研究员王杰，首都师范大学历史学院教授梁景和，山东师范大学历史与社会发展学院教授田海林，上海师范大学历史系教授邵雍，中山大学历史系党总支书记、教授赵立彬，华东师范大学历史系教授谢俊美，中共广东省委党校巡视员、教授曾庆榴，中国社会科学院近代史研究所教授郑大华等14位与会代表先后做了发言。他们对湘潭大学、湘潭大学历史系为退休的杰出教育工作者和老学者出版文集并举办座谈会这一尊师重教的做法表示钦佩和赞赏，他们分别回忆了和郭汉民教授交往的点滴，称赞郭老是人品和学品兼优的学者，他们认为郭老做学问扎实，做人正派，作为林门（郭汉民是林增平先生的高足）著名的弟子，多年来孜孜以求，对学界贡献卓著。

另外，座谈会分别在留学生楼会议室和松涛山庄会议室设立分会场。很多来宾做了热情洋溢的演讲，从不同侧面对郭老的贡献做了进一步的阐述和解读，从求学、治学、教学等角度探讨了当今学术精神和态度的继承与发扬。

14 日下午，座谈会圆满结束。

郭汉民教授是湘大历史系教授、博导，全国优秀教师，曾兼任教育部高等学校历史学科教学指导委员会委员，湖南省历史学会副会长，中国社科院中国近代思想研究中心理事等职。出版专著《晚清社会思潮研究》《中国近代史事探索》《中国近代思想与思潮》等多部，在《历史研究》《光明日报》等核心期刊发表论文 100 余篇。郭教授在 45 年的教学过程中，独创“研讨式五步教学法”，对史学专业教学模式的改进与创新做出了重要的贡献，被视为“大学教学的创举”“一个可资借鉴的成功教学模式”。郭教授对湘大感情深厚，虽已退休，但仍关心历史系的发展，他将自己多年的藏书捐给了历史系图书馆，并捐出自己的退休工资在历史系设立“系主任（院长）奖”。

（原载“三翼通讯社”网站 http://www.sky31.com/2015/agency_1117/4220.html，记者于永卿）

历史系“系主任（院长）奖”颁奖 郭汉民教授捐赠5000册藏书

11月18日下午，历史系“系主任（院长）奖”颁奖大会暨郭汉民教授藏书捐赠仪式在逸夫楼第一报告厅举行，历史系退休教授郭汉民向历史系捐赠5000册藏书。副校长刘建平、郭汉民教授及其夫人余幼钦女士等为获奖学生颁奖。

刘建平盛赞郭汉民教授严谨深刻、厚积薄发的学术品格和潜心育人、甘于奉献的高尚情操，希望广大历史系学子以郭汉民教授为榜样，秉承“至诚至朴、唯实唯是”的系训，胸怀理想，追求卓越，努力成长为对国家、社会和人民有用之才。

历史系“系主任（院长）奖”是2005年历史文化学院“院长奖”的延续，由时任历史文化学院院长郭汉民个人捐资设立，后因院系调整而中断。2015年已经退休的郭汉民教授再次向历史系提出由他个人每年捐赠8000元，奖励品学兼优的二年级本科生和三年级硕士研究生。本奖设一等奖2名、二等奖4名、三等奖8名，一等奖每人800元，二等奖每人600元，三等奖每人500元，旨在以精神奖励为主，物质奖励为辅，培养学生刻苦学习、勤于思考、淡泊名利、求真务实的学风和高尚的精神境界。同时，郭汉民面向全校设“研讨式教学奖”，从今年开始每年捐资

12000 元，以激励在职教师进一步加强教学研究与实践，助推高校教学改革。

“我们将珍惜时光，脚踏实地，争做一名无愧于时代、无愧于国家、无愧于母校的优秀大学生。”2013 级国际关系专业研究生刘燕、2014 级文化产业管理专业本科生孙瑜获得一等奖，并在会上发言，表达了对郭汉民教授的感激之情和潜心学习、立志成才的决心。

“退休后，郭老师想回到他的家乡河南，但总舍不得湖南，因为湘大历史系是他的安身立命之所。”余幼钦女士讲述了郭汉民的三个心愿——恢复历史系“系主任（院长）奖”、捐赠自己的藏书、面向全校设“研讨式教学奖”，勉励学生多读好书，勤于思考，努力成长为国家栋梁。

会上，郭汉民向历史系捐赠了 30 多年来收藏的、具有史料价值的 5000 册藏书。历史系向郭汉民颁发了捐赠证书，并在老办公楼四楼专门设图书室供学生阅读。

郭汉民是著名史学家林增平的弟子，长期从事中国近现代史的教学与研究，尤其在中国近代思想和社会思潮的研究方面卓有成就，在学术界有很大的影响，先后出版《中国近代史实正误》《辛亥革命》等著作 32 部，先后在《历史研究》《光明日报》等重要报刊发表论文 163 篇，其中独著 138 篇，多篇被《新华文摘》、“人大复印资料”全文转载。今年 10 月，80 余万字的《郭汉民文集》由湘潭大学出版社出版。

（原载《湘潭大学报》2015 年 11 月 25 日，记者张灿强）

网评四则

郭老是我大学时的良师益友，德高望重，学术严谨，育人孜孜不倦。曾有幸在郭老的指导下做过一个大学生创新课题，郭老给了我很多的教导和鼓励。在湘大遇到郭老这样的大师是人生的幸运，希望湘大涌现越来越多的郭老，学校之幸，学子之幸。

在厦门艰苦奋斗的湘大人

2015 年 11 月 16 日

郭老师不仅学术好，还爱学生，为人很坦率，是有人格魅力的！向郭老师致敬！

学生

2015 年 11 月 17 日

郭老师在《走向创新教育》这本著作的后记里说："这本书花去了我太多太多的宝贵时间，从我 52 岁时起，直到 62 岁，整整十个年头。这是一个史学工作者最好的年华，但本书并非史学著作，而是从历史本科和研究生教学改革中引发的教书育人问题，是试图冲破传统教学模式所做的不懈努力的真实记录。”郭老师的这种奉献精神和创新付出太珍贵啦！这种在别人看来要么是不讲课的偷懒，要么是费力不讨好的做法，在今天这个处处奉行“精致利己主义”的时代，反而更凸显一位大学教授的远见卓识，一位“全国优秀教师”的高度责任感啊！我觉得郭老师的这份精神财富是留给学生、留给教改、留给中国教育的至大启发。有爱，才有教改。有爱，才有教育。

张家界的孩子

2015 年 12 月 3 日

我是一个普通的中学教师，现在珠海。郭汉民老师是我真正的恩师，老师现在退休了，常住在老家平顶山，要相聚一次很不容易，所以今天我是来看望郭老师余老师的。这样正式隆重的座谈会我是第一次参加（我在照片后排左起第十一），感到无比激动，我要感谢郭老师给我这个“第一次”，更要深深感谢郭老师给了我许多的“第一次”，有些甚至还是“唯一”。前年（2013 年）的冬天，郭老师、余老师“南巡”两广，也到了珠海，郭老师是唯一到过我小家寒舍的老师，并坚持不让我开房，要住家里，坚持不吃大餐要吃家里的红薯粥，坚持不让我花费，最后离开珠海时还硬要给我小孩一个红包，哈，郭老师来一次我赚大啦，郭老师您经常来哈。大学时 1999 年的冬天，因为郭老师，我第一次而且唯一一次提过“脑白金”，“脑白金年轻态”，那时刚上市很贵的，不是我提给郭老师，而是郭老师提给我，让提给我的当时生病年近古稀的父亲。这个事郭老师可能早就忘了，但我记忆得非常深刻。郭老师给了我很多爱，尤其是青年成长中的信心和力量，我都无以回报。这份师与生、父与子的感情，纯洁淡然，历久弥新。

（前三则摘自 http://news. xtu. edu. cn/html/zonghexw/show_8203. html，后一则摘自 http://blog. tianya. cn/post - 1761993 - 104845798 - 1. shtml）

附录：

给肖志伟的一封信

【按语】2012年4月，我得到退休通知（退休证日期为2011年2月），4月30日我上完本科生最后一节十分难忘的课。12月初，我们要回海南，我的学生肖志伟赶到家里相送，我简要地向他表示我和老伴佘老师的三个心愿，请他考虑一下是否必要和是否可行。次年6月我将最后一位硕士生和最后一位博士生送到毕业，而后即准备告老还乡，陪患过乳腺癌的老伴好好安度晚年。2014年3月，我们搬家回河南之前，又旧事重提。那时肖志伟担任湘潭大学党委办和校办两办主任，忙得不亦乐乎。为了不影响他的工作，又便于他上下沟通，落实这几件事，我信手拿出旧信纸，说明我们两位老人的心愿及其原委，一口气竟然写了15页。捐书之事很快就办好了，湘潭大学图书馆编目部人员花了一个月的时间进行统一编目，然后放到历史系，专门开辟一个“郭汉民教授捐赠图书阅览室”供研究生使用。设奖之事则需要逐步协调。我们每年从自己的退休金中捐出2万元，8000元在历史系设“院长奖”，1.2万元在湘潭大学设“研讨式教学奖”。目前均已落到实处。所以，这封信已经成为一段历史资料。借着湘潭大学历史系召开“郭汉民《文集》出版暨从教45周年座谈会”之机，予以公开，大家可以了解事情的始末。

湖南师范大学科研处　P1

志伟：

我回校之后，得知你很忙碌，回家吃晚饭亦属难得，你母亲每天见你一面才能入睡，都要等到深夜。因此，我也不忍打扰扰你，把话写在纸上，你可抽空看看。

去年12月初你到我家，我和余老师给你提及了我们商议已久的三件事，也可以说是我们的三个心愿。一是把我的数千册藏书捐给学校，放在历史系里供培养研究生使用；二是由我们捐款在历史系继续设立"院士奖"；三是由我们捐款设立校级"研讨式教学奖"。我们之所以先给你提出这些想法，是鉴于我们之间有深厚而良好的师生关系，

湖南师范大学科研处 P2

相信可以听到真话实话；也是鉴于你处在党委校办主任的位置上，便于上下沟通。当时我希望你慢慢考虑，以后回答我两个问题：一是这三件事有无必要？二是这三件事有无可能？记得当时你稍加思索，即就表示"这是大好事啊"。由于那时我要赶飞机，苍促之间未能详述。为了便于你上下沟通，我将自己的想法具体说明如下：

第一件事是捐赠我的藏书。

数十年来，我不治家产，却嗜书如命，见有好书，不吝购买，日积月累，满屋皆书。其中不少是

湖南师范大学科研处

P3

作者、编者、出版者友情赠予，不少是参加学术会议所得，也有一些专业书籍系我的研究生毕业后从他处购来寄给我的。这些书籍涉及到世界史、古代史、近代史、现代史、区域史、经济史、文化史、思想史、社会史等领域，有不少珍贵的历史资料、成套的文史资料。粗略统计，个人文集上百种，研究丛书数十种，人物传记与人物研究的书籍众多。这些书籍是我一生求学、治学、教学的忠实伴侣，感情深啊！然而如今已退休多年，似无太多精力从事学问，加上老伴患病，须要陪她云游走走、颐养天年，家

湖南师范大学科研处 P4

们也想好好享受一下晚年的幸福生活。所以打算回海南养老，向儿孙靠拢。我首先考虑将这批书籍运去海口，建个"书香门第"，以贻子孙，所谓留钱不如留书。怎奈儿孙自有儿孙福，他们都不搞学问，尤其不搞史学。卖掉它吧，又舍不得，又不差那几个钱。思来想去，觉得捐给学校图书馆，放在历史系供师生阅览，特别是供历史专业培养本科生和研究生之用，恐怕是一种最好的选择。这件事有利于莘莘学子，也能长期服务于学生。作为教师，何乐而不为呢？只是希望以学校图书馆的名义编印一本部

湖南师范大学科研处

集藏书捐赠目录，以资纪念，以利阅览。

第二件事是捐款在历史系继续设"院长奖"。

2002年底，哲史学院一分为二。此后学校要我担任历史文化学院院长。上任伊始，即决心为学生做点实事，设置"院长奖"即是其中之一，打算藉此每年表彰、鼓励一批好学求进的优秀学生，包括本科生和研究生，以促学风之好转。为了筹到这笔款项，凡来院校的系友，特别是经商的、有钱的，都尽力联络。我本不善饮酒，凡遇宴会，均是严于自控，"三杯封顶"，唯独联系系友，笑脸相迎，舍命陪酒，希望有人解囊相助。结果还

湖南师范大学科研处　　P6

是我有意，人无心，孤掌难鸣，无果而终。那时确有一种挫败之感，以为自己太没钱了，也太无用了。向人募捐，难于上天。于是乎，安得尊书案堆金银，大奖学子俱欢颜，也成为了我的一个梦。到2005年，我们院务会议决定开评"院长奖"，我反复申明，院长奖是院级奖，并不是那院长奖，希望既要有连续性，以后院长可变，院长奖长存。记得那次评了一、二、三等奖共10多名。除颁发奖状予以精神鼓励外，还发了奖金三千多元。这笔钱是我与老伴商量，从自己的腰包

湖南师范大学科研处 7

里拿出来交给学院，奖励学生的。我老伴原是中学教师，调进师大后在校图书馆搞外文编目，副研究馆员，与我乃中山大学同学，与我同志同心，对待学生比我还要关心。在她的支持下，头一次"院长奖"得以顺利实施。此后不久，哲、史、马三院合一，"院长奖"也就自然中止了。现在，历史系重新单列为处级单位，下面有四个本科专业，研究生亦比较多。重设"院长奖"以激励学生，也是一件有意义的事情。如果一年奖励20人，十年将会有200来人因此受到激励，努力向学，奋斗成才。我愿意为此每年捐款八千元，有生之年，决不

湖南师范大学科研处　P8

停息。我要用自己的力量圆一圆曾有过的梦，庶几，心无遗憾矣！

第三件事是请求学校设置"研讨式教学奖"，以助推我校教育的改革。

研讨式教学是与传统的课堂讲授完全不同的教学模式，它的核心是"授人以渔"，在一门课程中，老师发挥教师的主导作用，指导学生研究问题，而将研究的结果以讲课、报告和讨论的形式展现出来。在这个全过程中，让学生成为学习行为的主人，充分发挥其主体作用，从"要我学"变成"我要学"，从"学会"走向"会学"。在

湖南师范大学科研处　79

这种将研究与讨论密切结合的研讨式教学模式中，教师"一言堂"为师生"群言堂"所取代，师生关系、生生关系都随之发生变化，有利于建构新型的师生与生生关系，有利于学生知识、能力与素质的协调发展。诚如百度百科的词条《研讨式教学》首段描述的那样："研讨式教学法源于早期的德国大学，现已成为西方发达国家学校中一种主要教学方法。1997年湖南师范大学文学院博士生导师郭汉民教授为探索在学校实施素质教育的途径，也大胆进行教改实践，创造了全新的研讨式教学模式。此后，国内多位学者从不同侧面对研讨式

湖南师范大学科研处

P.10

教学提出自己的观点和看法，很多一线教育工作者也非常关注并积极推行这种新型的教学模式。"为了探索和完善这种教学模式，从1997年以来我持续不断，从师大做到湘大，前后付出了十年心血，真可谓"十年磨一剑"。我在《走向创新教育——"研讨式五步教学法的推广应用研究"》一书的第一编，用48页的篇幅，粗略概述了研讨式教学的探索历程，可以负责任地说，没有一句不实之言。在该书后记中，我曾写道："在本书就要出版的时候，我有太多的感慨。这本书花去了我太多太多的宝贵时间，从我52岁时起，直到62岁，整整十个年头。这是一个史学工作者最插入9行之后：教科学十五规划列为重点项目，"研讨式五步教学法"在湘大两次迎接教育部教学质量评估中都发出了引人注目的光彩。《光明日报》曾在头版发表过《湘大"研讨式五步教学法"受关注》的专题报导。

湖南师范大学科研处

P11

好的年华，但本书并非史学著作，而是从历史专科和研究生教学改革中引发的教书育人问题，是试图冲破传统教学模式所做的不懈努力的真实纪录。但严格地说，这本书主要不是写出来的，而是干出来的；不是我一个人单枪匹马干出来的，而是与许多志同道合的人特别是与我的学生们一起干出来的。正因为如此，我对在研讨式教学改革中关心我、支持我、帮助我的人们充满了感激之心。"

2003年我申报的"研讨式五步教学法的推广应用研究"被国家教育

今天可以说，我无庸置疑地成为"研讨式教学的开创者"。研讨式教学也可以与源自德国风行西方多国（校）的西明纳尔教学法相提并论。研讨式教学已经并将继续受到学术界、教育界和广大一线教育工作

湖南师范大学科研处 p12

专的关注。它在我国学校未来的教学改革中必将大有前途。尽管因此荒误了我自己的科研，最终只能以三级教授退休，虽心有不悦，但我并不后悔，这也是我自己水平有限、价值取向所致。十年的奋斗，现实的环境，使我深感，深受学生欢迎的研讨式教学，探索是何其的艰难，推广又是何其的不易。我现在端的是个大的饭碗，拿的是个大的退休金，为了让研讨式教学的知识产权握在学校手中，也为了吸引更多的教师关注、研究和实施研讨式教学，我愿意在有生之年，每年捐款一万二千元，资助学校设立“研讨式教学奖”。

以上三件事，都关乎到学校层面。两个奖项能否

湖南师范大学科研处

P13

设立，捐出之多能否确定，都不是你我说了算的。况且管理捐款、使用捐款、实施评奖，都要订个章程，以便按章办事，求得实效。我们可以提出建议，最终实施必须先请学校领导决定。所以，你可以在适当的时候将此信呈给学校领导，看看是否可行。

附带要说的是，两个奖项如能批准设立，我承诺每年捐出二万元是说话算数的。自力更生比仰仗别人真是好多了。我和余老师每年的退休金虽然不是十万，但由于子女均能自立，基本上不需要我们的钱；我们自己又素来节俭不尚奢华，能衣食无忧即很满足了。加上最近卖了房子，更显"富有"。过去我们钱不多，尚且一直觉得精神上很富有；如今"不差钱"，总想做点有意义的事，为社会增加一点正能量。这样一来，又一举三得：既可以消除能以往留下的遗憾，又可以看到研讨式教学到[illegible]大得以推广的希望，还可以持续不断帮助和激励莘莘学子，可谓"善莫大焉"。赠人玫瑰，手有余香，助人为乐，其乐何极！区区一点钱，我是可以按年汇寄的。我只希望自己多活几年，多汇几次。活到80岁，汇寄20万；

湖南师范大学科研处　P15

活到90岁，汇稿40万。这不仅绝无问题，而且我深信，此事由我开个头，我的学生们一定会有人继其后的。

以上看法，如有不妥，亦请酌裁。

愚师 郭汉民

2014.3.18

河西三十年

——我的书面发言

郭汉民

我已经退休三四年了，今年湘潭大学还为我出版文集，并召开从教45周年座谈会，这是我一生最大的快事，真是有一点受宠若惊。

俗话说，三十年河东，三十年河西。从1953年读小学三年级到1983年研究生毕业，正好三十年；从研究生毕业留校任教，到2012年退休，恰好又三十年。三十年中我服务过的两个大学，湖南师范大学和湘潭大学，刚好都在湘江的西边，名副其实在河西。

从河东到河西，时局大变，环境大变，思想观念大变，但自己的性格没变，信念没变，待人接物的态度和方式也没有多少改变。因而往往不很适应，不很舒心。我愿意做自己认为应该做的事，不愿意改变自我去迎合世俗的潮流。为激励自己，先后用“脚踏实地，自强不息”“宁静致远，安贫乐道”作为座右铭，以教学、科研作为自己的安身立命之所，在自己的一亩三分地亦即自己的本职岗位上埋头耕耘，潜心学问，用心教学，诚心育人，尽心职守。三十年来，大概做了五件可以聊以自慰的事情：

一是全力协助林增平先生做好学科建设方面的工作。1982年林先生建立了湖南师范学院中国近代史研究室，1983年我毕业之后留校任教，在研究室工作。不久就因为“文革”初期当过群众组织中山大学红旗公社勤务组成员而被清查。最后以“严重错误”“记录在案”，并受到“留党察看”处分。那时的政策很明确，被清查的人不能从政，但业务职称和工资不受影响。因此，摆在我面前的唯一选择应当是埋头学问，不理杂事，任何学问之外的工作对我个人来说都没有意义。可是这样一项工作却又历史地落在了我的身上。那时林先生担任湖南师大校长、湖南民进主委、湖南文史馆馆长等，公务繁忙，无力顾及研究室工作。清查结束后，历史系要我协助林先生管理研究室，参加系教研室主任会议，给我的名义是研究室“秘书”。协助林先生工作，不论什么名义我都无法推辞，这是一件“知其不可为而为之”的事，而且一做就是六七年，直到先生去世。1989年春学校组织我们申报博士点，全部申报材料由我反复整理并且都要用铅字印刷，我在印刷厂干了十多天，学校给我们每人发劳务费8块钱。1990年博士点被批准，早已是华中师大博导的林先生再次被确认博导资格。当年先生患了阿尔茨海默病，博士生的招收和培养，以及他最后两届硕士生，我义不容辞地全力予以协助。有一次与先生议及博士点的未来，先生连说：“人亡政息”“人亡政息”。那时的博士生导师必须由国务院学位委员会批准，非普通教授可以担任。为维护博士点，我曾建议商调冯天瑜先生来湖南师大工作，然后再为他申报博导资格。冯天瑜只比我大一两岁，当时已是著名的文化史学者，人品亦好，得此一人，可以振兴一个学科。我的意见获得林先生和张楚廷校长的支持，两年间我与冯先生函件往来数十封，后因种种原因无果而终。虽然在今天看来，我的有些想法很幼稚，甚至很无知，我的努力最终亦属无效，但当时确是为了维护博士点，毫无利己的打算，其心可质诸天日。接着，我策划并筹备了"林增平与中国近代史研究学术讨论会"，并为这一会议的隆重举行和成果召开竭尽全力。身患癌症的林先生生前能亲临这一盛会，对他无疑是一个极大的安慰，而对于我来说也可以问心无愧了。林先生去世后，我坚决维护林先生湖南师大中国近现代史学科开创者的地位，而鄙薄与此相反的任何做法。继平兄给我的文集作序，赞扬我把林先生的遗像挂在自己家里。其实这一方面反映了我对先生的缅怀之情，另一方面也是对某些倒行逆施的无声抗议。那时学校要求我们举办中国近现代史重点学科展览，我去湖大参观后提交了一份布展方案，将林先生作为学科开创者放在展览的第一部分。当时被学校安排来做学科带头人的中共党史专业某博导大为光火，他指派林门某弟子接办展览，结果他被突出了，而林生先开创者的地位不见了，甚至连一张照片都没有，我很生气，却又无力改变这种局面，于是乎就把林先生请到自己家里。

二是效法林、杨二公，努力推动湖南近代史学界的学术活动。上世纪整个80年代，在湖南举办过多次重大的学术活动，像1981年在长沙召开的纪念辛亥革命70周年全国青年学术讨论会，1985年在桃源召开的纪念宋教仁103

周年诞辰国际学术讨论会，1987 年在长沙召开的纪念魏源暨第二次中国近代文化史学术讨论会，1988、1989 年之交在长沙召开的黄兴研究国际学术讨论会，均在学术界产生重大影响。这些学术会议的成功召开有赖于林先生的倡导，有赖于杨慎之先生的策划与组织。林、杨二公，一个学术地位极高，一个组织能力极强，二者相互配合，浑然天成。那时我们是很得力的会务工作者，在实践中学习了组织学术会议的本领。林先生和慎公去世后，如何效法林、杨二公继续活跃湖南近代史领域的学术气氛，成为我时常思考的一个问题。我不具备林、杨二公的条件，但可以利用湖南近代人才辈出的丰富资源，利用地方政府“学术搭台、经贸唱戏”的积极性，采取地方政府出钱、我们奔走出力的办法，努力为学界同行搭建学术平台。正是采用这种办法，我作为湖南省历史学会的副会长，与刘泱泱、王兴国、田伏隆、朱汉民等师友通力合作，先后筹备、组织和召开了“纪念魏源诞辰 200 周年国际学术研讨会”“纪念蔡锷逝世 80 周年国际学术研讨会”“谭嗣同与湖南维新国际学术研讨会”“郭嵩焘生平与思想学术讨论会”，发表一系列述评性的文章以扩大学术活动的影响，并及时编辑出版了《魏源与近代中国改革开放》《蔡锷新论》《郭嵩焘与近代中国对外开放》《谭嗣同与戊戌维新》等会议论文集。这一系列学术会议的召开基本上延续了林、杨二公的传统，促进了学术交流，也有利于青年学子的成长。

三是潜心史学研究，努力多出成果。八九十年代先后参与“清代人物传稿”和“中国近代社会思潮研究”两个国家社会科学重点课题。前一项由戴逸先生挂帅，李文海、林增平、苑书义、林言椒是编委，我和罗明、孔祥吉、潘振平等协助五大编委具体担任1840—1911年间清代人物传记的组稿和编辑加工工作，前后作了8年，出版《清代人物传稿》（下编）第三至第十卷，我在第六卷、八卷署名主编；后一项是贵州师大校长吴雁南先生申报的课题，我们一起做了6年，出版《中国近代社会思潮（1840—1949）》1—4卷，吴雁南、冯祖贻、苏中立和我四个人署名主编。这是两个很大的研究项目，均非一人之力可以完成，要靠参与者的严肃认真、同心协力和精诚合作。我们在一起做的很辛苦，合作却很愉快。《中国近代社会思潮（1840—1949）》出版后好评如潮，至今还是许多单位培养博士生的重要参考书，但由于我们四个主编分属三个省，哪里都无法报奖，结果是什么奖也没有。要是用时下的评价标准，我是既无课题，又无奖项，什么也不是。在完成上述课题的同时，我集中思考晚清思潮，先后发表一系列论文，最后到湘大才弄成一本所谓专著《晚清社会思潮研究》，也算是十年磨一剑。还把论文分别结集为《中国近代史事探索》《中国近代思想与思潮》《晚清人物研究》（与章育良合作）。退休前后，又做了《湖湘文库》的几个项目，先后出版了《宋教仁集》（一）（二）、《湖南辛亥革命人物传略》、四卷《曾国藩全集·奏稿》、与杨鹏程兄合编《湖南辛亥革命资料》（一）（二），还与我的学生暴宏博一起编辑出版了《中国近代思想家文库·宋教仁卷》，与李永春合编《湖南地方报刊中的韩国独立运动史料》等共计11

本书，也算是在不停地默默耕耘。直到今年 8 月，国家清史纂修工程项目中心还聘请我担任整修专家，审改《华侨》《妇女》《革命党人》三部类传，要到明年 1 月交稿。可说是在发挥余热、延续学术生命吧。

四是热心教学工作，用心教书育人。由于当今大学重科研轻教学的导向，教学工作特别是本科生的教学工作，对于不少人来说可能是说起来重要、做起来次要、忙起来可以不要的事情。这是高校教学质量严重滑坡的重要原因。有的著名学者甚至公开宣称“不给本科生上课”，《中国青年报》曾发表文章，题为《教授，不要逃课!》。我们无力改变这种状况，只能凭着自己的良心做事，只能要求自己一面努力科研，一面用心教学，让自己的教学与科研两只翅膀都硬起来。从教以来，我坚持为本科生开课，坚持上好自己所开的每一门课，每一节课，直到退休。在湖南师大我四次带本科生去搞教育实习，当了博导亦复如此。有人感到奇怪，我自己视为应尽的本分。研究室人员每年只要求完成 40 个课时教学工作量，我的各种教学工作量年年都在 120 个课时以上。也就是说，一年完成三年的教学任务。朋友们曾劝我少搞点教学，多搞些科研，以便上职称，我深知他们的好意，却一直不愿意放弃教学工作。因为我热爱教学，喜欢与学生相处，喜欢和莘莘学子打交道。学生也喜欢我，不少学生社团还请我担任指导，我一直没有学会拒绝学生的正当要求，只好抽空参加，给他们以鼓励。我的家对学生们是开放的，不论是研究生还是本科生，也不论是我的研究生还是别人带的研究生，都一视同仁。学生们到我家，可以有话就说，有活就干，有饭就吃。好像回到自己家里一样。这对学生的健康成长想必会有很多好处。人同此心，心同此理。倾注爱心，教书育人，桃李不言，下自成蹊，成为我的一种精神追求。

五是坚持教学改革，创新教学模式。我的课堂教学是受到学生欢迎的。但老师讲、学生记、到时考笔记，这样的教学到底对学生意味着什么，我也是质疑的。从 1997 年开始，我在湖南师大历史系本科基地班教学中尝试改变满堂灌的教学模式，指导学生研究问题，写出文章，然后让学生以讲课评课的方式进行讨论交流，受到学生们的普遍欢迎，以后我继续探索，坚持不懈，创造了研讨式教学模式，探索出了“指导选题”“独立研究”“小组交流”“大班讲评”“总结提高”的“研讨式五步教学法”。这种全新的教学模式重方法传授、重能力培养、重学生主动性的发挥，把指导学生研究问题和讨论交流置于全课程的中心，借以提高学生各方面的实际能力。从师大到湘大，我没有停止过这一改革的理论探索和教学实践，把它看成一项事业，看成试图打破高校教学方法陈旧局面的改革创新工作。我本人运用研讨式教学，直到退休前的最后一节课；退休后我每年拿出 1.2 万元给湘大设立“研讨式教学奖”，以此来激励在职教师继续进一步研究与实践，助推高校的教学改革。研讨式教学改革受到历届学生的热烈欢迎，可谓口碑载道。也得到学术界、教育界的普遍好评，十多家大学学报和教育界学术杂志发表数十篇文章予以评论和推介。在这个过程中，全校性的、大规模的、高层次的公开课就上过多次，其中两次有教育部的部派专家张岂之、杨树标、马世力等莅临课堂听课，均予以高度评价；有一次省教委高教处领导听课后直接给我一个省级重点教改课题“‘研讨式五步教学法’”的研究与实践”，拨款 1.5 万元，被师大校长称为“含金量最高”的课。2002 年我所进行的研讨式教学在湘大迎接教育部评估时大放异彩，《光明日报》头版发表《湘大“研讨式五步教学法”受关注》的专题报道予以推介。2003 年，我在湘大申报的“‘研讨式五步教学法’的推广与应用研究”被列入国家教育科学“十五”规划重点课题。课题的最终成果是 50 多万字的著作《走向创新教育——“研讨式五步教学法”的推广与应用研究》。马敏兄在该书“序言”中说，“研讨式五步教学法”可以成为提高大学教学质量的“有效抓手”。百度百科的“研讨式教学”词条明确地将我所开创的研讨式教学与始自德国柏林大学而盛行于西方高校的西明纳尔教学法相提并论。300 多年前，“教育学之父”夸美纽斯写了一本《大教学论》，旨在“找到一种方法使教师可以讲得最少而学生可以学得最多。”经过十多年的艰苦探索和反复实践，我自信找到了这样一种方法。为这项教学改革我付出了十多年的宝贵光阴，也可以说是十多年磨出这样一把剑。我们搞史学的人，最重视资料的搜集。我在教学改革过程中也重视资料的积累。先后编印了《近代湘籍名人研究备览》，《群言》一、二、三、四、五，《“研讨式五步教学法”的研究与实践》一、二，凡八册，一百余万字，为我国高校教学改革提供了一个资料丰富、成效显著、可资参考和研究的个案。虽然它影响到我的科研并因而影响到评级，最终只能以三级教授退休，但我并不后悔，我看重研讨式教学改革的社会价值。而且由于学生受益，学生欢迎，学生拥护，学生支持，我也时常辛苦并快乐着。

继平兄在《文集》“序言”中还充分肯定了我当院长几年对湘大历史学科建设所做的贡献。其实，我对自己并不满意。由于湘潭处地不利，离长沙实际距离近而心理距离远，加上其他一些原因，引进人才、留住人才的困难实在太大，许多事情想做而做不到，心有余而力不足。我当院长最初半年连一间办公室都没有，但我可以夹着皮包办公。学科建设不能单靠精神，需要逐步积累，党史专业基础较好，拿到了博士点。中国近现代史学科，硕士点才建立不久，博士点未能突破，我虽然问心无愧，但也多多少少还是留下了些许遗憾。

人是应该有点精神和追求的。律己要严些，对人要好些，名利看淡些，责任看重些。担任大学教师，得天下英才而教之，是太阳底下最神圣的事业，但它与莘莘学子的命运息息相关，弄得不好会误人子弟，罪莫大焉。诚、信、勤、俭、恕、慎、谦、和、公、廉，这十个字是我坚守并努力躬行的传统文化精神。传统文化对人伦关系的双方都是有明确要求的，师生关系也是如此。尊师爱生是双向的。要求学生尊师，也要求教师爱生。教师是强势的一方，作为老师首先要关爱学生，身教重于言教。老师真正起了表率作用，多数学生会由衷地爱戴老师的。我通过自己多年持之以恒的真诚付出，深信我们的师生关系会是“桃李不言，下自成蹊”。正是本着上述信念做人做事，虽然我的能力不大，贡献不多，却得到许多人的抬举和关爱，拥有许许多多的朋友，并在众多的学生中享有较好的口碑。《五灯会元》上说：“劝君不用镌顽石，路上行人口似碑。”俗话说的好，金杯银杯不如口碑。今天这个座谈会就是专家学者、老师朋友和众多学生对我最高的奖赏，可谓三生有幸。

以上几点算是“老王卖瓜，自卖自夸”。历史的评价从来都不是依据当事人的自我夸耀，我真诚地希望大家批评指教。

人应当知道感恩。我与世无争，与人无求，对别人给予的温暖，却是点点滴滴铭记在心头。借此机会，我要表达由衷的感谢。

首先，我要感谢我的老师。1980 年师从林增平先生是我最大的幸运。林先生的道德文章堪称一代师表，他的人品学品，成为我的人生坐标。他的关爱、教导，永志不忘。他开创了湖南省社会科学界第一个博士学位点，我才有可能忝列博导。林先生德高望重，在史学界有口皆碑，作为他的助手，我无形之中也沾了很多光。我因他的引荐结识了近代史学界的专家学者，诸如戴逸先生、李文海先生、龚书铎先生、陈旭麓先生、章开沅先生、张磊先生、李时岳先生、耿云志先生、张宪文先生、刘望龄先生、隗瀛涛先生、吴雁南先生、萧志致先生、陈胜粦先生、胡思庸先生、苑书义先生、林家有先生、冯祖贻先生、杨慎之先生、刘晴波先生等等。虽然他们之中有的人已经作古，但是在我心中依然活着。健在的各位老师以及张楚廷、唐凯麟、刘明翰、刘泱泱、王兴国、郑和钧、涂光辉等先生，都对我关爱有加，使我得到许多教益，许多帮助，促使我更好地发展。大家看到苑书义先生的信和张钦写的拜见过程，一位学术泰斗对后学的关爱之情，跃然纸上，怎不令人感动！已经去世的陈胜粦先生1996年春节给我的来信用了12个感叹号，也永远激励我在人间正道上前行："汉民同志：来函欣悉！欣闻你已荣获贵省学位委员会批准为博士导师，喜出望外！实在欢心之至！鼓舞之至！兴奋之至！快慰之至！感慨之至！这是丙子春节我所收到的最厚的礼品！亦堪称平生一大快事也！吾友林公在天有灵，可以安息矣。贵校张校长之胸襟胆识实在令人钦佩之至！这是湖南师大之福，教界之幸也！仅以上列十二个感叹号表达我心，向你祝贺，亦请你向尊敬的张校长、尊敬的林师母祝贺，祝贺你和张校长、林师母新春大吉。陈胜粦，丙子正月初一。"借此机会公开这封信，旨在说明师恩重于山，岂可轻易忘怀?!

其次，我要感谢我的妻子余幼钦女士。我读研究生时，得到岳父母支持，我妻子是中学教师，兼管校卫生室，工作很忙。那时我有一双儿女，大的7岁，小的3岁。家务都压在她一人身上，其辛苦程度可想而知。我读完研究生本可以调家属到长沙安居乐业，不幸遇到所谓"三种人"的清查运动，我成为学校的重点对象，不仅调动不得，而且前途未卜，妻子安慰我说："不怕，最多是回五指山种地，我有吃的，你也饿不着。"后来搞清楚，我不是"三种人"，即使是"三种人"，也不过限制从政，职称和工资都不受影响。那时妻子希望到广州工作，由于林先生的关爱和需要，我写诗给妻子："先生厚我意，言之不胜言。理当听钧命，卒奔在马前。"在去粤还是留湘的问题上，她最终支持我留在先生身边，愉快地调到师大，安排在图书馆。她十分尊敬老师和师母，对我的所有师友亦关心有加。一次，吴雁南先生带着他的一个研究生住到湖南师大招待所，同我讨论近代思潮，计划逗留一个星期，妻子要他们在家吃饭，他们怕打扰我们，硬是借了碗筷打算到学校食堂就餐。妻子急地哭起来，说吴老师那么大年纪，到我们这里，怎么忍心让他去吃食堂？吴先生拗不过我妻子，只好留在我家吃饭。她不厌其烦地照顾吴先生。对于我的学生，她比我还要关心。每逢节日，总要学生到家改善生活。学生们谁爱吃什么，她大都记在心里，尽量满足他们。我受到学生爱戴和师友抬举，在很大程度上要归功于妻子。她对金钱看得很开，支持我做有意义的事情，像捐书、设奖等等。过去我将这份感激藏于心中，不轻易吐露，今天借此场合，我要公开表达对妻子的谢意。

再次，我要感谢我的朋友们。在中国近代史学界，我有许多好朋友，包括我的大师兄和许多师兄弟，参加纪念辛亥革命70周年全国青年学术讨论会的"长沙帮"以及上述诸位先生的弟子们，大家互相关心，互相爱护，互相支持，互相帮助。到了广州，"有困难找王杰"，成了我们大家的共识。我到不少地方，都会遇到那里的"王杰"。像今天到会的许多同龄人包括比我小一些的学界同仁，都是我的老朋友、好朋友。我们相交淡如水，友情重如山。在一个唯金钱是求的社会里，这种友谊和真情是最可宝贵的。我有需要，他们会伸出援手；我有困难，他们会给予帮助；我有著述，他们会加以批评、推介；我有好事，他们也乐于分享。比如今天的座谈会，他们乐于从千里之外赶来参加，或发来祝贺信息，使我倍感幸福。

最后，我还要感谢我的学生们。从新世纪开始，我的子女一个在海南，一个在美国，身边只有一批学生。我们病了，学生轮流照顾，无微不至，不是子女，胜似子女。学生是教师生命的延续和价值的体现，学生们事业有成，老师脸上有光，心里高兴。学生们的积极参与和热情拥护是我坚持研讨式教学改革的不竭动力。学生们实际上成为我们精神愉悦、生活幸福充实的重要源泉。有人说，退了休还有人理你，你就是幸福的。我们退休回到河南老家平顶山，不时有学生远道前来探望，使我们倍感幸福。我和老伴走到哪里，凡有学生的地方，都会被幸福和快乐包围着。我们教好学生、关爱学生，是职责与道德的内在要求，并不要求回报，但凡是爱我们的学生，我都会铭记于心，心存感激的。

湘潭大学历史系是我最后的安身立命之所，我对它怀有深厚的感情，诚恳地希望在座的专家学者多多予以支持。

我这一生道路曲折，经历过难以言喻的挫折，即使是在顺利的情况下也是失败多而成功少，想做的多而做成的少，投入多而产出少。我的兴趣比较广泛，关注点又比较容易转移，比如对湖湘近代人物，从陶澍、贺长龄到易白沙，大都有所论列，但往往浅尝辄止。再如，对康梁异同，写过一篇论文之后，就没有继续去深度挖掘。学术研究的方向不够集中，研究学问的精力不够集中，希望青年学子们引以为戒。

回顾过去，我虽然不算虚度光阴、碌碌无为，但是起步太晚，精力分散，对学术贡献不大。上不及先生，下不及学生，思之于心不安。可喜的是，我的学生们和学生辈已经异军突起，在学术上、教学上成绩显著。我 40 岁尚在读研，如今在座的 40 多岁的青年人已是教授、博导，学科带头人，院系顶梁柱。子曰：“后生可畏，焉知来者之不如今也。”我从不怕学生超过自己，更期望学生们“青出于蓝而胜于蓝”，学生们的成就令人钦佩，令人喜悦，令人欣慰。我预祝青年朋友们，百尺竿头更进一步！